国家"十二五"重点图书出版规划项目

国家出版基金资助项目

湖南省语委、湖南省教育厅语言文字应用研究专项课题(XYJ2015GB02)

教育部人文社会科学研究规划基金项目(12YJA740086)

湖南省汉语方言与文化科技融合研究基地成果

湖南科技大学中国语言文学省级重点学科成果

湖南双牌理家坪土话研究

曾春蓉 | 著

湖南师范大学出版社

图书在版编目（CIP）数据

湖南双牌理家坪土话研究／曾春蓉著．—长沙：湖南师范大学出版社，2016.12

ISBN 978-7-5648-2731-1

Ⅰ.①湖…　Ⅱ.①曾…　Ⅲ.①湘语—方言研究—双牌县　Ⅳ.①H174

中国版本图书馆 CIP 数据核字（2016）第 287312 号

湖南双牌理家坪土话研究

Hunan Shuangpai Lijiaping Tuhua Yanjiu

曾春蓉　著

◇策划组稿：刘苏华　曹爱莲
◇责任编辑：刘苏华　邹水杰
◇责任校对：袁学嘉　王　晓
◇出版发行：湖南师范大学出版社
　　　　　　地址／长沙市岳麓山　邮编／410081
　　　　　　电话／0731-88873070　88873071　传真／0731-88872636
　　　　　　网址／http：//press．hunnu．edu．cn
◇经销：湖南省新华书店
◇印刷：长沙超峰印刷有限公司
◇开本：710mm×1000mm　1/16
◇印张：14
◇插页：16
◇字数：261 千字
◇版次：2016 年 12 月第 1 版　2016 年 12 月第 1 次印刷
◇印数：1-1200 册
◇书号：ISBN 978-7-5648-2731-1
◇定价：44.80 元

如有印装质量问题，请与承印厂调换（厂址：长沙市金洲新区泉洲北路 100 号，邮编：410600）

双牌县理家坪乡理家坪板桥自然村

双牌县理家坪乡乡政府所在地

发音合作人（男的为主要合作人吴光凤，女的为歌谣类合作人）

作者（右）与发音合作人何承富（左）在岁圆楼前（摄于 2014 年）

作者（左）和发音合作人周平桂（右）（摄于 2012 年）

理家坪村的吴家大院。吴家大院始建于明朝，其主要建筑为清嘉庆年间时任府台的吴景云所建。共占地 40 余亩，建筑面积 4000 余平方米。整体建筑由前院"拔萃轩""律萼齐辉"和后院（祖宅）三部分组成。

吴家大院"拔萃轩"前坪

吴家大院前的拴马桩

吴家大院的"律萼齐辉"

吴家大院后院（祖宅）

吴家大院"拔萃轩"和"律萼齐辉"间的巷弄

理家坪乡坦田村的古建筑群。坦田村由何氏先祖建于北宋大中祥符初（1008 年初），全村 332 户、1269 人无一杂姓，清一色为何姓，皆发源于同一始祖，已繁衍 48 代。该村清代以前的连片古建筑群面积达 300 多亩，古建筑达 200 多座，至今仍较完好地保存了大量宋、元、明、清各个时期的古建筑、古遗址。岁圆楼即为其中清代建筑的代表。

　　理家坪乡坦田村的岁圆楼。岁圆楼主体部分由"六如第""二润庄"和"四玉腾飞"组成。

岁圆楼的"二润庄"前门

岁圆楼"六如第"门楣上的石雕

岁圆楼门槛立面的石雕

岁圆楼的石雕

岁圆楼内部厢房内壁的六扇镂花窗

岁圆楼花窗上的精美木雕

岁圆楼屋内梁檐等处的木雕

岁圆楼屋内石水缸

岁圆楼建筑群内巷道

岁圆楼房内古雕花床

岁圆楼的石磨

坦田村的腕足类（贝壳）化石。坦田村村落对面的山路上，雨水过后，路面上就有一些外形似鸟的腕足类化石，当地百姓称之为"燕子鸟"

品相较好的化石"燕子鸟"

有化石的小石子路

傍晚时分，作者和发音合作人在寻找化石

总　序

　　湖南西部和南部有一些地区的汉语方言已处于濒危状态或临近濒危状态，如湘西的乡话和湘南的土话。

　　湘西乡话是一种未分区的非官话方言，有人称为"瓦乡话"（实际上是"讲乡话"的意思，此处的"瓦"是用的同音字，本字当为"话"，用作动词）。这种方言主要分布在沅陵县以及周边的溆浦、辰溪、泸溪、古丈、永顺等地，另外，湘西南湘桂交界的南山地区也有一些分布。

　　湘南土话分布在永州和郴州两个地级市之内（永州辖两区九县，郴州辖两区一市八县）。各县土话冠以县名，如永州内有东安土话、江永土话、道县土话、蓝山土话，等等；郴州内有桂阳土话、宜章土话、临武土话、嘉禾土话，等等。这些土话又分成纷繁多枝的小范围土话，令人应接不暇。

　　无论湘西乡话或湘南土话，它们所处的地区，相对来说都比较封闭，经济上也比较滞后，有的甚至是相当贫困，但说到它们所蕴藏的、对于研究汉语发展演变历史颇有价值的语言矿藏却是极其丰富的。

　　20 世纪 40 年代王力先生谈到古语的死亡时曾指出有多种原因，其中有的是今字代替了古字，如"绔"字代替了"裈"；有的是同义的两字竞争，结果是甲字战胜了乙字，如"狗"战胜了"犬"，等等。

不过，在汉语方言众多的窗口中有时你所看到的东西会使人意想不到。譬如湘西沅陵麻溪铺乡话有下面的记录："裤子"就说"裈"[kuɛ⁵⁵]，"单裤"说"单裈"[tõ⁵⁵kuɛ⁵⁵]，"短裤"说"结裈"[tɕʰia⁵⁵ kuɛ⁵⁵]；"公狗"叫"犬公/公犬"[kʰuæ⁵³ kəɯ⁵⁵/ kəɯ⁵⁵ kʰuæ⁵³]，"母狗"叫"犬娘/娘犬"[kʰuæ⁵³ ɲioŋ⁵⁵/ ɲioŋ⁵⁵ kʰuæ⁵³]。

湘南土话里也有珍奇的材料，如江永桃川土话：

"树林"说成"木园"[mau²¹ uəŋ²¹]，"树苗"说成"木秧"[mau²¹ iaŋ³³]，"树梢"说成"木末"[mau²¹ muo³³]，"种树"说成"种木"[tɕiɛ²⁴ mau²¹]，"一棵树"说成"一蔸木"[i⁵⁵ ləu³³ mau²¹]。

这种称"树"为"木"的事例是笔者 2001 年在江永桃川调查中所获。有些巧合的是乔全生教授在晋南方言中也发现了称"树"为"木"的语言事实（参见 2002 年第一期《中国语文》所登《山西南部方言称"树"为[po]考》一文）。此前据汪维辉教授的研究（《东汉—隋常用词演变研究》，南京大学出版社，2000 年 5 月），称"树"为"木"的语言状况至少是保留了两汉以前的用法。

十多年前，我初次调查桃川土话时，一位主要发音人就曾对我说过："很多人学讲官话了，青年人很少讲土话，最多十年就难得听到土话了。"

这里且以她家三代人为例，第一代是发音人自己（时年 60 岁，现已 72 岁），土话保存较好，虽有时夹杂一些官话，但尚能加以区别；第二代，她的三个孩子，老大是女儿，能说一些土话，但已不如母亲，老二、老三是儿子，会土话的程度更差（这和他们都已离开本土有关）；第三代有五人，其中两个外孙是双胞胎，26 岁，一个在长沙，一个在深圳，都不会说土话，两个大孙女，分别为 25 岁和 22 岁，基本不会说土话，一个小孙女，12 岁，土话"更不会了"（发音人语）。

一方面是土话或乡话的丰富蕴藏，一方面是土话或乡话的日益萎缩，抓紧时间做土话或乡话的调查研究，其迫切性毋庸置疑，这是落在湖南方言工作者肩上责无旁贷的历史使命。

2001 年炎夏之季，湖南师范大学一支方言工作者的队伍奔赴湘南各地，调查了十余个土话点。自此以后，一批土话研究的论文在《方言》期刊上陆续发表，一批土话或乡话研究的博士学位论文应运而生，一批以土话或乡话为研究内容的国家课题先后立项。可以说，湘南土话或湘西乡话研究的气候大致形成。

还在 2009 年接近年尾我们去中山大学参加濒危方言学术研讨会的那一段时间，我校出版社就在酝酿要编写一套濒危方言的丛书。不久，2010 年以"濒危汉语方言研究丛书（湖南卷）"为题的国家"十二五"重点图书出版规划项目获得了批准。该项目申报时曾敦请两位著名专家予以推荐。一位是中国社会科学院语言研究所研究员张振兴先生，一位是南开大学文学院教授曾晓渝先生，感谢他们热心的鼓励与荐举。2011 年 11 月湖南师范大学出版社就召开了该项目的作者讨论会，"濒危汉语方言研究丛书（湖南卷）"这一规划项目就此正式上马。2013 年 10 月又举行了第二次作者讨论会，重点讨论了如何提高丛书质量，如期完成规划的问题。2014 年学校出版社又经专家论证就这套丛书申报国家出版基金项目，并再次获得批准。

我受托组织编写这套丛书，深感重任在肩。好在我是和我的一群年轻的战友们来共同完成此项任务，看到他们一个个沉着应战，信心满满，我的心也自然是踏踏实实的了。

寒来暑往，一段时间过后，我接触到一部一部的书稿，各地土话的鲜活材料扑面而来。今天和这位作者讨论，明天和那位作者磋商，围绕的中心议题，是对语言事实如何准确地把握、深入地发掘、详实地记录，以及如何尽可能做到合理的解释。

一稿、二稿、三稿……每一位作者对自己的书稿多次修改，反复加工。胡萍最后交稿时，托她的先生捎来一封信（她本人尚在美国做访问学者），信里有一段话："您这次二稿又帮我审出一些问题，我自己也发现了不少疏漏，所以查遗补缺，未敢懈怠，这次修改完后，我又从头至尾看了两三遍，但仍不敢说万无一失！可见出书之难，体会颇深。临近交稿，虽心有忐忑，但不敢延期。此稿交送后，有时间我还会继续复查，以便校稿时纠正遗漏。"

这种未敢懈怠、追求完善的精神也是丛书其他作者所共同具备的。我想，在田野调查的基础上，编纂、出版一套丛书，对濒危汉语方言的研究无疑会有多重意义，而在这一过程中，一群作者在学术研究的道路上勇于探索、锲而不舍的精神得到的锻造也是至为宝贵的。

这一套丛书包括:《湖南蓝山太平土话研究》《湖南道县祥霖铺土话研究》《湖南双牌理家坪土话研究》《湖南江永桃川土话研究》《湖南东安石期市土话研究》《湖南永州岚角山土话研究》《湖南桂阳六合土话研究》《湖南泸溪梁家潭乡话研究》《湖南城步巡头乡话研究》《湖南绥宁关峡苗族平话研究》。其中大多数为湘南土话,乡话仅两种,最后一种是少数民族使用的汉语方言。

如果加上此前在学界先后出版的湘南土话或湘西乡话的单本研究著作,总共就二十余种。这与湖南丰富的濒危汉语方言的总量相比,还有不小的差距。

眼前这一批学术成果能汇成丛书出版,得衷心感谢湖南师范大学出版社的热情关注与大力支持。特别要致谢的是刘苏华同志,他自始至终全盘负责这套丛书的编纂工作,还有曾经为我校出版方言学术著作贡献良多的曹爱莲同志,也对丛书出版给予了充分的关注。

我们参与的是一项有深远意义的学术建设工程。令人欣慰的是,在我们集合队伍为推动湖南濒危汉语方言抢救性调查研究工作投入力量的过程中,适逢教育部、国家语委决定自2015年起启动中国语言资源保护工程,在全国范围开展以语言资源调查、保存、展示和开发利用等为核心的各项工作。这将形成一股巨大的洪流,我们的工作如同涓涓溪水也将汇入其中。是为序。

鲍厚星

2015 年 5 月初稿

2016 年 6 月修改

目 录

第一章 导论

一、地理人口与历史沿革

（一）地理人口

1. 双牌县的地理人口

双牌县是湖南省永州市辖县，位于湖南省南部，永州市中腹，湘江支流潇水中游，都庞岭北部支脉阳明山、紫金山区。地理坐标为东经110°24′～110°59′，北纬25°36′～26°10′。东与宁远县接壤，南连道县，西邻零陵区石岩头乡及广西全州县，北接永州市零陵区富家桥镇，东北隅与祁阳县接连。县境最东端为阳明山国家森林公园管理局东缘的磨子行山，接祁阳；最西端为何家洞乡蔡里口西缘的大坳岭，接永州零陵。东西最大横距63公里。最南端为理家坪乡的车龙村潇水河中心，接道县；最北端为茶林镇北缘的分水岭，接永州零陵区富家桥镇。南北最大纵距69公里。（《双牌县志》2008年）其总面积1751平方公里，在地图上像一个朝东北倾斜、缺了顶角、边线多曲折的近似等腰三角形。

双牌县以山地为主，丘陵、岗地、平原兼备。全县大体呈"九山半水半分田"之格局。其森林覆盖率在80%以上，是全国22个重点林区县之一，属湖南省主要用材林基地。其地貌基本轮廓由五大准平面构成，呈现东西高、南北低、中部群山连绵的马鞍形。潇水自南向北从县境中部穿过，潇水的东部为天下名山——阳明山，潇水河西面是巍巍紫金山。洛湛铁路、207国道、永连公路和二广高速公路贯穿南北。

双牌县现辖10乡（1个民族乡）、4镇、2林场、1个国家森林公园。包括理家坪乡、打鼓坪乡、永江乡、何家洞乡、尚仁里乡、上梧江瑶族乡、塘底乡、麻江乡、五星岭乡、平福头乡10乡，五里牌镇、江村镇、泷泊镇、茶林镇4镇，打鼓坪、五星岭2林场和阳明山国家森林公园管理局。

双牌县境内山多地少，地广人稀，历代人口发展缓慢，人口稀少。据湖南永州史志网（http://www.hnyzszw.com），全县 2012 年年末总人口 19.1 万人。其中城镇人口 6.88 万人，农村人口 12.22 万人，少数民族人口 1.3 万人。居住县内的有汉族、瑶族、壮族、回族、苗族、侗族、白族、土家族、维吾尔族、满族、傣族、藏族、蒙古族、布依族、朝鲜族、彝族等 16 个名族。汉族人口占总人口的 95%，少数民族中，瑶族人口最多，占县内总人口的 4.9%。（《双牌县志》2008 年）

　　双牌人口，由土著与客籍两部分组成。土著人口，历史源远，原始社会末期，境内属三苗国江南地，舜灭三苗，受禅为部落首领，封其弟象于有庳（今江村镇内），始有部落人群入境。明天顺年间（1457—1464），部分瑶族人在境内祖居，为土著人之始祖。（《双牌县志》2008 年）

　　客籍人口，多数于明代从江西迁徙而来。元朝末年，统治阶级腐败，农民揭竿而起，战火连年。"人民被蹂躏无余"，致使"湖广地旷人稀"。明代初建，"朝廷下徙民之令，以定湖广"。茶林乡《蒋氏族谱》记载：蒋氏祖先"万二十五郎公，与明洪武二年闻湖南重开招民，由江西吉安府太和县鹅劲塘来道州修宜乡"，六传宗四郎，移零陵辛乐洞二三甲定居，插标占地，开垦荒原，从事农耕。境内《袁氏族谱》记述禄寿村人口来历说：明代永乐以后，依据朝廷徙民令，始祖甲三郎由赣迁湘，"居潇水之滨，挹崀峰之秀，瓜绵瓞衍"。其后代又陆续发展到总管庙、塘底、五里牌、佑里等地。（《双牌县志》2008 年）

　　2. 理家坪乡的地理人口

　　理家坪乡是双牌县辖乡，位于双牌县县境南陲，地图上是近似倾斜等腰三角形的双牌县的一个底角。东接宁远县，南接道县梅花镇、白马渡镇，西邻国营打鼓坪林场，北连江村镇。潇水河从中部偏东方向自南向北穿过，坦水河自西北向东南流入马蹄村至潇水，洛湛铁路、065 县道南北向穿越全境，170 乡道在理家坪村与 065 县道相连，通往本乡西北方向的坦田、新干桥等村。乡政府驻理家坪村，辖群力、塘于洞、西盖洞、新干桥（也有人叫西干桥、新板桥）、坦田、理家坪、大坪地、郭江口、六江洞、零田洞、马蹄、车龙等 12 个村，134 个村民组，5400 余户，1.9 万人。全乡总面积 77.9 平方公里，主要为林地，森林覆盖率达 70%。

　　理家坪村，原李姓住址，名李家坪，后盘姓住此，将"李"改"理"而名。村委会驻理家坪，辖 18 个村民组。总面积 7.7 平方公里，耕地 108 公顷，602 户，3224 人。

坦田村地处双牌县理家坪乡西北后龙山东麓，与理家坪乡政府仅 3 公里，因地形平坦而得名。坦田村的北边全是高山，从零陵到道州的州路，一路翻山越岭，经过坦田后，只要翻越村南狮子岭的关口，就是一片坦途入道州了。所以，"坦田"也有"坦途在望"的意思。村委会驻排楼，辖 11 个村民组。总面积 6.7 平方公里，耕地 52 公顷，332 户，1396 人。据何氏族谱记载，坦田村由何氏先祖建于北宋大中祥符初（1008），全村 332 户 1400 多人无一杂姓，清一色为何姓，皆发源于同一始祖，已繁衍 48 代。

（二）历史沿革

1. 双牌县历史沿革

双牌县境古为"楚越通道""湘桂官道"之隘口。原始社会末期，境属"三苗"或"三苗国"地。后来"三苗西徙"，舜"封象于有鼻"。（县志）象为舜弟。有鼻在今江村一带。商、西周属荆州。春秋、战国属楚国南境。秦属长沙郡。汉属长沙国，汉武帝置零陵郡，属零陵郡之泉陵侯国、营浦县、舂陵侯国（元帝初元四年，并入冷道县）。三国属蜀地，孙皓宝鼎元年（266）析零陵郡置营阳郡，属零陵郡泉陵和营阳郡营浦、舂阳（析冷道县置）三县。

西晋武帝太康元年省营阳郡入零陵郡，属零陵郡泉陵、营浦、舂阳三县。东晋穆帝永和年间复置营阳郡，并改舂阳为舂陵，属零陵郡泉陵、营阳郡营浦、舂阳三县。南朝，梁天监十四年改营阳郡为永阳郡，属零陵郡泉陵和永阳郡营浦、舂陵三县。隋，开皇九年（589），改泉陵县为零陵县，废永阳郡及营浦县置永阳县，省舂陵县入营道县，改零陵郡为永州总管府。炀帝大业三年（607）复称零陵郡，大业十三年，萧铣割据建梁国，析营道置梁兴县。隋末，属零陵郡零陵、永阳、梁兴三县。

唐，零陵郡分置为永州零陵郡和道州江华郡。武德四年（621），改永阳为营道，梁兴为唐兴。天宝元年（742），又改营道为宏道，唐兴为延唐。属永州零陵郡零陵县和道州江华郡宏道县、延唐县。

五代，先属马殷楚国，后属周行逢割据地。后晋高祖天福七年（942），改延唐为延熹县。

宋，建隆三年（962），复宏道为营道县。乾德三年（965），改延熹为宁远县。属永州零陵郡零陵县和道州江华郡营道县、宁远县。

元，永、道二州改为永州路、道州路，仍属零陵、营道、宁远三县。

明，太祖洪武元年（1368），改路为府；洪武九年，降道州府为州，以营道县省入，辖宁远县，隶属永州府。属永州府零陵县和道州。

清，属永州府零陵县、道州、宁远县。

民国二年（1913），改道州为县，民国三年废府，属衡阳道。民国二十七年，湖南省划为十个行政督察区，属第七行政督察区零陵、道县、宁远三县。民国十六年，析零陵、祁阳、宁远、新田、常宁、桂阳六县地建立阳明县，今阳明山国家森林公园管理局属之。县治设石鼓园。民国二十年阳明县撤销，设立阳明特区，属宁远县。

中华人民共和国成立后，自1949年10月至1962年11月，先后属永州专区，零陵专区，湘南行政区，衡阳专区零陵、道县、宁远三县。

1962年12月恢复零陵专区，属零陵专区的零陵、道县、宁远三县。

1963年5月，零陵专区设立湖南省阳明山国营林场管理局，辖零陵专区下辖的零陵、道县、宁远三县的11个国营林场。1965年1月，在湖南省阳明山国营林场管理局的基础上扩大，建立潇水林区管理局。

1969年12月，撤销潇水林区管理局，设立双牌县，属零陵地区。

1995年11月，撤销零陵地区，设立永州市，属永州市。

2. 理家坪乡历史沿革

理家坪乡乡域清代属道州宜阳乡；民国前期属马蹄、德和乡，后期先后属达道、宜山、有智、濂涛乡；中华人民共和国成立后，1950年分置为马蹄、西干桥2乡，1952年析置为马蹄、塘于洞、坦田、六家洞、理家坪5乡，1956年分属塘于洞、修义乡，1958年属车头人民公社，1961年析出为理家坪人民公社，1978年3月由道县划归双牌县管辖，1984年改为理家坪乡。

二、语言概况

（一）双牌县的语言概况

1. 语言分布情况

双牌县人口居住分散，语言较为复杂。县内居民所说语言有汉语和瑶语。

县内所有居民（包括汉族和少数民族）都会说汉语。上梧江瑶族乡新田岭、山峰两村是双语区，该地区瑶族居民内部交谈使用瑶族语言（勉语）

但无文字，对外仍说汉语（西南官话）。

县内居民的汉语方言复杂。原属零陵县的 10 个乡镇场和原属道县的塘底、林江、上梧江瑶族乡以及江村、理家坪乡、打鼓坪乡的部分村，原属宁远县的阳明山林场，县内合计约 16 万人讲零陵话（西南官话）；理家坪乡、江村镇、打鼓坪乡是双方言区，约 2.3 万人讲道县话（西南官话），同时还讲道县土话（当地人称"打土谈""讲土话""讲平话"）。

2. 汉语方言概貌

双牌县的汉语方言有西南官话和土话，其中西南官话又分零陵话和道县话两种，下面分别对每种方言的音系做个简单介绍。

第一，零陵话音系（西南官话）（《双牌县志》2008 年，方志出版社，796-842）

（1）声母 23 个

p 波巴板宝 p' 坡怕派炮 b 婆败抱逢 m 摸妈木明

t 得多打东 t' 塔太坦突 d 达驼头图 n 拿泥牛奴　　　　　l 拉力刘六

ts 资早中灾 ts' 草菜擦聪　　　　s 师山索俗 z 慈肉茶蚕

tɕ 鸡交甲姐 tɕ' 吃却请穿　　　　ɕ 希相笑信 ʑ 杰学仇前

k 格哥该贵 k' 客科开跪　　　　ŋ 额我哀恩 x 黑喝海灰 ɣ 核河亥回

ø 丫约玉耳

声母特点：

①古全浊声母在双牌方言中，部分保留，如保留浊塞音 [b d]，浊擦音 [ɣ z ʑ]。群母字今逢洪音韵母读 [k k'] 声母，今逢细音韵母读 [ʑ] 声母。

②古非组字在双牌方言中，非母和敷母今读 [x] 声母，奉母字今读 [b] 或者 [ɣ]

③古澄、崇、船母字以及从、邪、匣母三四等字逢今细音韵母读 [ʑ] 声母。

④古日母字今读 [ʑ] 声母或者 [z] 声母。

⑤古见系二等字，今还有少数读 [k k' x ɣ] 声母。

⑥茶林、麻江一带，定母字今读 [l] 声母。

（2）韵母 33 个

ɿ	支子此资	i	衣毕皮密	u	屋布读虎	y	鱼女居输
a	阿巴麻拉	ia	呀下加恰	ua	娃花瓜刷		
o	恶玻罗火	io	药钥脚雀				

ε	儿百色客	iε	叶夜业铁	uε	国或活勿	yε	月决雪缺
ai	来该才腮			uai	歪乖怀快		
ei	杯梅雷赔			uei	威归亏吹		
au	包刀高耗	iau	腰鸟瑶苗				
ou	欧偷愁豆	iou	由溜牛州				
an	安兰汤当	iεn	盐年边天	uan	弯端团官	yεn	元冤宣穿
		iaŋ	央良娘枪	uaŋ	汪筐光广		
ən	恩本文存	in	因冰英名	uən	温昏滚捆	yn	云军勋春
oŋ	翁绷彭蒙	ioŋ	容穷兄用				

韵母特点：

①咸开一、山开一、宕开一、江开二帮组字今读韵母都相同，为[an]。

②果摄字今读 [o] 韵母。

（3）声调 4 个

阴平 33　衣、优、眯、曲

阳平 34　移、油、罗、图

上声 54　已、有、米、取

去声 24　义、又、谜、去

声调特点：

①平分阴阳，阴平、阳平调值差别不大，其区别主要靠声母的清浊来分辨。

②浊上归去。

③古清声母入声字今读阴平，古浊声母入声字今读阳平。

第二，道州话音系（西南官话）（《湖南方言调查报告》赵元任记音）

（1）声母 18 个

p 保步必碑	p' 派贫拔配	m 门马米妹		
t 斗丁得地	t' 条贴同头	n 奴南年娘		l 陆连来辣
ts 子左猪主	ts' 仓迟除柴		s 三身私扇	
tɕ 今祭节杰	tɕ' 秋丘齐切		ɕ 旬仙西休	
k 干果官归	k' 空哭开快	ŋ 安艾我硬	h 风昏飞灰	
Ø 衣乌如鸭				

声母特点：

①平翘舌不分，精组洪音与知系全读 [ts] 等。

②不分尖团，古精组细音与见系细音全读 [tɕ] 等。

③不分 [f h]，非、敷、奉母一律读 [h]，与晓、匣洪音相混。

④泥、来皆分。

⑤日母止摄开口读零声母。

⑥疑、影开口洪音相混。

⑦ts 组声母的发音部位比普通话的发音较后一点。

⑧[kʻ] 声母送气略强，[ŋ] 的发音比较弱，不太稳固，[h] 是一个喉摩擦清音，但有时候读得很像舌根的摩擦音 [x]。

（2）韵母 32 个

开口呼	齐齿呼	合口呼	撮口呼
ɿ 知师四十	i 必气里地	u 步主五骨	yi 女局疫如
a 马大沙杂	ia 家甲架鸭	ua 挂法刷	
o 波妥何盒	io 略学雀削		
ɤ 北则而黑			
	iu 入欲育辱		
	ie 灭结也谢		ye 绝靴月缺
ai 拜在亥矮		uai 帅外怪快	
ei 倍梅佩碑		uei 兑追内肥	
aɤ 保桃好包	iaɤ 表条晓孝		
əɤ 某走侯狗	iəɤ 纽求幼就		
ã 贪张干巷	iã 娘江详羊	uã 短船汪凡	
ẽ 争耕等硬	iẽ 片天仙眼	uẽ 坤温昏顿	yẽ 倦元全软
	ĩ 兵今壬近		yĩ 均纯尹云
oŋ 通中风公	ioŋ 兄雄用永		

韵母特点：

①山、咸、宕舒声韵尾全鼻化，咸、山洪音与宕摄洪音相混。

②山、咸舒声细音元音变 [e]，不与宕摄舒声细音读 [a] 混。

③深、臻、曾、梗摄的舒声韵尾全鼻化。

④通摄舒声字收舌根鼻音 [ŋ]。

⑤通摄入声三等日母字读 [iu]。

⑥[ɿ] 的发音部位比普通话的 [ɿ] 发音较后一点。

⑦ [a ia ua] 中的 [a] 的发音比 [A] 更偏后，近似 [ɑ]。

⑧ [ai uai] 中的 [a] 的发音接近标准元音 [a]，有时略关，近似 [æ]，[i] 尾松而开，是 [ɪ]。

⑨ [oŋ ioŋ] 中的 [o] 比标准的 [o] 较开，是 [ɔ] 元音，[ŋ] 尾很弱，但还稳固。

（3）声调 4 个

调类	调值	例字
阴平	33	知波些衣於
阳平	31	离奇移出读
上声	55	果起吕五矮
去声	35	帝对谢后祸

声调特点：

①平分阴阳，上去不分阴阳，入声归阳平。

②阴平调是中平调，调值为 [33]。

③阳平调由"半高"降至"低"的降调 [41]，宽式记音记作 [31]。

④上声调由"半高"升至"高"的高微升调 [45]，宽式记音记作 [55]。

⑤去声由"半低"升至"最高"的高升调 [25]，宽式记音记作 [35]。

第三，土话音系（《双牌江村镇土话音韵研究》谢元春 2003）

（1）声母

江村土话声母包括零声母在内共 19 个。

p 步盆浮放	p' 配票偏七	m 门麻蚊网	f 花腐扶虾
t 到段条屠	t' 梯套天汤		l 锣烂流男
ts 炸脐追竹	ts' 坐初罪仓		s 锁数三算
tɕ 钟樟早舅	tɕ' 臭葱船厂	ȵ 烟银宁泥	ɕ 烧尝扇嫂
k 果假滚菌	k' 课块柜劝	ŋ 牛硬饿岩	x 发害肯会
∅ 叶羽味挖			

声母特点：

①古全浊声母今全部清化，古并、定、群母今多数读不送气清音，古澄、崇、邪母今多数读送气清音。

②古泥、来母今逢细音有别，逢洪音相混。

③晓组和非组部分相混。

④部分分尖团。

（2）韵母

江村土话的韵母包括自成音节的［ɱ］和［ŋ］在内，共有 29 个。

ɿ 痴迟纸诗	i 牌菜铁届	u 破渣蒲发	y 运顺春脆
a 皮七笔爬	ia 宝桃毛刀	ua 水追柜围	
	io 写书井石	uo 哥果土梳	
	ie 闻灯葱分		ye 软村棍轮
ə 杯色盖热	iə 包笑桥袖		
ai 彩太苔赖			
		ui 快桂肺挖	
au 多坐吵找			
əu 偷漏扣竹			
	in 停伸性明		
ɛn 连争生镰	iɛn 牵烟扇欠	uɛn 关劝反远	yɛn 全船砖权
aŋ 幽虹立	iaŋ 凉箱帐秧	uaŋ □	
oŋ 窗断汤碗	ioŋ 凶胸容绒		
ɱ 安姆			
ŋ 日你五玉			

韵母特点：

①蟹摄、效摄、臻摄、曾摄、通摄等的一、二等韵今读细音。

②止摄、咸摄、山摄等的三、四等韵今读洪音。

③阳声韵的鼻音韵尾消失。

④入声韵尾消失。

（3）声调

江村土话的声调共 6 个，轻声在外。

调类	调值	例字
阴平	42	鸡疤敲回车秋
阳平	214	迟鞋扶桃赢陪
阴上	45	起眨脑水鼓桶
阳上	13	齿买我咬格痒
去声	33	事四套谢兔凳
入声	24	急拆雪蛇鱼血

声调特点：

①平分阴阳。

②全浊上、次浊上都有归去声的现象。

③入声调保留。

（二）理家坪的语言概况

理家坪乡辖的 12 个村，乡中心地带的新干桥（也有人叫西干桥、新板桥）、坦田、大坪地、郭江口、六江洞、零田洞、马蹄等 7 个行政村所有自然村内部都说土话，对外使用官话；理家坪村大部分人说土话，乡政府所在地理家坪自然村村民只会说官话；乡北部的群力村、西北部的塘于洞村、南部的车龙村等 3 个村少部分自然村以土话为主，多数自然村是说官话；西部的西盖洞村全部说官话，不会说土话。

三、方言研究概述

目前有关双牌县方言的研究，总体上文献不多，相对来说，官话的讨论比土话的讨论要多。双牌县官话的研究讨论方面，较早的是李永明先生在《湘南双方言区概况及声调》（1999）中提及双牌县内存在双方言情况，但并没有具体讨论；另外，《湖南省志·方言志》（2001）中提供了双牌县官话与湖南其他方言点的声调字对照、单字音对照以及词汇对照；《湘南官话语音研究》（曾献飞 2008，2012）中把双牌官话置于整个湘南官话之中，和其他湘南官话进行了比较；《双牌县志》（2008）中较为系统地介绍了双牌县县城官话的语音、词汇，并对该官话的语法做了简单介绍；李维的《湖南双牌县方言语音及应用研究》（2013）对县城的官话进行了较为详细的研究。双牌县土话的研究，目前还只有湖南师范大学硕士研究生谢元春的硕士毕业论文《双牌江村镇土话音韵研究》（2003）对双牌县江村镇土话的语音进行了研究。

四、音标符号和发音合作人

（一）音标符号

本书用国际音标标音，本书中用到的国际音标符号列表如下：

1. 辅音

本书所用到的辅音符号共 19 个，下面按照各个辅音的发音部位和发音方法介绍：

方法\部位			双唇	舌尖前	舌尖中	舌面前	舌根
塞音	清音	不送气	p		t		k
		送气	p'		t'		k'
塞擦音	清音	不送气		ts		tɕ	
		送气		ts'		tɕ'	
鼻音	浊音		m		n	ȵ	ŋ
边音	浊音				l		
擦音	清音		ɸ	s		ɕ	x

2. 元音

本书所用元音共 12 个，其中 9 个舌面元音，1 个舌尖元音，2 个鼻化元音。

舌面元音见下图：

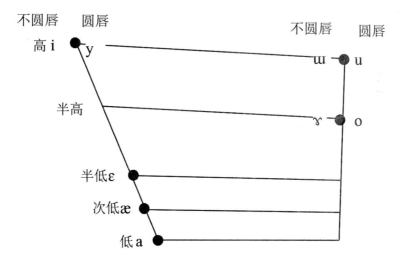

除了以上的舌面元音以外，还有一个舌尖元音 [ʅ]，两个鼻化元音 [ã] 和 [ẽ]。

3. 声调符号

本书采用五度制数字标调法。各声调的调值分别是阴平 452、阳平 31、阴上 44、阳上 33、阴去 43、阳去 41、入声 13。

（二）其他符号

1. 斜杠"／"表示"或者"的意思。

2. 文字加下划线"＿"表示白读，加下划线"＿"表示文读。

3. "□"表示有音无字或者暂时考不出本字。

4. "～"代替所注的字。

（三）发音合作人情况

吴光凤，男，双牌县理家坪乡理家坪村人，中专，1951年1月出生，退休教师。

何承富，男，双牌县理家坪乡坦田村人，高中，1948年8月出生，农民。

周景桂，女，双牌县理家坪乡理家坪村人，小学，1953年9月出生，农民。

吴照，男，双牌县理家坪乡理家坪村人，大学，1993年6月出生，在读大学生。

第二章 理家坪土话语音

一、理家坪土话语音系统

(一)声母（20 个，含零声母）

p 杯包牌白分密　p' 配捧帕拍飞蜂　m 买蜜马尾问瓦　ɸ 风发烦花祸客

t 带胆枯淡床在　t' 土剃讨桶汤退　n 糯南二难眼年　　　　　　　l 雷犁力连裆虫

ts 祖字竹迟炸记　ts' 踩初茶锄吹气　　　　　　　　　s 三师事水十起

tɕ 挤就斤穷针猪　tɕ' 亲财抽沉蠢确　ȵ 泥脑赢女软让　ɕ 心晒深神熟学

k 家界高贵谷盖　k' 敲劝揩货缺快　ŋ 鱼额燃烟阎盐　x 河号苦哭肥防

Ø 矮云匀润禾雾

声母说明：

1. "风、发"等字的声母是双唇擦音 [ɸ]，偶尔念成唇齿擦音 [f]。

2. [n] 和 [l] 声母具有区别意义的作用，是两个不同的声母。

3. [n] 和 [ȵ] 不具有对立关系，然而当地人认为在细音前的声母应该是 [ȵ]，因此本书记作两个不同的声母。

(二)韵母（32 个，含自成音节的 ŋ 和 m̩）

ɿ 鸡迟起指急戏　i 枅排针新河接　　　u 爬马胆蓝家鸭　yi 准春脆砌云吸

a 比皮地姊七四　ia 报刀讨草高靠　　　ua 追醉出亏围味　ya 出水架耍撮锥

　　　　　　　io 猪煮女输弱嘴　　　uo 床徒堆租古鱼

ɤ 杯媒派改额想　iɤ 眼耳直织食哪

　　　　　　　iɛ 分盆东等重公　　　　　　　　　yɛ 婚风村软裤稳

æ 大癞再还昨蟹

ao 多簸戳萝坐饿　iao 口坏摇尿屌了吆咪~ 猫

ɤɯ 斗狗口有蔸后　iɤɯ 饱平病酒手交

　　　　　　　iu 钉顶锈借车声　　　ui 乖血缺月滑挖

ã 棒瘫叛

ẽ 板偏天年线尖　　iẽ 牵嫌严扇欠掀　　　　uẽ 赚闩关劝完横　　　yẽ 穿砖椽转选癣

　　　　　　　　　iaŋ 涨墙伤痒框让　　　　uaŋ 罐告_{告诉}筐□_{东西}

oŋ 盘塘短满装黄　ioŋ 娘_{妻子}凶容勇涌

ŋ̩ 人五旦木尔你二_又

m̩ 姆□_{~□ [·mẽ¹]} 布

韵母说明：

1. 读 [ya] 韵母的字不多，其中 "出、水、锥" 有时又可以念 [ua] 韵母，"架" 的白读音韵母为 [u]，只有 "耍、撮" 二字只能念 [ya] 韵母。我们认为 [ya] 韵母是部分 [ua] 韵母字随声母演变而产生的音变，如 [ua] 韵母与声母 [ts ts' s] 相拼时，可以自由变读为 [ya] 韵母，同时声母也变为 [tɕ tɕ' ɕ]。

2. [uo] 韵母的发音，有轻微的唇形由小到大的变化，发音人也感觉出舌位有细小变化，因此，本书记作复韵母 [uo]，而不是单韵母 [o]。

3. [yɛ] 韵母在与声母 [k k' ɸ ∅] 相拼时，有时自由变读为 [uɛ]。

4. 读 [æ] 韵母的字也不多，但多是生活用字，如 "昨、现_{~在}" 等，因此记入音系。

5. 韵母 [ao iao] 中 [a] 的实际音值为 [ɑ]，韵尾 [o] 的唇较展。读 [iao] 韵母的字较少，一般是生活常用的字，如 "□环、摇、尿、屙" 等，只有个别不太常用的字可能是受官话影响读的 [iao] 韵母，如 "表" 等，因此，本书把 [iao] 韵母记入音系。

6. 韵母 [ɤɯ iɤɯ] 中的韵尾为不圆唇的 [ɯ]。

7. [ã] 为鼻化音，不带鼻尾。读 [ã] 韵母的字很少，"瘫" 或是受官话影响，但因 "叛、棒" 等为生活常用字，因此记入音系。

8. 韵母 [iaŋ uaŋ] 中的 [a] 的实际音值为 [ɑ]。韵母为 [uaŋ] 的字也很少，但都为生活常用字，如表示 "东西" 意的词读 [uaŋ⁴¹·ki¹]，"告诉" 读 [kuaŋ⁴³·ɕiaŋ⁴]，因此记入音系。

9. 当 [uẽ] 韵母与声母 [ts ts' s] 相拼，有时韵母可以自由变读为 [yẽ]，同时声母也变为 [tɕ tɕ' ɕ]。

10. 读 [ioŋ] 韵母的字，只有表示 "妻子" 意思的 "娘" 一个生活常用词，表 "妻子" 意思的 "娘" 读 [n̠ioŋ³¹] 或者 [n̠ioŋ³¹·ku³]，其余多为不常用的字。

11. 念自成音节的鼻辅音 [m̩] 的词有 2 个：一个是 " 姆妈_{妈妈} " 读为 [m̩⁴⁴·mɤ⁵]，另一个是表示 " 布 " 意思的词 " □□ " 读作 [m̩⁴¹·mẽ¹]。

（三）声调（7 个，轻声除外）

阴平 452　针街花沙猪多

阳平 31　枙财爬皮徒赔

阴上 44　摆挤早水土桶

阳上 33　是近湿马尾老

阴去 43　记戴菜砌货贵

阳去 41　袋顺话鼻绿毒

入声 13　急八雪客笔骨

声调说明：

1. 阳上与阴上、阴去、阳去等都有区别，如 " 被子 " 的 " 被 " 与 " 碑 "" 皮 "" 比 "" 沸 "" 鼻 "" 笔 " 等字的声韵都相同，但是，声调不一样，具有区别作用，因此，本书把阳上记作一个单独的调类。这样，理家坪土话的声调系统共 7 个声调。

2. 阴平调前段有小段微升，然后下降，阴平调的高点为整个声调系统的最高点，终点低于起点，因此本书记作一个凸拱调 [452]，也可以记作 [453]。

3. 阳平和阴去，都是降调，并且下降幅度都不大，但在起点音高上有区别，阴去的起点音高比阳平的要高。

二、理家坪土话的声韵调配合

（一）声韵配合关系

理家坪土话的声韵配合关系如下表 2-1。表中韵母按照开、齐、合、撮四呼分类，声母基本按照发音部位分类，[n] 声母与 [n̠] 声母是互补关系，所以单独把 [n] 声母列作一类。

表 2-1　理家坪土话声韵配合表

	开口呼	齐齿呼	合口呼	撮口呼
p pʻ m	皮飞尾	排蜂买	爬破瓦	
ɸ			花	粉
t tʻ l	地拖萝	枮桶虫	胆毯雷	墩
n	糯		男	
ts tsʻ s	鸡七四		渣茶沙	
tɕ tɕʻ n̠ ɕ		针草泥心		准春软岁
k kʻ ŋ x	改扣饿开	讲敲银红	家亏鱼苦	裤口放
Ø	衣	我	肉	云

从上表可以看到理家坪土话声韵配合关系的特点：

1. [p pʻ m] 只拼开、齐、合（合口呼限于拼 u 韵母）三呼，不拼撮口呼。

2. [ɸ] 只拼合口、撮口呼，不拼开口、齐齿呼。与合口呼相拼限于 [u ui uẽ] 韵母，与撮口呼相拼限于 [yɛ] 韵母。

3. [t tʻ l] 四呼都拼，拼撮口呼限于 [t] 拼 [yɛ]。

4. [n] 只拼开口和合口，不拼齐齿和撮口。

5. [ts tsʻ s] 只拼开口和合口，不拼齐齿和撮口。

6. [tɕ tɕʻ n̠ ɕ] 只拼齐齿和撮口，不拼开口和合口。

7. [k kʻ ŋ x] 四呼都拼，拼撮口限于 [k kʻ] 拼 [yi] 和 [yɛ]。

8. [Ø] 四呼都拼。

（二）声韵调配合表

理家坪土话声母、韵母、声调配合情况见表 2-2。表中同一横行表示声母相同，同一竖行表示韵母和声调相同。空格表示没有声韵调配合关系；单元格中写出例字或者写出圆圈数码即表示对应的声韵调能配合，其中圆圈数码表示写不出本字的音节，并在表格下方按序加注说明，不同表格的圆圈数码重新编号。黑体加粗字体表示需要加注说明的音节，都在表格下方加注说明。有的字重复出现，或者是文读音和白读音的差别，或者是多音多义的情况。文白异读的字，加下划线 "＿" 表示白读，加下划线 "＿" 表示文读。每个表格后的说明顺序是先对黑体加粗字进行说明，后对圆圈数码表示的音节进行说明。

表 2-2 理家坪土话声韵调配合表之一

声母	(1) ɿ 阴平452	阳平31	阴上44	阳上33	阴去43	阳去41	入声13	(2) i 阴平452	阳平31	阴上44	阳上33	阴去43	阳去41	入声13	(3) u 阴平452	阳平31	阴上44	阳上33	阴去43	阳去41	入声13
p								蹕	排	摆		拜	稗	八	疤	爬	把	抱	櫊	步	斧
pʻ								批	脾			**屄**	劈		铺		谱		破	敷	扑
m									埋	买			卖		麻		马			抹	麦
ɸ															花	咸	火	祸	吓	话	客
t								低	抬	底	在	戴	袋	**弟**		痰	胆	毯	**担**	淡	搭
tʻ								梯	题			剃		铁	塔						
n																南					
l									**虫**	礼	**弟**			辣		蓝		**冷**			腊
ts	鸡	迟	指		记	字	急								渣		眨		榨	自	摘
tsʻ	欺	池	**起**	**倚**	气	事	适								①	茶			岔	择	拆
s	师	时	**起**		是	戏										沙	齿			续	漱
tɕ								针	穷	挤	近			接							
tɕʻ								猜	财	捡	拣	**菜**	鳃	切							
ȵ									泥	纳	奶	艺	奈	杀							
ɕ								新	神	洗	**席**	细	剩	杀							
k								街	**裙**	讲	菌	界		**夹**	家	痂			价	货	**夹**
kʻ																					
ŋ									银							牙		**瓦**			
x								河	鞋	喜	湿		盒	瞎							
ø								阴	移	矮	瘾	印	舌	**一**	丫	禾	肉	雨		雾	鸭

起[tsʻɿ⁴⁴]文读音，一～；白读[sɿ⁴⁴]～来

起[sɿ⁴⁴]白读音，～来；文读[tsʻɿ⁴⁴]，一～

倚[tsʻɿ³³]站

蹕[pi⁴⁵²]～儿：瘸子

虫[li³¹]白读音，文读[tsʻoŋ³¹]

裙[ki³¹]白读音，文读[tɕʻyẽ³¹]

弟[li³³]白读音，老～；文读[ti¹³]，～兄

席[ɕi³³]文读音，酒～；白读[tɕʻiu⁴¹]，草～

屄[pʻi⁴³]女阴

菜[tɕʻi⁴³]白读音；文读[tsʻæ¹³]，芹～

弟[ti¹³]文读音，～兄；白读[li³³]，兄～

夹[ki¹³]～子，又音[ku¹³]，～起来

一[i¹³]初～；又音[i³³]，～年

冷[lu³³]～水

瓦[ŋu³³]白读音，又读[mu³³]；文读[u³³]

担[tu⁴³]白读，～儿：担子；文读[toŋ⁴³]，～心

夹[ku¹³]～起来；又音[ki¹³]，～子

①□[tsʻu⁴⁵²]骂

表2-3　理家坪土话声韵调配合表之二

声母	(4) yi							(5) a							(6) ia						
	阴平452	阳平31	阴上44	阳上33	阴去43	阳去41	入声13	阴平452	阳平31	阴上44	阳上33	阴去43	阳去41	入声13	阴平452	阳平31	阴上44	阳上33	阴去43	阳去41	入声13
p								披	皮	比	被	**沸**	鼻	笔		袍	保		报	**菢**	
p'								**飞**							坡						拍
m								**眯**	**糜**		尾	片		蜜		毛				帽	
ɸ																					
t										**打**				地	刀	桃		道	倒	套	滴
t'											坛						讨				
n								②													
l									来	里	理	**拉**	利	粒		痨		**老**			
ts										**姊**	杂										
ts'									糍			刺	浸	七							
s											死	四		膝							
tɕ	**跍**		准				啄								**加**				灶		抓
tɕ'	春	疠	蠢	**浞**	砌	绝										曹	早	草		造	跨
ɲ																			脑	恼	
ɕ		熏	笋		岁	顺	雪									骚	嫂		扫		
k	①							痂		③				④	高		稿		**告**		
k'														掐	敲		考		靠		
ŋ															熬				坳		
x															**薅**	毫	**好**			**号**	
∅		云				润	**玉**	衣													

跍 [tɕyi^{452}] 蹲

浞 [tɕ'yi^{33}] 淋，～雨

玉 [yi^{13}] 文读音，一块～；白读 [ɲio^{41}]，～米

飞 [p'a^{452}] 白读音；文读 [ɸui^{452}]，～蛾蛾

眯 [ma^{452}] ～眼球：闭眼睛

糜 [ma^{31}] ～饭：粥，稀饭

打 [ta^{44}] 文读音，～架；白读 [tu^{44}]，～官司

姊 [tsa^{44}] ～妹：姐妹

沸 [pa^{43}] ～水：开水

拉 [la^{43}] 撕

加 [tɕia^{452}] 文读音，～法；白读 [ku^{452}]，一～一

薅 [xia^{452}] ～草：除去田里杂草

好 [xia^{44}] 白读音，文读 [xao^{44}]

老 [lia^{33}] 白读音，～头牯，～鼠；又读 [luo^{33}]，～虎；文读 [lao^{44}]，～大

告 [kia^{43}] 又读 [kuaŋ^{43}]，～诉

菢 [pia^{41}] 孵，赖～鸡婆

号 [xia^{41}] 一～

①□ [kyi^{452}] ～当：这儿

②□ [na^{452}] ～得：知道

③□ [ka^{44}] 屎，～洞牯：粪坑

④□ [ka^{13}] ～起来：捆起来

表 2-4 理家坪土话声韵调配合表之三

声母	(7) ua							(8) ya							(9) io						
	阴平452	阳平31	阴上44	阳上33	阴去43	阳去41	入声13	阴平452	阳平31	阴上44	阳上33	阴去43	阳去41	入声13	阴平452	阳平31	阴上44	阳上33	阴去43	阳去41	入声13
p																					
p'																					
m																					
ɸ																					
t																					
t'																					
n																					
l														灵						绿
ts	追				醉																
ts'	催	锤																			
s							刷														
tɕ								锥		撮					猪		煮	罪	嘴		烛
tɕ'												**架**					蛆	确	挂		
ɳ															黏			女		**玉**	
ç										**耍**				**出**	书	①	许	絮	碎	树	叔
k	归		鬼		贵		骨														
k'	亏		跪		**扣**	**柜**															
ŋ																					
x		**肥**					**穴**														
ø		围			味										约				弱	**乐**	②

肥 $[xua^{31}]$ 白读音；又读 $[ua^{41}]$，粪，捡～：拾粪；文读 $[ɸui^{31}]$，下～

扣 $[k'ua^{43}]$ 白读音，文读 $[k'ɤɯ^{43}]$

柜 $[k'ua^{41}]$ 白读音，文读 $[kyɛ^{13}]$

穴 $[xua^{13}]$ 白读音，～牯：洞；文读 $[çiɛ^{33}]$，～位

耍 $[çya^{44}]$ ～狮儿：耍狮子

架 $[tɕ'ya^{43}]$ 文读音，打～儿：打架；白读 $[ku^{43}]$，衣～儿：衣架子

出 $[çya^{13}]$ 又音 $[sua^{13}]$

玉 $[ɳio^{41}]$ 白读音，～米：玉米；文读 $[yi^{13}]$，一块～

乐 $[io_{41}]$ 音～

① □ $[çio^{31}]$ ～儿：坛子

② □ $[io^{13}]$ 昨～：昨天

表 2-5　理家坪土话声韵调配合表之四

声母	(10) uo							(11) ɣ							(12) iɣ						
	阴平452	阳平31	阴上44	阳上33	阴去43	阳去41	入声13	阴平452	阳平31	阴上44	阳上33	阴去43	阳去41	入声13	阴平452	阳平31	阴上44	阳上33	阴去43	阳去41	入声13
p	①							杯	陪	伯	倍	**揹**	焙	北							
p'								坏				派		泼							
m			②						媒	妈	**没**	忘	妹								
ɸ																					
t	堆	床	赌	肚	碓		毒	他		德				得							
t'	推		土	吐										脱							
n								拿	疑		**眼**	**尔**	**日**								
l		雷				路								肋							
ts	租		祖							崽	责	做									
ts'	粗	锄		柱	醋	住	破		贼		策										
s	梳		鼠	数			缩			想	媳			色							
tɕ																	痣	直			织
tɕ'																					翅
ɳ																		**眼**			**眼**
ɕ																					**识**
k	**箍**		鼓	哥	鸽		谷	该		改	嗝	盖		格							
k'			**苦**	壳	科		**课**							刻							
ŋ			鱼										额								
x	灰	壶	**苦**		**去**	活	哭	开		海			害	黑							
ø	**煨**	荷			外	**喂**	屋					爱	**二**		③						**食**

箍 [kuo⁴⁵²] 白读音，一～：一圈；文读 [ku⁴⁵²]，～脚：打基脚

煨 [uo⁴⁵²] ～药：熬药

苦 [k'uo⁴⁴] 累：～吧咧（累了）

苦 [xuo⁴⁴] ～瓜

去 [xuo⁴³] 白读音，出～；文读 [tɕ'yi⁴³]，～风

喂 [uo⁴¹] ～饭；又读 [ui⁴¹]，叫喊

课 [k'uo¹³] 上～；又读 [k'uo⁴³]，～文

没 [mɣ³³] 文读，～送；白读 [ma³³]，～得

眼 [nɣ³³] 名词性，白读音，～泪水；又读 [niɣ³³]，～球：眼睛；文读 [iẽ³³]，～牯：洞

揹 [pɣ⁴³] 文读音，捶～～；白读 [pa⁴³]，～着讲

尔 [nɣ⁴³] 第二人称复数：你们

日 [nɣ⁴¹] 白读音，～头：太阳；又读 [ŋ⁴¹]，～子；文读 [i⁴¹]，生～

二 [ɤ¹³] 文读音，等于～；白读
三 [nɤ⁴¹]，十～，又读 [ŋ⁴¹] ～十

眼 [ȵiɤ³³] 名词性，白读音，～球：
眼睛；又音 [nɤ³³]，～泪水；文
读 [iẽ³³]，～牯：洞

食 [iɤ⁴¹] 吃

眼 [ȵiɤ¹³] 动词性，看；又读 [ȵiɛ¹³]
～一囗下：看一下

识 [ɕiɤ¹³] ～得：认得

①囗 [puo⁴⁵²] ～子手：手残疾

②囗 [muo⁴⁴] 躲～子：捉迷藏

③囗 [iɤ⁴⁵²] 薄

表2-6　理家坪土话声韵调配合表之五

声母	(13) iɛ							(14) yɛ							(15) æ						
	阴平 452	阳平 31	阴上 44	阳上 33	阴去 43	阳去 41	入声 13	阴平 452	阳平 31	阴上 44	阳上 33	阴去 43	阳去 41	入声 13	阴平 452	阳平 31	阴上 44	阳上 33	阴去 43	阳去 41	入声 13
p	分	盆	本		畚		**份**														
p'	蜂		捧																		
m		蚊				问															
φ								**风**	魂	粉		费	缝	**发**							
t	东	筒	等	爹	凳	洞		墩				顿	拙								
t'			桶																**大**		
n																					
l			**箩**	**唎**	力																癞
ts																					再
ts'																		踩		昨	
s																					**菜**
tɕ	**钟**			占																	
tɕ'		葱	沉	重				村	存				寸								
ɲ							**眼**				软		嫩								
ɕ		尘	**穴**		试			孙			榫		侳								
k	公		埂	①	荚					滚	棍	**裈**	**柜**								
k'			啃										④								
ŋ																	挨			崖	
x	空	红	肯		②											还			**现**	蟹	
∅				应		③		温	文	稳			⑤								

钟 [tɕiɛ452] 又音 [tɕi452]

箩 [liɛ31] 白读音；文读 [luo31]，簸~粽

唎 [liɛ33] 语气词，食吧饭~：吃了饭了

穴 [ɕiɛ33] 文读音，~位；白读 [xua13] ~牯：洞

份 [piɛ41] 白读音，一~；文读 [φyɛ41]，年~

眼 [nʲiɛ13] 动词性，看；又读 [nʲiɤ13]

风 [φyɛ452] 白读音，大~；文读 [xoŋ452]，~湿

裈 [kyɛ41] 裤子

发 [φyɛ13] 头~

柜 [kyɛ13] 文读音，~子；白读，[k'ua41] 铛~：碗柜

大 [t'æ43] 文读音，~哥；白读 [tu41]，~门

现 [xæ43] 白读音，~在；文读 [ɕiɛ41] ~出

菜 [ts'æ13] 文读音，芹~；白读 [tɕ'i43] 苋~

①□ [kiɛ33] 冷，天很~

②□ [xiɛ43] 坡，滑~

③□ [iɛ41] 每，~年

④□ [k'yɛ41] 放：手~在背地

⑤□ [yɛ41] 扔，~东西

表 2-7　理家坪土话声韵调配合表之六

声母	(16) ao							(17) iao							(18) ɤɯ						
	阴平 452	阳平 31	阴上 44	阳上 33	阴去 43	阳去 41	入声 13	阴平 452	阳平 31	阴上 44	阳上 33	阴去 43	阳去 41	入声 13	阴平 452	阳平 31	阴上 44	阳上 33	阴去 43	阳去 41	入声 13
p			簸				③			表					苞						
pʻ							泡														
m		磨				磨										谋					
ɸ																					
t	多	驼	朵	矺	剁	稻	戳					屌			蔸	头	陡			豆	斗
tʻ	拖								调						偷		散		透		
n				揉	①	糯															
l	搓	萝	老			落			聊	了								楼			漏
ts			左				着										走	皱	奏		竹
tsʻ	抄	炒	坐		凿	错														凑	畜
s	蓑		锁		潲	索									馊					嗽	
tɕ												叫									
tɕʻ												④									
ȵ										鸟			尿								
ɕ											肖										
k			搞												阄		狗		够	彀	
kʻ						②										抠	口		扣		
ŋ		鹅				饿										牛		藕			
x			好													喉	口	后			吼
ø								吆	摇										沤		

老 [lao^{44}] 文读音，～大；白读 [lia^{33}]，～头牯、～鼠；白读又读 [luo^{33}] ～虎

好 [xao^{44}] 文读音，白读 [xia^{44}]

矺 [tao^{33}] 砍

潲 [sao^{43}] 猪食

泡 [pʻao^{13}] 文读音，灯～；又读音 [pʻao^{452}]，捧～～：巴结；白读 [pʻiɤɯ^{43}]，水～

着 [tsao^{13}] 穿：～衣

吆 [iao^{452}] 喵的分音，咪～表示猫

鸟 [ȵiao^{44}] 文读音，燕子～：燕子；白读 [ȵiɤɯ^{44}]，～儿

屌 [tiao^{43}] 男外生殖器，～～

阄 [kɤɯ^{452}] 抓～

叩 [kʻɤɯ^{44}] 文读音，漱～；白读 [xɤɯ^{44}]，～气

口 [xɤɯ^{44}] 白读音，～气；文读 [kʻɤɯ^{44}]，漱～

后 [xɤɯ^{33}] ～工：后天；又读 [xoŋ^{31}]，～晡：后天

扣 [kʻɤɯ^{43}] 白读音，文读 [kʻua^{43}]

彀 [kɤɯ^{41}] 往上～

斗 [tɤɯ^{13}] 动词，～地主

吼 [xɤɯ^{13}] 叫，牛～：牛叫

①□ [nao^{43}] 蔫，叶儿～吧咧：叶子蔫了

②□ [kʻao^{41}] 放：奉书～在枪儿上

③□ [pao^{13}] 换：尔两个～

④□ [tɕʻiao^{43}] 坏，～吧咧：坏了

表 2-8　理家坪土话声韵调配合表之七

声母	(19) iɤɯ 阴平452	阳平31	阴上44	阳上33	阴去43	阳去41	入声13	(20) iu 阴平452	阳平31	阴上44	阳上33	阴去43	阳去41	入声13	(21) ui 阴平452	阳平31	阴上44	阳上33	阴去43	阳去41	入声13
p	包	平	饱		豹	病	剥														
p'	抛				**泡**																
m		名				命															
φ															**肥**	法			肺	罚	血
t	刁	条			吊			钉		顶		钉	定								
t'				跳					亭			听		踢							
n																					
l	流	留	柳			**六**			**零**	岭			**历**								
ts																					
ts'																					
s																					
tɕ	周	茄	酒	舅	照	旧	脚	遮		井		借	敬	**炙**							
tɕ'	抽	球	丑			嚼		车	晴	请	侧	**谢**	①	尺							
ɲ			**鸟**		咬								赢	**领**							
ç	烧	仇	少	受	笑	熟	熄	星	蛇	写	社	锈	石	锡							
k	教		缴		窖	觉									乖				怪		蕨
k'			巧		翘														筷		缺
ŋ																					
x																					
∅	腰	油			釉	右	柚	营		影	我		夜						**块**	月	挖

鸟 [ɲiɤɯ⁴⁴] 白读音，～儿；文读 [ɲiao⁴⁴]，燕子～：燕子

泡 [p'iɤɯ⁴³] 白读音，水～；文读 [p'ao¹³]，灯～；文读又读 [p'ao⁴⁵²]，捧～～：巴结

六 [liɤɯ⁴¹] 文读音，～个；白读 [lu³³]，～指

零 [liu³¹] 白读音，～陵（地名）；文读 [liẽ³¹]，～分

谢 [tɕ'iu⁴³] 白读音，～师傅；文读 [ɕiu⁴³]

领 [ɲiu⁴³] 件：一～衣

历 [liu⁴¹] 白读音，又读 [la⁴¹]；文读 [li¹³]

炙 [tɕiu¹³] 烤，～火：烤火

肥 [ɸui³¹] 文读音，下～；白读 [xua³¹]，浇～；白读又读 [ua⁴¹]，粪，浇大～：浇大粪

块 [ui⁴³] 白读音，一～砖；文读 [k'ui⁴³]，一～钱

①□ [tɕ'iu⁴¹] 一～雨：一场雨

表 2-9　理家坪土话声韵调配合表之八

声母	(22) ẽ							(23) iẽ							(24) uẽ						
	阴平452	阳平31	阴上44	阳上33	阴去43	阳去41	入声13	阴平452	阳平31	阴上44	阳上33	阴去43	阳去41	入声13	阴平452	阳平31	阴上44	阳上33	阴去43	阳去41	入声13
p	班		**板**	办	变	**便**															
pʻ	偏				骗	片					拚										
m		蛮	①		遍	慢															
ɸ															翻	烦	反			饭	
t	单		点	垫	店	邓															
tʻ	天	甜	趟		炭		②														
n		年		捻		念															
l		连		懒		烂			**零**												
ts	尖	曾	盏		箭	贱															
tsʻ	千	钱	浅		衬										**串**	**橼**			**赚**		
s	山		伞		线										**臼**						
tɕ												见	仗	剑							
tɕʻ								牵	勤					**欠**							
ɲ																					
ɕ								掀	嫌			扇	**现**								
k	**间**		减		**间**										关		卷		惯		
kʻ		缠												**欠**	圈	**拳**			劝		
ŋ	阉	燃																			
x					硬 干	焰 苋															
ø										**眼**				厌	弯	完		远	怨	万	

间 [kẽ452] 一～屋：一间房子

板 [pẽ44] 木～；又音 [poŋ44]，～儿；棺木

间 [kẽ43] ～开

便 [pẽ41] 方～

零 [liẽ31] 文读音，～分；白读 [liu31]，～陵（地名）

眼 [iẽ44] 名词性，文读音，～牯洞；白读 [ɲiɤ33]，～球：眼睛；又读 [nɤ33]，～泪

现 [ɕiẽ41] 文读音，～出；白读 [xæ43]，～在

欠 [tɕʻiẽ13] 文读音，～账；白读 [kʻiẽ13]

欠 [kʻiẽ13] 白读音，～账；文读 [tɕʻiẽ13]

串 [tsʻuẽ452] 白读音，～起来；文读 [tɕʻyẽ452]

臼 [suẽ452] 白读音，门～；文读 [ɕyẽ452]

橼 [tsʻuẽ31] 白读音，～皮；文读 [tɕyẽ31]

拳 [kʻuẽ31] 又读 [tsʻua31]

赚 [tsʻuẽ43] 白读音，～钱；文读 [tɕyẽ43]

①□ [mẽ44] 扔

②□ [tʻẽ13] ～了这条命：比拼了这条命

表2-10　理家坪土话声韵调配合表之九

声母	(25) yẽ 阴平452	阳平31	阴上44	阳上33	阴去43	阳去41	入声13	(26) ã 阴平452	阳平31	阴上44	阳上33	阴去43	阳去41	入声13	(27) iaŋ 阴平452	阳平31	阴上44	阳上33	阴去43	阳去41	入声13
p														棒							
pʻ																					
m																					
φ																					
t										凼											
tʻ										瘫											
n																					
l																凉		两		亮	
ts																					
tsʻ																					
s																					
tɕ	砖	**橼**	转		转	旋									姜		涨	**構**	匠	**帐**	**隆**
tɕʻ	穿														框	墙	抢		唱	**像**	
ȵ																		**娘**		让	**娘**
ɕ	**臼**		癣		扇										箱	尝	响	**上**	向	**像**	尚
k																					
kʻ																					
ŋ										按											
x																					
ø		**元**													秧	羊	痒			样	

臼 [ɕyẽ^{452}] 文读音，门～；白读 [suẽ^{452}]

橼 [tɕyẽ^{31}] 文读音，～皮；白读 [tsʻuẽ^{31}]

元 [yẽ^{31}] 文读音，～旦；白读 [uẽ^{31}]，～宵节

转 [tɕyẽ^{44}] ～手

转 [tɕyẽ^{43}] ～过来

旋 [tɕyẽ^{41}] 头上毛发成旋涡状的地方

娘 [ȵian^{31}] ～～[ȵian^{31}·ȵian^{3}] 姑妈；又音 [ȵian^{13}] ～～ [ȵian^{13}·ȵian^{4}]：叔母；又音 [ȵioŋ^{31}]，妻子；又音 [nao^{31}]1.母亲或婆婆（背称）；2.老板～：老板娘

構 [tɕian^{33}] ～田：耕田

上 [ɕian^{33}] 动词，～去

像 [tɕʻian^{41}] 白读音，文读 [ɕian^{41}]

像 [ɕian^{41}] 文读音，白读 [tɕʻian^{41}]

隆 [tɕian^{13}] 文读音，下～；白读 [ki^{43}] 霜～

娘 [ȵiaŋ¹³]～～[ȵiaŋ¹³·ȵiaŋ⁴]: 叔母;
又音 [ȵiaŋ¹³]～～[ȵiaŋ³¹·ȵiaŋ³]:
姑妈;又音 [ȵioŋ³¹],妻子;又
音 [nao³¹]1.母亲或婆婆(背称);
2.老板～:老板娘

表 2-11　理家坪土话声韵调配合表之十

声母	(28) uaŋ 阴平452	阳平31	阴上44	阳上33	阴去43	阳去41	入声13	(29) oŋ 阴平452	阳平31	阴上44	阳上33	阴去43	阳去41	入声13	(30) ioŋ 阴平452	阳平31	阴上44	阳上33	阴去43	阳去41	入声13
p								帮	盘	绑		半	拌								
p'										纺				③							
m								摸	盲	猛	网										
ɸ																					
t								端	塘	短	断	当	段								
t'								汤													
n									农		暖	齆									
l								裆	郎		卵		乱								
ts								装			胀										
ts'								疮		长	丈		撞	铳							
s								酸				算									
tɕ																					
tɕ'																					
ɳ																娘					
ɕ																			凶		
k			告			罐		肝	②	敢			杠								
k'																					
ŋ																					
x			筐					糠	含	哄	烘	旱	汗	凤							
ø	**王**	①								碗			换		容		勇				

王 [uaŋ³¹] 文读音，～字旁；白读 [uɛ] 阎儿～：阎王

齆 [noŋ⁴³] ～鼻头：鼻腔阻塞，发音不清

娘 [ɳioŋ³¹] 妻子；又音 [nao³¹]，1. 母亲或婆婆（背称）；2. 老板～：老板娘；又音 [ɳiaŋ³¹] ～～ [ɳiaŋ³¹·ɳiaŋ³]：姑妈，又音 [ɳiaŋ¹³] ～～ [ɳiaŋ¹³·ɳiaŋ⁴]：叔母

①□ [uaŋ⁴¹] ～□ [·ki¹]：东西

②□ [koŋ³¹] 圆

③□ [p'oŋ¹³] 一～：一群

表 2-12 理家坪土话声韵调配合表之十一

声母	(31) ŋ̍							(32) m̩													
	阴平	阳平	阴上	阳上	阴去	阳去	入声	阴平	阳平	阴上	阳上	阴去	阳去	入声	阴平	阳平	阴上	阳上	阴去	阳去	入声
	452	31	44	33	43	41	13	452	31	44	33	43	41	13	452	31	44	33	43	41	13
p p' m																					
ɸ																					
t t' n l																					
ts ts' s																					
tɕ tɕ' ȵ ɕ																					
k k' ŋ x																					
∅	安	人	庵	五	**么**	**日**					**姆**		①								

么 [ŋ̍⁴³] ～个 [ŋɤ³³]：什么

日 [ŋ̍⁴¹]，～子；又读 [nɤ⁴¹]，～头：太阳；文读 [i⁴¹]，生～

姆 [m̩⁴⁴] ～妈：母亲，婆婆面称

①□ [m̩⁴¹] ～□ [mẽ⁴³]：布

三、文白异读

理家坪土话出现异读的现象多，表现复杂，其形成原因主要是这几个方面：

一方面是历时演变中的不同语音演变阶段等造成的异读。另一个原因是共时平面的语流音变形成的异读。本节我们只讨论历时演变类型的异读。共时语流音变形成的异读将在本章第九节音变现象中讨论。

双牌理家坪是个官话和土话并用的双方言区，读书音都是用的官话，我们这儿所讨论的文白异读不包括读书音中的官话，只包括在口语中的文白音。理家坪土话中文白读的差异有声母方面的差异，也有韵母和声调方面的差异。声母方面的文白差异主要有来自古见系和非组的字今读在发音部位上不同，有来自古日、疑母字今读声母有无的不同，有来自古全浊音声母的字今读在发音方法上送气与否的差异。韵母方面的文白差异主要有来自古假摄的字今读主要元音的不同，来自阳声韵的字今读是否有鼻音韵尾或者带鼻化的不同，等等。

（一）声母不同的文白异读

1. 见系声母文白读

（1）见母白读为 [k]，文读为 [tɕ]。

例字	白读音	文读音
加	一加一 ku⁴⁵²	加法 tɕia⁴⁵²
架	架儿 ku⁴³	打架 tɕya⁴³
降	霜降 ki⁴³	下降 tɕiaŋ¹³
角	牛角 kiɤɯ¹³	一角钱 tɕiɤɯ¹³

（2）溪母白读为 [x] 或者 [k‘]，文读为 [tɕ‘]。

例字	白读音	文读音
去	来去 xuo⁴³	去风 tɕ‘yi⁴³
欠	欠账 k‘iẽ¹³	欠账 tɕ‘iẽ¹³

（3）溪母白读为 [s] 或者 [x]，文读为 [ts‘] 或者 [k‘] [tɕ‘]。

例字	白读音	文读音
起	起来 sʅ⁴⁴	一起 ts‘ʅ⁴⁴
气	声气 sʅ⁴³	运气 ts‘ʅ⁴³

口　　　　一口 xɣɯ⁴⁴　　　口水 k'ɣɯ⁴⁴

（4）溪母白读为零声母，文读为 [k']

例字	白读音	文读音
块	一块砖 ui⁴³	一块钱 k'ui⁴³

（5）晓、匣母白读为 [x]，文读为 [s] 或者 [ɕ]。

例字	白读音	文读音
闲	闲话 xiɛ³¹	闲事 ɕiɛ³¹
现	现在 xæ⁴³	现出 ɕiɛ⁴¹
穴	穴窟 xua¹³	穴位 ɕiɛ³³
喜	所喜 xi⁴⁴	喜事 sɿ⁴⁴

（6）晓、匣母白读为零声母，文读为 [x] 或 [ɸ]。

例字	白读音	文读音
和	和尚 u³¹	和起来 ɸu³¹
会	会不会 uo⁴³	开会 xuo⁴³

2. 非组字白读为唇音 [p p'] 等，文读为 [ɸ]，或者白读为 [ɸ]，文读为 [x] 等

例字	白读音	文读音
分	分家 piɛ⁴⁵²	一分 ɸyɛ⁴⁵²
份	一份 piɛ⁴¹	年份 ɸyɛ⁴¹
飞	飞吧咧 p'a⁴⁵²	飞蛾蛾 ɸui⁴⁵²
封	封起来 ɸyɛ⁴⁵²	一封信 xoŋ⁴⁵²
风	大风 ɸyɛ⁴⁵²	风湿 xoŋ⁴⁵²

3. 日、疑母字白读为鼻音声母 [n ȵ m ŋ]，或者自成音节的 [ŋ]，文读为零声母

例字	白读音	文读音
日	日头 nɣ⁴¹ 日子 ŋ⁴¹	生日 i⁴¹
二	十二 nɣ⁴¹ 二十 ŋ⁴¹	一二三 ɣ¹³
午	午时 ŋ³³	端午 u³³
玉	玉米 ȵio⁴¹	一块玉 yi¹³
瓦	一片瓦 ŋu³³ 或者 mu³³	一片瓦 u³³
眼	眼泪水 nɣ³³ 眼球 ȵiɣ³³	眼牯洞 iẽ⁴⁴

4. 古全浊声母的文白异读

并、定、群母白读为不送气清音，文读为送气清音，从、澄、崇母等白读为送气清音，文读为不送气清音。

例字	白读音	文读音
排	一排 pi^{31}	排球 p'æ^{31}
大	大方 tu^{33}	大雨 t'æ^{43}
裙	围裙 ki^{31}	裙子 tɕ'yẽ^{31}
求	求人 tɕiɤɯ^{31}	求人 tɕ'iɤɯ^{31}
匠	木匠公 tɕ'iaŋ^{43}	铁匠公 tɕiaŋ^{43}
橡	橡皮 ts'uẽ^{31}	橡皮 tɕyẽ^{31}
状	告状 ts'oŋ^{41}	状况 tsoŋ^{13}

（二）韵母不同的文白异读

1. 假摄字的文白异读

有些假摄开口二等字有文白异读，韵母的主要元音白读为 [u]，文读为 [a]，见组字除了韵母有文白读差异以外，有些声母也有文白读的差异，白读为 [k] 组声母，文读为 [tɕ] 组声母，文读为 [tɕ] 组声母的字韵母有韵头，韵母为 [ia] 或者 [ya]。

例字	白读音	文读音
马	mu^{33}	ma^{33}
痂	结痂 ku^{452}	黑墨痂 ka^{452}
夏	立夏 ɸu^{41}	夏季 ɕia^{13}
加	一加一 ku^{452}	加法 tɕia^{452}
架	架儿 ku^{43}	打架 tɕya^{43}

2. 效摄字的文白异读

效摄开口一等豪韵的韵母为 [ia]，部分字有文白读，白读韵母为 [ia]，文读韵母为 [ao]。

例字	白读音	文读音
老	老鼠 lia^{33}	老大 lao^{44}
早	早晨 tɕia^{44}	食早 tsao^{44}
好	搭帮好 xia^{44}	好多 xao^{44}

3. 韵母主要元音白读为 [a]，文读为 [i] 或者 [ɤ]

例字	白读音	文读音
历	历书 la⁴¹	阳历 li⁴¹
	或者 liu⁴¹	
背	背着说 pa⁴³	背后 pɤ⁴³
	背个包 pa⁴⁵²	
毕	食毕_{吃完} pa¹³	毕业 pi⁴³
没	嘴公没味 ma³³	没送 mɤ³³
七	七月 ts'a¹³	老七 tɕ'i¹³

4. 韵母韵头或者韵腹白读为 [u]，文读为 [i]、[y] 或者其他时，声母也发生相应的变化

例字	白读音	文读音
夹	夹起来 ku¹³	夹子 ki¹³
白	白的 pu⁴¹	白儿_{白天} piɛ⁴¹
		谈白_{聊天} pɤ¹³
鼠	老鼠 suo⁴⁴	檐老鼠 ɕio⁴⁴
	黄鼠狼 sua⁴⁴	
水	涨大水 sua⁴⁴	自来水 ɕya⁴⁴
出	出嫁 sua¹³	出血 ɕya¹³
元	元宵节 uẽ³¹	元旦 yẽ³¹
椽	ts'uẽ³¹	tɕyẽ³¹
串	ts'uẽ⁴⁵²	tɕ'yẽ⁴⁵²
闩	suẽ⁴⁵²	ɕyẽ⁴⁵²
柜	铛柜_{碗柜} k'ua⁴¹	柜子 kyɛ¹³
打	打官司 tu⁴⁴	打人 ta⁴⁴
扣	扣儿 k'ua⁴³	钉扣儿 k'ɤɯ⁴³
刮	刮虫_{打闪} kui¹³	刮板 kyɛ⁴¹
六	六指 lu³³	六个 liɤɯ⁴¹
大	大年初一 tu³³	大事 t'æ⁴³

5. 阳声韵的文白异读

白读音为阴声韵，文读为鼻音韵尾或者带鼻化的元音。

例字	白读音	文读音
今	今年 tsɿ⁴⁵²	今儿工_{今天} tsẽ⁴⁵²

农　　农夫公 nu³¹　　　农活 noŋ³¹

笼　　笼儿 lu³¹　　　　灯笼 loŋ³¹

零　　零陵 liu³¹　　　　零分 liẽ³¹

封　　封起来 ɸyɛ⁴⁵²　　一封信 xoŋ⁴⁵²

床　　床上 tuo³¹　　　　一床被 tsʻoŋ³¹

降　　霜降 ki⁴³　　　　下降 tɕiaŋ¹³

闲　　闲话 xiɛ³¹　　　　闲事 ɕiẽ³¹

先　　先生 sa⁴⁴　　　　先走 sẽ⁴⁵²

前　　眼面前 tsʻa³¹　　前年 tsʻẽ³¹
　　　头前 kʻẽ³¹

眼名　眼珠 nȵʏ³³　　　　眼窟 iẽ⁴⁴
　　　眼泪水 nʏ³³

间　　中间 ɕi⁴⁵²　　　　一间 kẽ⁴⁵²

裙　　围裙 ki³¹　　　　裙子 tɕʻyẽ³¹

（三）其他文白异读

例字	白读音	文读音
谢	谢师傅 tɕʻiu⁴³	多谢 ɕiu⁴³
戒	戒指 ki⁴³	戒酒 kʏ⁴³
弟	俩兄弟 li³³	表弟 ti¹³
好	搭帮好 xia⁴⁴	好多 xao⁴⁴
小	小路 ɕio³³	小麦 ɕiʏɯ⁴⁴
精	精肉 tɕiu⁴⁵²	精盐 tɕi⁴⁵²
十	十一 ɕiʏ¹³	二十 sʐ⁴¹
席	草席 tɕʻiu⁴¹	酒席 ɕi³³

四、理家坪土话的同音字表

说明：

（1）本字表按照理家坪土话的韵母、声母、声调的顺序排列。同韵母的字以声母为序，同声母的字以声调为序。声调用数字标记五度调值，对应的调类分别是，452（阴平），31（阳平），44（阴上），33（阳上），43（阴去），41（阳去），13（入声）。

（2）有文白异读的字，文读音加双线"⸗"，白读音加单线"_"。

（3）本字待考的用方框"□"代替，用右下注注明字义，或者举出例词、例句。

（4）注文中，用"～"号代替所注的字，如："喜～事"中"～事"就是"喜事"。

（5）本字表中，一字有两读或者多读，又不确定是文白读的，称为又读音，在右下角加注"又"，如："夹又ku¹³"，表示"夹"又读[ku¹³]。

（1）ɿ

tsɿ^{452}　鸡今～年箕

tsɿ^{31}　迟棋旗祁辞慈～姑

tsɿ^{44}　指纸几紫籽子白～只～有

tsɿ^{33}　徛

tsɿ^{43}　计寄记职祭继好痔纪蛭

tsɿ^{41}　字

tsɿ^{13}　技急结着向～

tsʻɿ^{452}　欺摛～手

tsʻɿ^{31}　池

tsʻɿ^{44}　耻起二～

tsʻɿ^{43}　气汽契

sɿ^{452}　师狮尸司丝宵私

sɿ^{31}　时晨

sɿ^{44}　匙起～来屎喜～事

sɿ^{33}　是豉实

sɿ^{43}　世戏试释气

sɿ^{41}　事十失市

sɿ^{13}　适悉

（2）i

pi^{452}　躄

pi^{31}　排簰牌

pi^{44}　摆比

pi^{43}　拜坒～业

pi^{41}　败稗别～针

pi^{13}　八逼憋

pʻi^{452}　批

pʻi^{31}　脾

pʻi^{43}　屁

pʻi^{41}　劈

mi^{31}　埋明清～，又miɤu^{31}～摆着，又nu^{31}，～年

mi^{33}　买米

mi^{41}　篾卖

ti^{452}　低

ti^{31}　柸台苔抬待寻

ti^{44}　底

ti^{33}　在

ti^{43}　戴带

ti^{41}　代袋碟

ti^{13}　弟第

tʻi^{452}　梯胎

tʻi^{31}　题

tʻi^{44}　体

tʻi^{43}　剃屜

tʻi^{13}　帖贴铁

li^{31}　犁虫鳞

li^{44}　礼

li^{33}　弟

li^{41}　辣历阴～厉赖

tɕi^{452}　针金真筋蒸斤京糈～盐经斋

钟又tɕie⁴⁵²	k'i⁴⁵² 揩
tɕi³¹ 穷陈	ŋi³¹ 银阎
tɕi⁴⁴ 挤真眕厚紧肿种~子尽~前面	xi⁴⁵² 河
tɕi³³ 近尽~量	xi³¹ 鞋
tɕi⁴³ 净禁□~□tɕio⁴¹,玩	xi⁴⁴ 喜所~
tɕi¹³ 接节截鲫	xi³³ 湿
tɕ'i⁴⁵² 猜亲称	xi⁴¹ 盒狭
tɕ'i³¹ 财裁齐	xi¹³ 瞎
tɕ'i⁴⁴ 捡	i⁴⁵² 阴
tɕ'i³³ 拣	i³¹ 移姨
tɕ'i⁴³ 菜秤	i⁴⁴ 矮以
tɕ'i⁴¹ 腮鳃	i³³ 一又i¹³瘾也
tɕ'i¹³ 扦擦切七	i⁴³ 印意
ȵi³¹ 泥浓	i⁴¹ 要叶舌用又音旦
ȵi⁴⁴ 纳	i¹³ 易腌一初~，又i¹³
ȵi³³ 奶忍	（3）u
ȵi⁴³ 艺	pu⁴⁵² 疤晡
ȵi⁴¹ 耐奈	pu³¹ 爬钯杷耙划菩葡脯蒲瓢婆
ɕi⁴⁵² 筛西心芯深新身又ɕio⁴⁵²升胸辛间中~	pu⁴⁴ 把补
ɕi³¹ 神	pu³³ 抱
ɕi⁴⁴ 洗恐怕	pu⁴³ 欂
ɕi³³ 嘻噆酒~	pu⁴¹ 步薄白又pie⁴¹，~工：白天；又pɤ¹³，谈~：聊天
ɕi⁴³ 婿信细晒兴惜□~股：屁股	pu¹³ 斧部百柏卜腹
ɕi⁴¹ 剩	p'u⁴⁵² 铺~床
ɕi¹³ 杀	p'u⁴⁴ 谱
ki⁴⁵² 街	p'u⁴³ 破帕铺~面
ki³¹ 裙围~	p'u⁴¹ 敷
ki⁴⁴ 解进江	p'u¹³ 扑伏
ki³³ 肫菌□□uan⁴¹~，东西	mu³¹ 麻痳
ki⁴³ 界隆霜~戒~指	mu³³ 马码瓦又ŋu³³
ki¹³ 挟夹又ku¹³挟钳	mu⁴¹ 抹

mu¹³ 麦

ɸu⁴⁵² 花夫

ɸu³¹ 咸符和~起来胡姓

ɸu⁴⁴ 火伙府虾

ɸu³³ 祸下傅

ɸu⁴³ 吓

ɸu⁴¹ 夏画话划服袄幅合伏

ɸu¹³ 富副客福瓠

tu³¹ 痰

tu⁴⁴ 胆打~官司

tu³³ 淡大

tu⁴³ 担

tu¹³ 搭答

t'u⁴⁵² 塔

t'u⁴⁴ 毯

nu³¹ 南男明~年，又mi³¹清~，又miɣu³¹~摆着，农~夫公

lu³¹ 蓝兰笼~儿

lu³³ 六~指冷

lu⁴¹ 腊蜡

tsu⁴⁵² 渣

tsu⁴⁴ 眨

tsu⁴³ 榨炸溅

tsu¹³ 摘

ts'u⁴⁵² □骂权差叉

ts'u³¹ 茶查

ts'u⁴³ 岔插~嘴，又ts'u¹³

ts'u⁴¹ 择

ts'u¹³ 拆插又ts'u⁴³

su⁴⁵² 沙纱痧杉衫三

su⁴⁴ 齿

su⁴³ 撒续

su¹³ 漱萨

ku⁴⁵² 歌家痂加⌐~~⌐瓜箍

ku⁴⁴ 假剐寡牯又kua⁴⁴，又kuo⁴⁴

ku⁴³ 过架嫁价

ku¹³ 甲夹~起来，又ki¹³

k'u⁴⁵² 挎树枝

k'u⁴³ 货

ŋu³¹ 牙芽

ŋu³³ 瓦又mu³³

u⁴⁵² 丫

u³¹ 吴禾糊胡~儿和~尚

u⁴⁴ 哑肉

u³³ 雨瓦午端~

u⁴³ 轭牛~

u⁴¹ 雾芋

u¹³ 鸭恶押

（4）yi

kyi⁴⁵² □~当：这儿

tɕyi⁴⁵² 跔

tɕyi⁴⁴ 准举

tɕyi¹³ 啄

tɕ'yi⁴⁵² 春松~树

tɕ'yi³¹ 疖枞

tɕ'yi⁴⁴ 蠢椿取

tɕ'yi³³ 娶泥

tɕ'yi⁴³ 脆砌去

tɕ'yi⁴¹ 绝

tɕ'yi¹³ 缺

ɕyi⁴⁵² 熏荽

ɕyi⁴⁴ 笋

ɕyi⁴³ 岁税

ɕyi⁴¹ 顺

çyi^{13}	雪吸喝	la^{43}	拉撕栗立~春
yi^{31}	匀云	la^{41}	利痢离泪历~书；又liu⁴¹
yi^{41}	闰润运	la^{13}	粒□胖
yi^{13}	玉一块~	tsa^{44}	姊
（5）a		tsa^{33}	杂
pa^{452}	披碑背~个包笆	ts'a^{31}	槎糍拢前眼面~
pa^{31}	皮便~宜扁瘪密谜	ts'a^{43}	刺粽
pa^{44}	比把~戏吧停~咧	ts'a^{41}	浸憯痛
pa^{33}	被	ts'a^{13}	七漆
pa^{43}	背~地沸热：天气~，~水。又pa¹³	sa^{44}	死先~生
pa^{41}	琵枇鼻箆椑	sa^{43}	四
pa^{13}	沸热：天气~，~水。又pa⁴³ 笔淹毕完	sa^{13}	膝虱
	□极了	ka^{452}	痂
p'a^{452}	飞	ka^{44}	□屎朵耳~
p'a^{43}	屁	ka^{13}	□捆，~起来
p'a^{41}	匹片一~叶子	k'a^{13}	掐
ma^{452}	眯闭	a^{452}	衣
ma^{31}	糜粥	（6）ia	
ma^{44}	马	pia^{31}	袍浮
ma^{33}	尾亩没	pia^{33}	保宝
ma^{41}	蜜	pia^{41}	报菢
ma^{13}	汋	pia^{13}	暴□~来：初来
ta^{44}	打只又tɕiu¹³	p'ia^{452}	坡
ta^{41}	地	p'ia^{13}	拍
ta^{13}	大	mia^{31}	毛茅
t'a^{33}	坛	mia^{41}	帽
na^{452}	□~得：知道	tia^{452}	刀
na^{31}	儿又ŋã³¹	tia^{31}	淘萄桃逃
na^{33}	□~年：往年	tia^{33}	道
la^{31}	来梨厘篱	tia^{43}	倒到
la^{44}	里一~路	tia^{41}	跌
la^{33}	理鲤李	tia^{13}	滴一~

t'ia⁴³ 套

lia³¹ 牢痨

lia³³ <u>老</u>

tɕia⁴⁵² <u>加</u>_{~法}

tɕia³¹ 曹

tɕia⁴⁴ <u>早枣蚤糟</u>

tɕia⁴³ 灶

tɕia¹³ 抓

tɕ'ia³¹ □_{山~轱：山谷}

tɕ'ia⁴⁴ 草

tɕ'ia⁴³ 造糙

tɕ'ia¹³ <u>跨</u>_{~过去}

ȵia⁴⁴ 脑

ȵia³³ 恼

ɕia⁴⁵² 骚臊

ɕia⁴⁴ 嫂

ɕia⁴³ 扫

ɕia¹³ <u>夏</u>

kia⁴⁵² 高篙膏

kia⁴⁴ 稿

kia⁴³ 告_{~状，又kuaŋ⁴³}

k'ia⁴⁵² 敲

k'ia⁴⁴ 考烤

k'ia⁴³ 靠铐

ŋia⁴⁵² 熬

ŋia⁴³ 坳_{山~儿}

xia⁴⁵² 蒿薅

xia³¹ 毫

xia⁴⁴ <u>好</u>

xia⁴¹ 号

（7）ua

tsua⁴⁵² 追钻锥_{又tɕya⁴⁵²}

tsua⁴³ 醉

ts'ua⁴⁵² 催吹

ts'ua³¹ 锤拳_{又k'uẽ³¹}

sua⁴⁴ 水_{又ɕya⁴⁴} 鼠_{又suo⁴⁴，ɕio⁴⁴}

sua¹³ 刷出_{又ɕya¹³}

kua⁴⁵² 归规

kua⁴⁴ 鬼牯_{又ku⁴⁴，又kuo⁴⁴}

kua⁴³ 贵<u>桂</u>_{~花}

kua¹³ 骨橘卦

k'ua⁴⁵² 亏

k'ua³³ 跪叩磕

k'ua⁴³ <u>扣</u>

k'ua⁴¹ <u>柜</u>

k'ua¹³ 话_说

xua³¹ <u>肥</u>_{浇~，又ua⁴¹，粪，~肥}

xua¹³ <u>穴</u>_{~轱：洞}

ua⁴⁵² 鸹

ua³¹ 围

ua⁴¹ 位味<u>肥</u>_{粪，~肥；又xua³¹，浇~}

（8）ya

tɕya⁴⁵² 锥_{又tsua⁴⁵²}

tɕya⁴⁴ 撮

tɕ'ya⁴³ <u>架</u>_{打~}

ɕya⁴⁴ 水_{又sua⁴⁴} 耍_{~狮子}

ɕya¹³ 出_{又sua¹³}

（9）io

lio³¹ 灵

lio⁴¹ 绿

tɕio⁴⁵² 猪珠拘朱

tɕio⁴⁴ 蔗煮主矩组

tɕio³³ 罪

tɕio⁴³ 嘴锯句

tɕio⁴¹	□□tɕi⁴³ ~，玩	luo³¹	箩雷炉驴
tɕio¹³	烛	luo⁴¹	路露
tɕ'io⁴⁴	蛆杵挂肘处~~	tsuo⁴⁵²	租
tɕ'io³³	确□偷	tsuo⁴⁴	祖阻
tɕ'io⁴¹	挂处~暑	tsuo⁴¹	自
ȵio⁴⁵²	黏	ts'uo⁴⁵²	粗初
ȵio³³	女	ts'uo³¹	除锄厨
ȵio⁴¹	玉~米	ts'uo³³	柱竺
ɕio⁴⁵²	书输削虚身单~，又ɕi⁴⁵²	ts'uo⁴³	醋
ɕio³¹	□~儿：坛子	ts'uo⁴¹	住座~~
ɕio⁴⁴	许鼠又suo⁴⁴，sua⁴⁴	ts'uo¹³	坼开~：开裂
ɕio³³	絮薯小又ɕiʮ⁴⁴	suo⁴⁵²	梳疏稀
ɕio⁴³	碎	suo⁴⁴	数鼠又ɕio⁴⁴，又sua⁴⁴
ɕio⁴¹	树赎	suo⁴³	数~十粒
ɕio¹³	叔~侄塾	suo¹³	缩
io³³	约	kuo⁴⁵²	箍姑孤
io⁴³	弱我复数，又iʮ⁴³；单数iu³³	kuo⁴⁴	古估牯又ku⁴⁴，又kua⁴⁴ 股鼓
io⁴¹	浴乐	kuo³³	哥
io¹³	□昨~	kuo⁴³	鸽聒郭顾

（10）uo

		kuo¹³	国谷角三~：板
puo⁴⁵²	拽□~子手：手残疾□打~：抓子儿游戏	k'uo⁴⁴	可苦累
muo⁴⁴	□躲~子：捉迷藏	k'uo³³	壳
tuo⁴⁵²	堆	k'uo⁴³	科课又k'uo¹³
tuo³¹	徒床图	k'uo¹³	课又k'uo⁴³
tuo⁴⁴	躲赌堵	ŋuo³¹	蛾飞~~，飞蛾；又ŋʮ³¹，~眉豆鱼渔
tuo³³	肚	xuo⁴⁵²	灰□瘦
tuo⁴³	对碓队度当	xuo³¹	回~门壶湖胡~椒
tuo⁴¹	独读毒渡	xuo⁴⁴	苦虎悔
t'uo⁴⁵²	推	xuo⁴³	去
t'uo³¹	堂	xuo⁴¹	会开~活
t'uo⁴⁴	土	xuo¹³	阔哭
t'uo⁴³	吐兔退	uo⁴⁵²	煨

uo³¹	荷	lɤ³³	拎
uo⁴³	外醒	lɤ¹³	肋
uo⁴¹	会~不~喂~饭	tsɤ⁴⁴	崽
uo¹³	屋	tsɤ³³	责

（11）ɤ

tsɤ⁴³ 做

pɤ⁴⁵²	杯眥动,~起来	ts'ɤ⁴⁴	贼
pɤ³¹	陪赔棉还~愿	ts'ɤ³³	策
pɤ⁴⁴	伯	sɤ⁴⁴	想
pɤ³³	倍	sɤ³³	媳
pɤ⁴³	辈眥~后	sɤ¹³	塞色
pɤ⁴¹	背~书焙	kɤ⁴⁵²	该
pɤ¹³	北钵白谈~:聊天。又pie⁴¹,~工:白天; 又pu⁴¹~菜	kɤ⁴⁴	改□点~子:一点点

p'ɤ⁴⁵²	胚坯	kɤ³³	嘎咯这□地~:地方
p'ɤ⁴³	派配	kɤ⁴³	盖个戒
p'ɤ¹³	泼	kɤ¹³	割格隔
mɤ³¹	梅媒煤霉	k'ɤ¹³	咳刻克
mɤ⁴⁴	□棵妈	ŋɤ⁴¹	额
mɤ³³	没	xɤ⁴⁵²	开
mɤ⁴³	忘	xɤ⁴⁴	海
mɤ⁴¹	妹墨默脉	xɤ⁴¹	害
tɤ⁴⁵²	他癫羊~疯	xɤ¹³	黑
tɤ⁴⁴	打自从	ɤ⁴³	爱
tɤ³³	德	ɤ¹³	二

tɤ¹³ 得

（12）iɤ

t'ɤ¹³	脱	tɕiɤ⁴³	痣
nɤ⁴⁵²	拿	tɕiɤ⁴¹	直
nɤ³¹	疑儿词缀,又na³¹	tɕiɤ¹³	织
nɤ⁴⁴	拈	tɕ'iɤ¹³	翅
nɤ³³	眼名,又niɤ³³ 那~边	ɲiɤ³³	眼名词,又nɤ³³ 耳
nɤ⁴³	尔你们	ɲiɤ¹³	眼动词,看,又niɛ¹³
nɤ⁴¹	日~头,又ŋ⁴¹二又ŋ⁴¹热天气~	ɕiɤ¹³	识士
		iɤ⁴⁵²	□薄

iɤ⁴³ 我复数，又 io⁴³；单数 iu³³

iɤ⁴¹ 哪食吃

（13）iɛ

piɛ⁴⁵² 分崩

piɛ³¹ 盆朋棚彭篷□满

piɛ⁴⁴ 本

piɛ⁴³ 畚

piɛ⁴¹ 奉给 辨份 白~儿：白天，又 pu⁴¹；又 pɤ¹³，谈~：聊天

pʻiɛ⁴⁵² 蜂蜜~

pʻiɛ⁴⁴ 捧

miɛ⁴⁵² 咩

miɛ³¹ 门蚊闻

miɛ⁴¹ 闷问梦

tiɛ⁴⁵² 灯油~东冬滩

tiɛ³¹ 藤眷铜桐筒

tiɛ⁴⁴ 等

tiɛ³³ 爹

tiɛ⁴³ 凳冻动~手

tiɛ⁴¹ 洞一个~

tʻiɛ⁴⁴ 桶统

liɛ³¹ 箸拦聋□簸~头（牛笼嘴）

liɛ³³ 咧语气词

liɛ⁴¹ 力

tɕiɛ⁴⁵² 钟又 tɕi⁴⁵² 砧

tɕiɛ⁴³ 占甄

tɕʻiɛ⁴⁵² 葱

tɕʻiɛ³¹ 沉层尘又 ɕiɛ³¹

tɕʻiɛ³³ 重

ȵiɛ⁴³ 业

ȵiɛ¹³ 念眼动词，看，又 niɤ¹³

ɕiɛ³¹ 尘又 tɕʻiɛ³¹

ɕiɛ³³ 穴

ɕiɛ⁴³ 试涉送

kiɛ⁴⁵² □吞跟根公工功宗

kiɛ⁴⁴ 埂

kiɛ³³ □冷

kiɛ⁴³ 荚

kʻiɛ⁴⁴ 啃

xiɛ⁴⁵² 空~水：倒水

xiɛ³¹ 红闲

xiɛ⁴⁴ 肯

xiɛ⁴³ 岸□坡空有~

iɛ⁴⁵² 掩捂

iɛ⁴³ 应

iɛ⁴¹ □每：~年

（14）yɛ

ɸyɛ⁴⁵² 鮔昏婚风封分__疯荤枫

ɸyɛ³¹ 魂浑蛔

ɸyɛ⁴⁴ 粉

ɸyɛ⁴³ 睏费

ɸyɛ⁴¹ 缝份年~

ɸyɛ¹³ 发头~

tyɛ⁴⁵² 墩

tyɛ⁴³ 顿

tyɛ⁴¹ 拙

tɕʻyɛ⁴⁵² 村

tɕʻyɛ³¹ 存澄

tɕʻyɛ⁴³ 寸

tɕʻyɛ⁴¹ 院

ȵyɛ⁴⁴ 软

ȵyɛ⁴¹ 嫩

ɕyɛ⁴⁵² 孙

ɕyɛ⁴⁴ 榫损省

çyɛ⁴¹ 侄

kyɛ⁴⁴ 捆_—~柴 滚轨

kyɛ⁴³ 棍

kyɛ⁴¹ 裤刮

kyɛ¹³ 柜

kʻyɛ⁴¹ □放

yɛ⁴⁵² 温瘟

yɛ³¹ 文

yɛ⁴⁴ 稳哕

yɛ⁴¹ □扔

（15）æ

pʻæ³¹ 排~球

tʻæ³¹ 台

tʻæ⁴³ 大

tʻæ¹³ 太

læ¹³ 癞

tsæ¹³ 再

tsʻæ³¹ 柴

tsʻæ⁴⁴ 踩

tsʻæ⁴¹ 昨~□io¹³：昨天

tsʻæ¹³ 菜

kæ⁴³ 概

ŋæ³¹ 挨

ŋæ⁴¹ 崖

xæ³¹ 还

xæ⁴³ 现~在

xæ⁴¹ 蟹

（16）ao

pao⁴⁴ 俜藏

pao⁴³ 簸

pao¹³ 刨□换

pʻao⁴⁵² 泡捧~~，又pʻao¹³

pʻao¹³ 泡灯~，又pʻao⁴⁵²

mao³¹ 磨矛

mao⁴¹ 磨

tao⁴⁵² 多

tao³¹ 驼

tao⁴⁴ 朵躲

tao³³ 沓斫

tao⁴³ 剁跺舵

tao⁴¹ 稻

tao¹³ 戳

tʻao⁴⁵² 拖

nao³¹ 揉娘 又ȵiaŋ³¹，ȵiaŋ¹³，ȵioŋ³¹ 挠

nao⁴³ □蔫

nao⁴¹ 糯

lao⁴⁵² 搓

lao³¹ 萝螺罗锣脶捞

lao⁴⁴ 老

lao⁴¹ 落

tsao⁴⁴ 爪左早

tsao¹³ 着穿

tsʻao⁴⁵² 抄

tsʻao⁴⁴ 炒

tsʻao³³ 坐

tsʻao⁴¹ 凿

tsʻao¹³ 错

sao⁴⁵² 蓑梭搜

sao⁴⁴ 锁筲

sao⁴³ 潲

sao¹³ 索

kao⁴⁴ 搞

kʻao⁴¹ □放

ŋao³¹ 鹅

ŋao⁴¹ 饿
xao⁴⁴ <u>好</u>

（17）iao

piao⁴⁵² 飘
piao⁴⁴ 表_{老~}
tiao⁴³ 屌
t'iao³¹ 调
liao³¹ 聊
liao⁴⁴ 了
tɕiao⁴³ 叫
tɕ'iao⁴³ □_坏
ɳiao⁴⁴ <u>鸟</u>_{燕子~}
ɳiao¹³ <u>尿</u>
ɕiao³³ 肖
ɕiao⁴¹ 校
iao⁴⁵² 吆_{咪[mi⁴⁵²]~：猫}
iao³¹ 摇

（18）ɤɯ

pɤɯ⁴⁵² 苞
mɤɯ³¹ 谋
tɤɯ⁴⁵² 兜蔸
tɤɯ³¹ 巢头投
tɤɯ⁴⁴ 斗_{~~抖陡□蹬}
tɤɯ⁴¹ 豆痘逗斗_{~地主}
t'ɤɯ⁴⁵² 偷
t'ɤɯ⁴⁴ 敨
t'ɤɯ⁴³ 透
lɤɯ³¹ 楼咙撩_{发~：母猪发情}
lɤɯ⁴¹ 漏
tsɤɯ⁴⁴ 走
tsɤɯ⁴³ 皱
tsɤɯ⁴¹ 奏

tsɤɯ¹³ 竹
ts'ɤɯ⁴⁵² 搊
ts'ɤɯ⁴³ 凑
ts'ɤɯ¹³ 畜
sɤɯ⁴⁵² 馊
sɤɯ⁴³ 嗽
kɤɯ⁴⁵² 勾钩阄沟
kɤɯ⁴⁴ 狗
kɤɯ⁴³ 构够
kɤɯ⁴¹ 彀
k'ɤɯ⁴⁵² 抠眍
k'ɤɯ⁴⁴ <u>口</u>
k'ɤɯ⁴³ <u>扣</u>
ŋɤɯ³¹ 牛峨蛾_{~眉豆，又ŋuo³¹，飞~~，飞蛾}
ŋɤɯ⁴⁴ 藕
xɤɯ³¹ 喉猴
xɤɯ⁴⁴ <u>口</u>
xɤɯ³³ 后_{又xoŋ³¹} 有
xɤɯ¹³ 吼
ɤɯ⁴³ 沤怄

（19）iɤɯ

piɤɯ⁴⁵² 包胞兵脬
piɤɯ³¹ 平评坪
piɤɯ⁴⁴ 饱表娷饼
piɤɯ⁴³ 豹爆
piɤɯ⁴¹ 病
piɤɯ¹³ 剥檗壁拨
p'iɤɯ⁴⁵² 抛飘漂
p'iɤɯ⁴³ 泡炮雹票鳔
miɤɯ³¹ 名苗眠明_{~摆着，又nu³¹，~年mi³¹清~}
miɤɯ⁴¹ 庙命
tiɤɯ⁴⁵² 挑刁

tiɤɯ³¹	条调	kiɤɯ¹³	觉菊角_{牛~}
tiɤɯ⁴³	吊钓调	k'iɤɯ⁴⁴	巧
t'iɤɯ⁴³	跳	k'iɤɯ⁴³	翘扣
liɤɯ⁴⁵²	溜	iɤɯ⁴⁵²	腰
liɤɯ³¹	留刘流	iɤɯ³¹	窑由油游摇_动
liɤɯ⁴⁴	柳	iɤɯ⁴⁴	友
liɤɯ⁴¹	料六	iɤɯ⁴³	釉
tɕiɤɯ⁴⁵²	招周椒州	iɤɯ⁴¹	右药
tɕiɤɯ³¹	茄荞桥求潮球_{打~}	iɤɯ¹³	柚
tɕiɤɯ⁴⁴	酒九韭久		（20）iu
tɕiɤɯ³³	舅	tiu⁴⁵²	钉_{~儿}疔叮
tɕiɤɯ⁴³	照救	tiu⁴⁴	顶
tɕiɤɯ⁴¹	轿就旧髻着_{睏没~}	tiu⁴³	钉_{动词，~紧}
tɕiɤɯ¹³	脚角_{一~钱}	tiu⁴¹	订定笛
tɕ'iɤɯ⁴⁵²	秋抽丘缲	t'iu³¹	亭
tɕ'iɤɯ³¹	鳅球樵求	t'iu⁴³	听
tɕ'iɤɯ⁴⁴	丑	t'iu¹³	踢
tɕ'iɤɯ⁴³	袖臭	liu³¹	灵棱零_{~陵}
tɕ'iɤɯ⁴¹	嚼勺_{饭~勺，又 ɕiɤɯ³¹}	liu³³	舔领岭
ɲiɤɯ⁴⁴	鸟	liu⁴¹	历_{又 la⁴¹}
ɲiɤɯ³³	咬	tɕiu⁴⁵²	遮正精_{~肉}惊睛
ɲiɤɯ⁴¹	尿	tɕiu⁴⁴	井颈整
ɕiɤɯ⁴⁵²	硝烧修收消	tɕiu⁴³	借正证_{作~}镜净_{~是}
ɕiɤɯ³¹	仇	tɕiu⁴¹	敬
ɕiɤɯ⁴⁴	少手守小_{又 ɕio³³}	tɕiu¹³	炙只_{又 ta⁴⁴}
ɕiɤɯ³³	受	tɕ'iu⁴⁵²	车清轻青
ɕiɤɯ⁴³	孝笑绣	tɕ'iu³¹	情晴
ɕiɤɯ⁴¹	勺_{又 tɕ'iɤɯ⁴¹，饭~}学熟寿	tɕ'iu⁴⁴	扯楚请
ɕiɤɯ¹³	熄	tɕ'iu³³	侧
kiɤɯ⁴⁵²	胶浇茭交教娇焦	tɕ'iu⁴³	笪谢_{~师傅亲~家}
kiɤɯ⁴⁴	搅绞_{缲，绕缴}	tɕ'iu⁴¹	□_{一~雨：一场雨}席_{~子}
kiɤɯ⁴³	窖	tɕ'iu¹³	尺赤

n̦iu³¹	赢	pẽ⁴¹	便方~辫
n̦iu⁴³	领件	p'ẽ⁴⁵²	篇偏
ɕiu⁴⁵²	赊声别做~星腥兄	p'ẽ⁴³	骗片襻绊~脚
ɕiu³¹	蛇成城盛~饭	p'ẽ¹³	片照~
ɕiu⁴⁴	写舍醒	mẽ³¹	蛮忙莽
ɕiu³³	社	mẽ⁴⁴	□扔
ɕiu⁴³	锈泻性姓谢多~	mẽ⁴³	遍馒□□[m⁴¹]~:布
ɕiu⁴¹	射石□~来:刚来	mẽ⁴¹	慢面
ɕiu¹³	锡	tẽ⁴⁵²	单颠癫~儿
iu³¹	营~长爷~俩	tẽ³¹	甜田填
iu⁴⁴	影	tẽ⁴⁴	点踮
iu³³	我单数;复数io⁴³,又iˠ⁴³ 野	tẽ⁴³	垫颤打~
iu⁴³	夜	tẽ⁴¹	店弹电
（21）ui		tẽ¹³	邓
ɸui³¹	肥	t'ẽ⁴⁵²	添天摊
ɸui⁴⁴	法	t'ẽ⁴⁴	趟
ɸui⁴³	肺	t'ẽ⁴³	炭探叹叹气
ɸui⁴¹	罚	t'ẽ¹³	□~了这条命:比了这条命
ɸui¹³	血发~财	nẽ³¹	难年能好
kui⁴⁵²	乖	nẽ⁴⁴	捻撵碾
kui⁴³	挂怪桂~林	nẽ⁴³	念
kui¹³	蕨刮	lẽ³¹	栏镰连莲
k'ui⁴³	快筷块一~钱	lẽ⁴⁴	楝
k'ui¹³	□跑缺	lẽ³³	懒
ui⁴³	块一~砖	lẽ⁴¹	烂
ui⁴¹	喂喊滑袜月越	tsẽ⁴⁵²	尖念煎争
ui¹³	剟挖	tsẽ³¹	曾
（22）ẽ		tsẽ⁴⁴	盏剪
pẽ⁴⁵²	班扳边鞭	tsẽ⁴³	绽箭
pẽ⁴⁴	板又poŋ⁴⁴,~儿,棺木榜匾	ts'ẽ⁴⁵²	千签铛锅
pẽ³³	办	ts'ẽ³¹	钱橙前~年
pẽ⁴³	变	ts'ẽ⁴⁴	铲浅

ts'ẽ^{43}	衬	iẽ^{13}	厌
ts'ẽ^{41}	贱	**（24）uẽ**	
sẽ^{452}	身仙甥山先~走生	ɸuẽ^{452}	翻番方这一~，又xoŋ^{452}
sẽ^{44}	伞鲜牲省~长	ɸuẽ^{31}	烦
sẽ^{43}	散线	ɸuẽ^{44}	反
kẽ^{452}	间一~	ɸuẽ^{41}	饭
kẽ^{43}	间~开	ɸuẽ^{13}	发头~
k'ẽ^{31}	缠前头~	ts'uẽ^{452}	串
k'ẽ^{43}	□去一~：去一次	ts'uẽ^{31}	橼
ŋẽ^{452}	阉烟	ts'uẽ^{43}	赚
ŋẽ^{31}	燃盐檐宜	suẽ^{452}	臼
ŋẽ^{41}	硬	kuẽ^{452}	关
ŋẽ^{13}	焰	kuẽ^{44}	卷□翅~
xẽ^{43}	干汉	kuẽ^{43}	惯
xẽ^{41}	苋揿用力按压	k'uẽ^{452}	圈
（23）iẽ		k'uẽ^{31}	拳又ts'ua^{31}
p'iẽ^{31}	瓶	k'uẽ^{43}	劝
p'iẽ^{13}	拼	uẽ^{452}	弯冤
liẽ^{31}	零~分	uẽ^{31}	完丸园横源元~宵节王阎~
tɕiẽ^{43}	见	uẽ^{33}	远
tɕiẽ^{41}	仗	uẽ^{43}	怨
tɕiẽ^{13}	剑	uẽ^{41}	万愿
tɕ'iẽ^{452}	迁牵伸	**（25）yẽ**	
tɕ'iẽ^{31}	勤	tɕyẽ^{452}	砖专
tɕ'iẽ^{13}	欠亲老~	tɕyẽ^{31}	橼
ɕiẽ^{452}	掀	tɕyẽ^{44}	转~手
ɕiẽ^{31}	嫌闲贤行	tɕyẽ^{43}	赚文读转~过来
ɕiẽ^{43}	扇又ɕyẽ^{43}	tɕyẽ^{41}	旋头上的~
ɕiẽ^{41}	现	tɕ'yẽ^{452}	穿串
k'iẽ^{31}	芹	tɕ'yẽ^{31}	全泉传船裙~子
k'iẽ^{13}	欠	ɕyẽ^{452}	臼
iẽ^{44}	眼	ɕyẽ^{44}	癣选

çyẽ⁴³ 扇 又 ɕiɛ̆⁴³

yẽ³¹ 元缘芫

（26）ã

pã¹³ 棒

tã⁴³ 凼

t'ã³³ 瘫

tsʻã³¹ 蚕

kã¹³ 间 跳~：跳房子（游戏）

ŋã⁴³ 按 ~手印

（27）iaŋ

liaŋ³¹ 凉量粮龙梁粱

liaŋ³³ 两

liaŋ⁴¹ 亮晾

tɕiaŋ⁴⁵² 姜樟浆中将 ~来

tɕiaŋ⁴⁴ 长 ~大 涨蒋掌讲

tɕiaŋ³³ 耩

tɕiaŋ⁴³ 强 性格~ 账酱匠种 ~下

tɕiaŋ⁴¹ 帐

tɕiaŋ¹³ 降 下~ 将 大~

tɕʻiaŋ⁴⁵² 框眶枪

tɕʻiaŋ³¹ 墙强 ~大 场

tɕʻiaŋ⁴⁴ 呛厂抢

tɕʻiaŋ⁴³ 唱匠

tɕʻiaŋ⁴¹ 像

ȵiaŋ³¹ 娘 又 nao³¹, ȵiaŋ¹³, ȵioŋ³¹

ȵiaŋ⁴¹ 酿让

ȵiaŋ¹³ 娘 又 nao³¹, ȵiaŋ³¹, ȵioŋ³¹

ɕiaŋ⁴⁵² 箱厢商伤香享乡

ɕiaŋ³¹ 尝降 投~

ɕiaŋ⁴⁴ 响

ɕiaŋ³³ 诉 告~ 相 上~去

ɕiaŋ⁴³ 向

ɕiaŋ⁴¹ 像 上~面

ɕiaŋ¹³ 尚

iaŋ⁴⁵² 秧

iaŋ³¹ 羊烊杨扬阳

iaŋ³³ 养痒萤

iaŋ⁴¹ 样

（28）uaŋ

kuaŋ⁴³ 告 ~诉，又 kia⁴³

kuaŋ¹³ 罐

xuaŋ³³ 筐

uaŋ³¹ 王

uaŋ⁴¹ □ ~□•ki¹, 东西

（29）oŋ

poŋ⁴⁵² 颁搬帮

poŋ³¹ 盘旁

poŋ⁴⁴ 绑板 棺木，又 pẽ⁴⁴

poŋ⁴³ 半伴放 ~鞭炮

poŋ⁴¹ 拌 ~匀

p'oŋ⁴⁴ 纺

p'oŋ¹³ □ 群

moŋ⁴⁵² 摸

moŋ³¹ 盲瞒芒蒙

moŋ⁴⁴ 猛

moŋ³³ 满网

toŋ⁴⁵² 当耽端

toŋ³¹ 糖塘唐团堂

toŋ⁴⁴ 短挡懂

toŋ³³ 断

toŋ⁴³ 当担

toŋ⁴¹ 段

t'oŋ⁴⁵² 汤通

noŋ³¹ 农

noŋ³³ 暖

noŋ⁴³ 齆

loŋ⁴⁵² 裆

loŋ³¹ 郎狼笼_{灯~}

loŋ³³ 卵

loŋ⁴¹ 乱浪弄

tsoŋ⁴⁵² 张装桩终

tsoŋ⁴³ 胀葬

ts'oŋ⁴⁵² 仓疮窗_{又 soŋ⁴⁵²}充

ts'oŋ³¹ 长_{~短}床_{一~}虫

ts'oŋ³³ 丈

ts'oŋ⁴¹ 闯状撞

ts'oŋ¹³ 铳

soŋ⁴⁵² 丧酸霜双桑窗_{又 ts'oŋ⁴⁵²}

soŋ⁴³ 算蒜宋

koŋ⁴⁵² 光肝官冠钢缸

koŋ³¹ 圆

koŋ⁴⁴ 敢擀赶管广

koŋ⁴³ 灌杠贯_{~汁，化脓}

xoŋ⁴⁵² 糠荒松_{~土}慌封_{一~信}方_{~的，又}ɸuɛ⁴⁵² 欢锋风

xoŋ³¹ 含寒行黄逢皇防洪环房后_{又 xɤɯ³³}

xoŋ⁴⁴ 哄

xoŋ³³ 烘

xoŋ⁴³ 旱_{~烟}

xoŋ⁴¹ 汗

xoŋ¹³ 凤

oŋ⁴⁴ 碗

oŋ⁴¹ 换

（30）ioŋ

n̩ioŋ³¹ 娘_{妻子，又 n̩iaŋ³¹，n̩iaŋ¹³，nao³¹}

ɕioŋ³³ 凶_{吉~}

ioŋ³¹ 容融

ioŋ⁴⁴ 勇涌

（31）ŋ̍

ŋ̍⁴⁵² 安

ŋ̍³¹ 人

ŋ̍⁴⁴ 庵

ŋ̍³³ 五尔_你生_{~时}

ŋ̍⁴³ 么_{~个 [ŋɤ³³]：什么}

ŋ̍⁴¹ 且_{又 ŋɤ⁴¹}木_{二，又 ŋɤ⁴¹}入_{~伏}

（32）m̩

m̩⁴⁴ □_{~妈：妈妈}

m̩⁴¹ □_{~□ [mɛ̃⁴³]：布}

五、理家坪土话音系与普通话音系的比较

　　理家坪土话音系与普通话音系的差异很大。我们分别从两个角度对理家坪土话与普通话音系列表进行比较说明。首先立足于理家坪土话，看理家坪土话中不同声母、韵母、声调，分别对应普通话中的哪些声韵调；然后立足于普通话，看普通话中不同的声母、韵母、声调分别对应理家坪土话中的哪些声韵调。表中用例字的多少来表示二者对应规律的普遍程度，列出 6 个例字的，表示普遍性规律；列出 4—5 个例字的，表示比较特殊的情况；列出 3 个或者以下例字的表示个别或例外情况。

（一）声母比较

表2-13　理家坪土话与普通话声母比较表之一

理家坪	普通话	例字		理家坪	普通话	例字
p	p	拜杯半鼻病白		tsʻ	tsʻ	踩刺催粗醋错
	pʻ	排爬皮陪棚平			ts	择粽昨座坐凿
	m	密谜棉			tɕʻ	欺起气前七钱
	f	斧沸分放奉伏			tʂʻ	吹初炒茶锄厨
	x	划还~愿			tʂ	柱住赚状撞丈
pʻ	pʻ	坡配泡劈屁帕			l	拢
	p	屄冟绊~脚			tɕ	贱
	f	飞纺蜂蜜~敷		s	s	三死锁筲伞酸
m	m	妹毛门米篾麦			ʂ	沙世时事士水
	p	遍			ɕ	喜戏先想鲜线
	Ø	瓦尾忘蚊问网			tʂ	敨晨齿出
ɸ	f	符服伏风粉饭			tɕʻ	起
	x	花和火画话合		tɕ	tɕ	挤酒斤久舅旧
	kʻ	睏客			tɕʻ	穷茄荞桥求球
	ɕ	虾下咸吓夏血			tʂ	针蒸斋种猪砖胗~厚
t	t	刀堆戴袋队毒			tʂʻ	陈橼潮
	tʻ	抬铜桃徒图甜			ts	早枣糟灶嘴蚤
	tʂ	只又拙			tʂʻ	曹撮
	tʂʻ	床巢戳颤			ɕ	旋
	ts	在		tɕʻ	tɕʻ	亲清牵轻齐勤
	ɕ	寻			tɕ	架捡拣绝嚼匠
tʻ	tʻ	梯天铁讨土亭			tsʻ	菜村草财裁层
	t	大			ts	造
n	n	南男娘难年能			tʂʻ	秤春车沉重场
	ʐ	日热揉			tʂ	拄肘
	m	明			kʻ	跨框眶
	Ø	疑眼二			ɕ	袖斜筲谢席~子像
l	l	六理粒路灵烂			s	腮鳃松~树
	tʻ	舔			ʂ	伸
	tʂʻ	虫		ȵ	n	泥浓奶女尿鸟
ts	ts	字醉祖崽走再			ʐ	软让
	tsʻ	辞			Ø	艺玉眼耳咬赢
	tʂ	指纸渣眨竹张		ɕ	ɕ	西心新香闲现吸
	tʂʻ	迟			ʂ	筛书深蛇神熟
	tɕ	鸡今几尖急结			s	笋岁骚嫂扫送

续表

	tʂʻ	出ᵧ尘仇成城尝
	tʂ	侄
	tɕ	间中~
	kʻ	恐
k	k	歌瓜高谷改关
	tɕ	街讲菌界焦减
	kʻ	捆裤壳
	tɕʻ	绞缲,绕钳裙
	t	朵耳朵
	tʂ	这朏
kʻ	kʻ	考靠亏扣眍筷
	tɕʻ	敲缺芹欠圈拳ᵧtʂʻ
	k	跪柜
	x	货哄
	tʂʻ	缠
ŋ	∅	银牙鱼烟盐檐
	n	牛

	ʐ	燃
x	x	灰黑汉河壶盒
	ɕ	狭瞎鞋现闲蟹
	f	封方凤房肥逢
	kʻ	肯哭开阔筐糠
	ʂ	湿
	s	松~土
	k	干
	tɕʻ	去撤
	∅	岸有
∅	∅	移矮叶夜月远
	n	哪
	ʐ	闰润弱肉融容
	ʂ	舌
	f	肥~肥
	x	荷禾糊胡和横
	kʻ	块ᵧ

表2-14　理家坪土话声母与普通话声母比较表之二

普通话	理家坪	例字
p	p	拜杯半鼻病白
	pʻ	屁雹绊~脚
	m	遍
pʻ	pʻ	坡配泡劈屁帕
	p	排爬皮陪棚平
m	m	妹毛门米篾麦
	p	密谜棉
	n	明~年
f	p	斧沸分放奉伏
	pʻ	飞纺蜂蜜~敷
	ɸ	符服伏风粉饭
	x	封方凤房肥逢
	∅	肥~肥
t	t	刀堆戴袋队毒
	tʻ	大
	k	朵耳朵
tʻ	tʻ	梯天铁讨土亭
	t	抬铜桃徒图甜

	l	舔
n	n	南男娘难年能
	ɳ	泥浓奶女尿鸟
	ŋ	牛
	∅	哪
l	l	六理粒路灵烂
	tʂʻ	拢
ts	ts	字醉祖恩走再
	tsʻ	择粽昨座坐凿
	tɕ	早枣糟灶嘴蚤
	tɕʻ	造
	t	在
tsʻ	tsʻ	踩刺催粗醋错
	ts	辞
	tɕʻ	菜村草财裁层
	tɕ	曹撮
s	s	三死锁筲伞酸
	tɕʻ	腮鳃松~树
	ɕ	笋岁骚嫂扫送

续表

	x	松~土
tʂ	ts	指纸渣眨竹张
	tsʻ	柱住赚状撞丈
	tɕ	针蒸斋种猪砖眕厚
	tɕʻ	拄肘
	k	这肫
	ɕ	侄
	t	只又拙
tʂʻ	tsʻ	吹初炒茶锄厨
	tɕʻ	秤春车沉重场
	t	床巢戳颤
	ɕ	出又尘仇成城尝
	s	豉晨齿出
	ts	迟
	tɕ	陈橼潮
	kʻ	缠
	l	虫
ʂ	s	沙世时事士水
	ɕ	筛书深蛇神熟
	tɕʻ	伸
	x	湿
	ø	舌
ʐ	ø	闰润弱肉融容
	n	日热揉
	ȵ	软让
	ŋ	燃
tɕ	tɕ	挤酒斤久舅旧
	tɕʻ	架捡拣绝嚼匠
	ts	鸡今几尖急结
	k	街讲菌界焦减
	ɕ	间中~
	tsʻ	贱
tɕʻ	tɕʻ	亲清牵轻齐勤
	tɕ	穷茄荞桥求球

	k	绞缫,绕 钳裙
	kʻ	敲缺芹欠圈拳又tsʻ
	x	去撬
	ts	棋旗祁箕徛前
	tsʻ	欺起气前七钱
	s	起
ɕ	ɕ	西心新香闲现吸
	s	喜戏先想鲜线
	tɕʻ	袖斜筲谢席~子像
	x	狭瞎鞋现闲蟹
	ɸ	虾下咸吓夏血
	tɕ	旋
	t	寻
k	k	歌瓜高谷改关
	kʻ	跪柜
	x	干
kʻ	kʻ	考靠亏扣眍筷
	tɕʻ	跨框眶
	k	捆裤壳
	x	肯哭开阔筐糠
	ɸ	睏客
	ɕ	恐
	ø	块又
x	x	灰黑汉河壶盒
	ɸ	花和火画话合
	ø	荷禾糊胡和横
	kʻ	货哄
	p	划还~愿
ø	ø	移矮叶夜月远
	m	瓦尾忘蚊问网
	n	疑眼二
	ȵ	艺玉眼耳咬赢
	ŋ	银牙鱼烟盐檐
	x	岸有

通过上面的比较表，就可以较清楚地看到理家坪土话与普通话声母的差异。理家坪土话音系中共有 20 个声母，普通话音系有 22 个声母，从声母数量上看，理家坪土话比普通话声母少了 2 个。比较要点如下：

（1）理家坪土话中的 [p p' m t t' n l k k' x ts ts' s tɕ tɕ' ɕ Ø]17 个声母与普通话中的相应声母音值相同。

（2）理家坪土话中的 [ɸ ɳ ŋ]3 个声母普通话中没有；普通话中有的 [tʂ tʂ' ʂ ʐ f]5 个声母理家坪土话中没有。

（3）理家坪土话中读 [p p' m t t' n l k k' Ø] 声母的音节，普通话一般也读 [p p' m t t' n l k k' Ø] 声母。

（4）部分理家坪土话中读 [p t k] 声母的音，在普通话中读 [p' t' k'] 声母。

（5）少数理家坪土话中读 [p p'] 声母的，在普通话中读 [f] 声母。

（6）部分理家坪土话中读 [m] 声母的，在普通话中读 [Ø] 声母。少部分理家坪土话中读 [n ɳ] 声母的，在普通话中读 [Ø] 声母和 [z] 声母。部分理家坪土话中读 [ɳ] 声母的，在普通话中读 [n] 声母。理家坪土话中读 [ŋ] 声母的，在普通话中读 [Ø] 声母。

（7）少数理家坪土话中读 [t] 声母的，在普通话中读 [tʂ tʂ'] 声母。

（8）部分理家坪土话中读 [k k'] 声母的音节，普通话中读 [tɕ tɕ'] 声母。

（9）普通话塞擦音声母三分，有 [ts tʂ tɕ] 三组，理家坪土话中的塞擦音只有 [ts tɕ] 两组，理家坪土话中读 [ts ts' s] 和 [tɕ tɕ' ɕ] 声母的音节，普通话中一般读 [ts ts' s tɕ tɕ' ɕ ts tʂ' ʂ] 声母。

（10）理家坪土话中的 [ɸ] 声母，普通话中读 [f x ɕ]。理家坪土话中的 [x] 声母，普通话中读 [f x ɕ k']。

（11）部分理家坪土话中读 [Ø] 声母的音节，普通话中读 [ʐ x] 声母。

（二）韵母比较

表 2-15　理家坪与普通话韵母比较表之一

理家坪	普通话	例字
（1）ʅ	ʅ	师迟池时纸试
	i	鸡欺旗几记急
	ɿ	司丝辞紫子白~字
	in	今~年
	ən	晨
	iəu	宵元~节
	iɛ	结

理家坪	普通话	例字
	ɤ	着向~
（2）i	ai	胎排牌抬财菜
	i	批西题犁齐细
	iɛ	街鞋解界篾铁
	a	纳辣八擦杀
	ia	狭夹又瞎
	ɤ	河盒可舌

续表

理家坪	普通话	例字
	in	金斤亲心新近
	ən	针真深身神忍畛厚
	əŋ	蒸称升秤剩
	iŋ	精~盐经明清~净兴
	ian	捡间中~阎拣钳腌
	iaŋ	讲江降霜~
	oŋ	虫浓肿种恐
	ioŋ	胸穷用
	yn	裙围~菌寻
	uən	腯
	ʅ	湿
	iɑu	要
	iəu	又
	y	婿
（3）u	a	疤爬沙茶腊萨
	ia	家哑牙虾架价
	ua	花瓜寡瓦画话
	u	铺补菩葡吴斧
	y	雨续芋
	ɤ	歌禾恶合择客
	o	婆破薄抹
	uo	火伙祸过货
	ai	麦白百柏摘拆
	an	痰男胆三淡担
	ian	咸
	iɑu	瓢
	ʅ	齿
	ɿ	自
	əu	肉
	iəu	六~指
	əŋ	冷
	ɑu	抱
	iŋ	明~年
	oŋ	农~夫公笼~儿

理家坪	普通话	例字
（4）yi	y	跑举取娶去玉
	yn	熏匀云运
	uən	准春蠢笋顺闰
	uei	脆岁税
	uo	啄浞
	yɛ	绝雪
	i	砌吸
	oŋ	松~树
	iɛ	疠
（5）a	i	谜披衣皮理鼻笔
	ɿ	糍姊死刺四
	ʅ	只又虱
	a	吧停~啊打杂拉撕
	ei	碑背~个包没被泪飞
	uei	尾
	ai	来
	iɛ	瘪
	ia	痴又掐
	ian	便~宜扁前眼面~先~生片一~叶儿
	oŋ	拢粽
	an	坛
	uo	朵耳~
	u	亩憋痛
	in	浸
（6）ia	ɑu	刀高毛桃早帽
	iɑu	敲
	o	坡
	u	浮
	i	滴一~
	ua	抓跨~过去
	iɛ	跌
	ai	拍
	ia	加

续表

理家坪	普通话	例字
（7）ua	uei	亏水鬼醉贵味
	uan	钻
	yan	拳又
	ɤ	磕壳
	əu	扣叩
	ua	刷卦
	y	橘
	u	出骨
	yɛ	穴洞，一个～牯
（8）ya	uei	锥水又
	ua	耍～狮子
	ia	架打～
	uo	撮
	u	出又
（9）io	u	猪书煮组赎烛
	y	拘蛆女絮锯绿
	yɛ	削确乐约
	uei	嘴罪碎
	iŋ	灵
	ɤ	蔗
	ian	黏
	ən	身单～
	əu	肘
	iɑu	小
	uo	弱
（10）uo	u	初徒锄土谷屋
	uei	堆灰对碓队
	uai	外
	ei	雷
	y	鱼渔去驴
	ɤ	蛾课壳鸽哥科
	uo	躲活国阔郭缩
	ɑŋ	堂
	uɑŋ	床

理家坪	普通话	例字
（11）ɤ	ei	杯陪妹媒北黑
	ai	开派盖爱崽改
	iɛ	戒
	ɤ	额色割格刻克
	o	墨默伯钵泼
	a	他妈打自从拿那～边
	ian	癫羊～疯棉眼～泪拈
	iɑŋ	想
	uɑŋ	忘
	uan	还～愿
	i	疑尔你们媳
	ʅ	日～头
	ɚ	二儿词缀尔你们
	uo	做脱
	iŋ	拎
（12）iɤ	ʅ	痣直织翅识士
	ɚ	耳
	ian	眼
	a	哪
（13）iɛ	oŋ	冬钟又葱公聋红
	əŋ	灯油～棚藤层凳梦
	ən	根盆门沉本砧
	uən	蚊问闻
	an	滩拦占眼看岸
	ian	闲辨
	uo	箩
	ʅ	试
	iɛ	爹
	yɛ	穴
	ɤ	涉
	ia	荚
	iŋ	应
	i	力
（14）yɛ	uən	孙榫顿寸棍粉

续表

理家坪	普通话	例字
	ən	嫩分～～
	əŋ	澄省～钱风封疯缝
	uei	轨哕柜费
	uan	软
	yan	院
	ɿ	侄
	uo	拙
	a	发头～
	ua	刮
(15) æ	ai	挨还癞再踩
	iɛ	蟹
	ia	崖
	uo	昨～天
	a	大
	ian	现～在
(16) ao	uo	多萝锁坐落索
	o	磨簸
	ɤ	鹅饿
	ɑu	捞爪炒筲搞稻
	əu	搜揉
	a	沓
	iɑŋ	娘又
(17) iao	iɑu	尿表鸟调聊摇
(18) ɤɯ	əu	蔸偷钩走狗豆
	ɑu	苞巢
	iɑu	撩发～：母猪发情
	oŋ	咙
	iəu	牛有
	u	竹畜
(19) iɤɯ	iɑu	桥孝笑庙嚼脚
	ɑu	包烧饱少照勺
	iəu	秋留油久舅袖
	əu	周收丑手守臭
	iŋ	坪名饼病命
	ian	眠

理家坪	普通话	例字
	iɛ	茄
	i	髻壁熄
	o	剥擘拨
	yɛ	学
	y	菊
	u	熟
(20) iu	iŋ	钉清星灵井请
	ɤ	遮车赊蛇扯社
	iɛ	野借写斜谢～师傅（动词）泻
	ɿ	炙只尺赤石
	əŋ	正成城声盛～饭证作～
	iŋ	亲～家营～长
	i	踢锡笛历席～儿
	ian	舔
	iəu	锈
	uo	我
	u	楚
	ioŋ	兄
(21) ui	uai	怪快筷块乖
	ei	肥肺
	uei	桂喂喊
	ua	刮挂滑袜挖
	uan	剜
	a	法发～财罚
	yɛ	月越血蕨缺
(22) ẽ	an	班单山板伞干
	ian	偏天尖甜年剪
	əŋ	铛锅甥生能橙邓
	ɑŋ	忙莽榜趟
	in	撖全
	ən	衬
	iŋ	硬

续表

理家坪	普通话	例字
	i	宜
（23）iẽ	ian	牵嫌见现剑欠
	in	勤芹
	ən	伸
	iŋ	零~分行抻
	an	扇搧
	ɑŋ	仗
（24）uẽ	uan	丸曰关弯椽串
	yan	圈冤拳又远劝愿
	an	翻烦反饭
	ɑŋ	方这一~
	uɑŋ	王阎~
	a	发头~
	əŋ	横
（25）yẽ	uan	砖穿曰椽船串
	yan	全元缘癣选旋
	an	扇又
（26）ã	an	瘫按~手印
	ɑŋ	凶棒
（27）iɑŋ	iɑŋ	姜浆箱香乡羊
	ɑŋ	樟商场涨账唱
	oŋ	中龙

理家坪	普通话	例字
	uɑŋ	框眶
	iŋ	萤
	u	诉
（28）uɑŋ	uɑŋ	往筐
	uan	罐
	au	告
（29）oŋ	ɑŋ	帮汤缸糠糖房
	uɑŋ	窗疮霜双光荒
	oŋ	懂通充松~土铳
	əŋ	猛蒙逢封一~信凤风
	an	搬板植木敢肝盘半
	uan	短碗酸断蒜乱
	o	摸
	yan	圆
（30）ioŋ	oŋ	容融
	ioŋ	勇涌凶吉~
	iɑŋ	娘妻
（31）ŋ̍	u	五午~时入~伏木
	ən	人
	ʅ	日
	an	安庵
	ɚ	二尔你
（32）m̩	u	姆

表 2-16　理家坪土话韵母与普通话韵母比较表之二

普通话	理家坪	例字
（1）ɿ	ɿ	司丝辞紫子白~字
	a	糍姊死刺四
	u	自
（2）ʅ	ʅ	师迟池时纸试
	iɤ	痣直织翅识十
	iu	炙只尺赤石
	i	湿
	u	齿
	a	只又虱

普通话	理家坪	例字
	ɤ	日~头
	iɛ	试
	yɛ	侄
	ŋ̍	日
（3）i	i	批西题犁齐细
	ɿ	鸡欺旗几记急
	a	谜披衣皮理鼻笔
	iu	踢锡笛历席~儿
	iɤɯ	髻壁熄

续表

普通话	理家坪	例字
	yi	砌吸
	ia	滴_~
	ɤ	疑媳
	iɛ	力
	ẽ	宜
(4) u	u	铺补菩葡吴斧
	io	猪书煮组赎烛
	uo	初徒锄土谷屋
	a	亩憨痛
	ia	浮
	ua	出骨
	ya	出又
	ɤɯ	竹畜
	iɤɯ	熟
	iu	楚
	iaŋ	诉
	ŋ̍	五午~时入~伏木
	m̩	姆
(5) y	yi	跔举取娶去玉
	u	雨续芋
	io	拘蛆女絮锯绿
	uo	鱼渔去驴
	i	婿
	ua	橘
	iɤɯ	菊
(6) a	u	疤爬沙茶腊萨
	ɤ	他妈打自从拿那~边
	i	纳辣八擦杀
	a	吧停~咧打杂拉撕
	iɤ	哪
	yɛ	发头~
	uẽ	发又
	ui	法发~财罚
	æ	大

普通话	理家坪	例字
	ao	沓
(7) ia	u	家哑牙虾架价
	i	狭夹又瞎
	a	痴又掐
	ia	加
	ya	架打~
	iɛ	荚
	æ	崖
(8) ua	u	花瓜寡瓦画话
	ui	刮挂滑袜挖
	ia	抓跨~过去
	ua	刷卦
	ya	耍~狮子
	yɛ	刮
(9) o	u	婆破薄抹
	ɤ	墨默伯钵泼
	ia	坡
	ao	磨簸
	iɤɯ	剥擘拨
	oŋ	摸
(10) uo	ao	多萝锁坐落索
	u	火伙祸过货
	uo	躲活国阔郭缩
	iu	我
	iɛ	箩
	ɤ	做脱
	yi	啄泥
	a	朵耳~
	ya	撮
	io	弱
	yɛ	拙
	æ	昨~天
(11) ɤ	i	河盒可舌

续表

普通话	理家坪	例字
	u	歌禾恶合择客
	uo	蛾课壳鸽哥科
	ao	鹅饿
	iu	遮车赊蛇扯社
	ɤ	额色割格刻克
	ua	磕壳
	io	蔗
	iɛ	涉
	ʅ	着 向~
(12) ɚ	ɤ	二儿 词缀
	iɤ	耳
	ŋ̍	二尔 你
(13) ai	i	胎排牌抬财菜
	ɤ	开派盖爱崽改
	æ	挨还癫再踩
	u	麦白百柏摘拆
	a	来
	ia	拍
(14) uai	ui	怪快筷块乖
	uo	外
(15) ɑu	ia	刀高毛桃早帽
	ao	捞爪炒筲搞稻
	iɤɯ	包烧饱少照勺
	ɤɯ	苞巢
	u	抱
(16) iɑu	iao	尿表鸟调聊摇
	iɤɯ	桥孝笑庙嚼脚
	i	要
	u	瓢
	ia	敲
	io	小
	ɤɯ	撩 发~：母猪发情
	uaŋ	告
	ʅ	宵 元~节

普通话	理家坪	例字
(17) ei	a	碑背~个包没被泪飞
	ɤ	杯陪妹媒北黑
	uo	雷
	ui	肥肺
(18) uei	uo	堆灰对碓队
	yi	脆岁税
	ua	亏水鬼醉贵味
	io	嘴罪碎
	a	尾
	ya	锥水 又
	yɛ	轨哕柜费
	ui	桂喂 喊
(19) əu	ɤɯ	蔸偷钩走狗豆
	iɤɯ	周收丑手守臭
	ua	扣叩
	ao	搜揉
	io	肘
	u	肉
(20) iəu	iɤɯ	秋留油久舅袖
	i	又
	ɤɯ	牛有
	u	六~指
	iu	锈
(21) iɛ	iu	野借写斜谢~师傅（动词）泻
	i	街鞋解界篾铁
	iɛ	爹
	ɤ	戒
	æ	蟹
	iɤɯ	茄
	yi	疠
	a	瘪
	ia	跌
	ʅ	结

续表

普通话	理家坪	例字
(22) yɛ	ui	月越血蕨缺
	io	削确乐约
	yi	绝雪
	ua	穴洞，一个~牯
	iɛ	穴
	iɤɯ	学
(23) an	u	痰男胆三淡担
	iɛ	滩拦占眼看岸
	ẽ	班单山板伞干
	uẽ	翻烦反饭
	iẽ	扇搧
	yẽ	扇又
	oŋ	搬板棺木敢肝盘半
	a	坛
	ã	瘫按~手印
	ŋ̍	安庵
(24)ian	i	捡钳阎腌间中~拣
	a	便~宜扁前眼面~先~生片一~叶儿
	ɤ	癫羊~疯棉眼~泪拈
	ẽ	尖甜偏天年剪
	iẽ	剑欠嫌牵见现
	u	咸
	io	黏
	iɤ	眼
	iɛ	闲辨
	æ	现~在
	iɤɯ	眠
	iu	舔
(25)uan	oŋ	短碗酸断蒜乱
	uẽ	丸臼关弯椽串
	yẽ	砖穿臼橼船串
	ua	钻
	ɤ	还~愿

普通话	理家坪	例字
	yɛ	软
	ui	剜
	uaŋ	罐
(26) yan	uẽ	圈冤拳又远劝愿
	yẽ	全元缘癣选旋
	ua	拳又
	yɛ	院
	oŋ	圆
(27)ən	i	针真深身神忍睁厚
	iɛ	根盆门沉本砧
	io	身单~
	yɛ	嫩分一~
	ẽ	衬
	iẽ	伸
	ŋ̍	人
	ɿ	晨
(28)in	i	金斤亲心新近
	a	浸
	ɿ	今~年
	ẽ	揿今
	iẽ	勤芹
(29)uən	yɛ	孙榫顿寸棍粉
	yi	准春蠢笋顺囵
	iɛ	蚊问闻
	i	朜
(30)yn	i	裙围~菌寻
	yi	熏匀云运
(31)aŋ	oŋ	帮汤缸糠糖房
	iaŋ	樟商场涨账唱
	ẽ	忙莽榜趟
	uo	堂盲
	ã	凶棒
	iẽ	仗
	uẽ	方这一~

续表

普通话	理家坪	例字
(32)iaŋ	iaŋ	姜浆箱香乡羊
	i	讲江降霜~
	ioŋ	娘妻
	ɤ	想
	ao	娘又
(33)uaŋ	oŋ	窗疮霜双光荒
	iaŋ	框眶
	uaŋ	往筐
	uẽ	王阎~
	ɤ	忘
	uo	床
(34)əŋ	iɛ	灯油~棚藤层凳梦
	yɛ	澄省~钱风封疯缝
	i	蒸称升秤剩
	iu	正成城声盛~饭证作~
	ẽ	铛锅甥生能橙邓
	oŋ	猛蒙逢封一~信凤凰
	u	冷
	uẽ	横
(35)iŋ	i	精精盐经明清~净兴
	iu	钉清星灵井请

普通话	理家坪	例字
	iɤɯ	坪名饼病命
	u	明~年
	io	灵
	ɤ	拎
	iɛ	应
	iu	亲~家营~长
	ẽ	硬
	iẽ	零~分行拼
	iaŋ	萤
(36)oŋ	iɛ	冬钟又葱公聋红
	i	虫浓肿种恐
	oŋ	懂通充松~土铳
	ioŋ	容融
	iaŋ	中龙
	u	农~夫公笼~儿
	yi	松~树
	a	拢粽
	ɤɯ	咙
(37)ioŋ	ioŋ	勇涌凶吉~
	i	胸穷用
	iu	兄

　　理家坪土话中共有韵母32个（含自成音节的ŋ和m̩），普通话韵母39个。从数量上看，理家坪土话比普通话的韵母少7个，在具体韵母对应方面，二者的对应关系非常复杂。尤其是理家坪土话的韵母 [i a u]，分别对应普通话中的韵母数量有上20个之多。具体比较要点如下：

　　（1）理家坪土话中有 [ŋ m̩]2个自成音节的辅音韵母，普通话中没有。

　　（2）理家坪土话中的 [yi ya io iɤ ɤɯ iɤɯ iu ui æ] 韵母，普通话中没有。普通话中有的 [y o əu iəu ai uai ei uei ɚ ʅ e] 韵母，理家坪土话中没有。理家坪土话中的 [yi ɤɯ iɤɯ ui æ] 韵母与普通话中的 [y əu iəu uei ai] 韵母大致对应。

　　（3）理家坪土话中鼻韵母少，只有 [iaŋ uaŋ oŋ ioŋ]4个，另有 [ã ẽ iẽ

uẽ yẽ] 鼻化韵母。普通话中没有鼻化韵母。

（4）理家坪土话中的 [ɿ] 韵母，在普通话中部分读 [ʅ]，部分读 [i]，少部分读 [ɿ]。

（5）理家坪土话中的 [i] 韵母，在普通话中主要读 [ai] 和 [i]，少部分读 [iɛ a ia ɤ]，还有少部分读 [ian ən in ɑŋ əŋ iŋ oŋ ioŋ] 等鼻韵母。

（6）理家坪土话中的 [u] 韵母，在普通话中主要读 [a ia ua]，少部分读 [u y ɤ o uo ai]，还有少部分读 [an ian] 等鼻韵母。

（7）理家坪土话中的 [yi] 韵母，在普通话中部分读 [y uei yɛ uo]，部分读 [uən yn] 等鼻韵母。

（8）理家坪土话中的 [a] 韵母，在普通话中主要读 [i]，少部分读 [ʅ ɿ ei]，还有少部分读 [an ian] 等鼻韵母。

（9）理家坪土话中的 [ia] 韵母，在普通话中绝大多数读 [au]。

（10）理家坪土话中的 [ua] 韵母，在普通话中绝大多数读 [uei]。

（11）理家坪土话中的 [io] 韵母，在普通话中绝大多数读 [u y]，少部分读 [yɛ uei]。

（12）理家坪土话中的 [uo] 韵母，在普通话中绝大多数读 [u]，少部分读 [y uei ɤ uo]。

（13）理家坪土话中的 [ɤ] 韵母，在普通话中主要读 [ei ai ɤ o]。理家坪土话中的 [iɤ] 韵母，在普通话中绝大多数读 [ʅ]。

（14）理家坪土话中的 [iɛ] 韵母，在普通话中主要读 [oŋ əŋ]，还有少部分读 [ən uən an ian]。理家坪土话中的 [yɛ] 韵母，在普通话中主要读 [uən]，还有少部分读 [əŋ ən uei]。

（15）理家坪土话中的 [ao] 韵母，在普通话中主要读 [uo]，还有少部分读 [ɑu]。

（16）理家坪土话中的 [ɤɯ] 韵母，在普通话中绝大多数读 [əu]。理家坪土话中的 [iɤɯ] 韵母，在普通话中绝大多数读 [iɑu iəu]，少部分读 [ɑu əu iŋ]。

（17）理家坪土话中的 [iu] 韵母，在普通话中绝大多数读 [iŋ]，少部分读 [ɤ iɛ ɿ i əŋ]。

（18）理家坪土话中的 [ui] 韵母，在普通话中绝大多数读 [uai ua]，

少部分读 [ei uei a yɛ]。

（19）理家坪土话中的 [ẽ] 韵母，在普通话中绝大多数读 [an ian]，少部分读 [ən ɑŋ]。理家坪土话中的 [iẽ] 韵母，在普通话中绝大多数读 [ian]，少部分读 [in iŋ]。理家坪土话中的 [uẽ] 韵母，在普通话中绝大多数读 [uan yan]，少部分读 [an]。理家坪土话中的 [yẽ] 韵母，在普通话中绝大多数读 [uan yan]。

（20）理家坪土话中的 [iaŋ] 韵母，在普通话中绝大多数读 [ɑŋ iɑŋ]。理家坪土话中的 [uaŋ] 韵母，在普通话中绝大多数读 [uɑŋ]。

（21）理家坪土话中的 [oŋ] 韵母，在普通话中绝大多数读 [ɑŋ uɑŋ an uan əŋ]。

（三）声调比较

理家坪土话有阴平、阳平、阴上、阳上、阴去、阳去、入声 7 个声调，普通话有阴平、阳平、上声、去声 4 个声调。从数量上看，理家坪土话比普通话多 3 个声调。具体对应关系见表 2-17。

表 2-17　理家坪土话与普通话声调比较表

理＼普	阴平 55	阳平 35	上声 214	去声 51
阴平 452	鸡针斤心深新身	河		
阳平 31		迟财齐床油甜		
阴上 44	虾鲜蛆	伯	几起摆挤种洗	肉
阳上 33	哥爹肫湿一约	实席杂壳媳	买米瓦雨尾理	抱祸淡被柱坐
阴去 43		职雹荚斜	扫嘴	记气试拜退菜
阳去 41	失劈鳃敷刮	盒择赎读毒熟	闯	事袋辣话蜜地
入声 13	八接切杀瞎七	急节鲫壳烛	铁斧百雪谷	客恶色二错壁

具体比较要点为：

（1）理家坪土话的阴平调、阳平调和普通话阴平调、阳平调对应比较整齐。

（2）理家坪土话中的阴上调、阴去调和普通话中的上声调、去声调对应也较整齐。只有极少数阴上调在普通话中读阴平、阳平、去声，极少数阴去调在普通话中读阳平、上声。

（3）理家坪土话中的阳上调有近一半在普通话中读上声调，另有少半部分在普通话中读去声，还有少数读阴平或者阳平。

（4）理家坪土话中的阳去调在普通话中一般读阳平调和去声调，另有少数读阴平，个别读上声。

（5）理家坪土话中的入声调在普通话中读阴平、阳平、上声、去声的都有。

六、理家坪土话音系与中古音系的比较

（一）声母的古今对比

对于理家坪土话声母与中古音声母，我们从两个角度来进行比较。一是立足于中古音，看中古音声母在今理家坪土话中的读音，具体见表 2-18 的理家坪土话声母与中古声母比较表之一，该表只展示一般情况；二是立足于理家坪土话，看理家坪土话中的声母对应中古音的哪些声母，具体见表 2-19，表 2-19 中 10 个例字的表示一般规律，5—9 个的为特殊情况，5 个以下为例外。

表 2-18　理家坪土话声母与中古声母比较表之一

		清			全浊	
帮组		帮	p 摆	滂	p' 配	並	p 牌 p' 雹
非组		非	φ风 x方 p 齐	敷	φ翻 p' 蜂	奉	φ肥 x 房
端泥组	今洪	端	t 带	透	t' 梯	定	t 枴 t' 亭
	今细						
精组	今洪	精	ts 醉	清	ts' 粗	从	ts' 昨 ts 自
	今细		tɕ 早		tɕ' 菜		tɕ' 齐 tɕ 净
知组	今洪	知	ts 竹	徹	ts' 耻 t 戳	澄	ts' 茶 ts 迟
	今细		tɕ 猪		tɕ' 抽		tɕ' 重 tɕ 仗
庄组	今洪	庄	ts 渣	初	ts' 初	崇	ts' 查 ts 炸 s 事
	今细		tɕ 斋		tɕ' 楚		tɕ' 泥
章组	今洪	章	ts 指 t 颤	昌	ts' 充	船	tɕ' 船
	今细		tɕ 针		tɕ' 秤		
日组							
见晓组	蟹开四 止开三	见	ts 几	溪	ts' 欺	群	ts 棋
	效摄		k 高		k' 靠		tɕ 近 tɕ' 勤
	开三四		tɕ 斤		tɕ' 牵		
	其他		k 瓜		k' 亏 x 苦		k 菌 k' 跪 tɕ 穷
影组		影	∅ 阴 ŋ 烟				

续表

次浊	清	全浊		
明　m名 p密				帮组
微　Ø味 m尾				非组
泥　n南 / ȵ泥	来　l理			端泥组
	心　s三 / ɕ心	邪　ts辞 / tɕ'袖 ɕ象	今洪 / 今细	精组
				知组
	生　s梳 / ɕ杀		今洪 / 今细	庄组
	书　s试 / ɕ书	禅　s时 / ɕ成	今洪 / 今细	章组
日　Ø肉 n日 / Ø润 ȵ软			今洪 / 今细	日组
疑　—— / ——ŋ鱼　Ø月 / n眼 ȵ咬	晓　s戏 / ɕ香 / x灰 / ɸ花	匣　ɕ嫌 / x鞋 ɸ祸 / Ø禾 ɕ学	止开三 / 开三四 / 其他	见晓组
云　Ø云	以　Ø油 / ŋ盐			影组

表 2-19　理家坪土话声母与中古声母比较表之二

理家坪	中古音	例字
p	帮	补疤摆拜保饱饼八百变
	滂	披
	並	爬菩牌稗赔皮被鼻盆坪
	明	密棉谜
	非	斧沸分放~鞭炮
	奉	浮

理家坪	中古音	例字
	匣	划还~愿
p'	滂	批坯配帕屁泡炮票偏劈
	並	脾雹佩瓶排
	非	飞
	敷	纺敷蜂蜜~
	奉	伏

续表

理家坪	中古音	例字
m	明	买麻毛媒妹门名命麦脉
	帮	遍
	日	扔
	微	闻尾忘蚊问网
	疑	瓦
ɸ	非	府富福风封粉发法方ᵥ反
	敷	副费肺翻
	奉	符肥烦饭罚缝服袱伏
	晓	虾花火伙吓瓠昏婚荤血
	匣	和祸下夏画话魂浑咸合
	溪	睏客
t	端	戴胆担刀堆对灯冬等单
	透	他滩
	定	徒队抬袋地桃豆甜读毒
	精	子
	从	在
	邪	寻
	章	只ᵥ拙颤
	床	床巢
	徹	戳
t'	透	胎铁推土退脱桶天汤通
	定	大亭题堂停
n	泥	南男糯难年能撚碾念暖
	日	二日热揉
	疑	疑眼
	明	明~年
l	来	犁六里理老雷灵萝岭连

理家坪	中古音	例字
	透	舔
	澄	虫
ts	精	醉自崽做左尖煎剪箭祭
	从	字杂
	邪	辞
	知	着~衣摘追竹张桩胀中
	澄	迟痔绽
	庄	渣眨榨炸爪皱争盏装
	章	指纸职锥终
	见	鸡今几计记继纪技急结
	群	棋旗祁
ts'	清	踩催粗醋错仓七漆千签
	从	坐座糍贱钱前凿昨贼从
	溪	欺起气汽契浅
	群	拳ᵥ
	徹	耻拆摘~手坼畜闯
	澄	茶除厨柱住橼丈撞橙择虫
	初	权叉岔插初炒铛铲疮窗
	崇	查锄状床~~
	昌	吹串充铳
	来	拢
s	心	三四色锁死丝先膝想线
	崇	事
	生	狮沙痧虱梳鼠潲山生双
	昌	齿出
	书	尸世试屎失适水
	禅	匙是豉时晨十

续表

理家坪	中古音	例字
	船	实
	溪	起
	晓	戏喜
tɕ	精	早枣糟灶嘴精挤酒井匠
	从	罪曹就截净尽
	见	金斤经紧锯句九久救脚
	群	求球舅旧桥荞轿茄穷近
	知	猪砧转长涨账帐中啄
	澄	着睏没着直陈橼潮仗赚
	庄	斋抓
	章	煮痣针真准正钟肿种烛
	邪	旋
tɕʻ	精	疖
	清	菜草葱村寸切砌秋清青
	从	层财裁齐樵全墙嚼晴絶
	心	腮鳃
	邪	袖斜筥谢席~子像松~树
	见	架捡拣
	溪	娶去蛆确轻牵欠框眶
	群	勤球
	知	肘
	徹	拄抽丑臭椿
	澄	沉传场澄重
	初	楚
	昌	车处丑串春厂唱称秤尺
	船	船

理家坪	中古音	例字
	书	翅伸
n̥	泥	泥奶恼黏女嫩鸟尿鸟酿
	来	领件
	日	软让耳
	疑	艺玉眼咬
	以	赢
ɕ	心	西心新洗信小嫂扫送岁
	邪	谢像又
	晓	胸兴熏吸孝学香享乡响
	匣	穴嫌闲贤行现降投~
	澄	尘
	生	耍~狮子筛晒杀囵省~钱
	章	侄
	昌	出
	船	蛇射神顺剩赎
	书	输鼠试烧少收手守深身
	禅	社树仇受寿尝成城石熟
	见	间中~
	溪	恐
k	见	歌瓜高告贵街讲界价角
	群	柜裙菌钳
	溪	捆壳
	端	朵耳朵
	精	肫焦
kʻ	溪	考靠亏扣苦敲翘缺欠劝
	群	跪柜芹圈拳又
	晓	货哄
	澄	缠

续表

理家坪	中古音	例字
ŋ	影	阎坳挨烟盐檐宜焰按
	疑	牙芽鹅饿鱼藕牛银硬额
	日	燃
x	晓	蘑好灰悔海欢瞎喜掀汉
	匣	河盒号活害鞋闲觅现蟹
	非	封方风
	敷	锋
	奉	凤房防肥逢
	溪	肯空苦哭开阔口筐糠
	书	湿
	心	松~土
	见	干
	滂	坡

理家坪	中古音	例字
	疑	岸
	云	有
Ø	疑	瓦吴玉外我月源元愿眼
	匣	会~不~萤禾糊胡和完丸横滑
	影	哑丫恶矮衣鸭阴挖弯稳
	云	雨围位右又远越云运王
	以	野夜移姨易摇油叶养样
	微	雾味文袜万
	奉	肥
	泥	哪
	日	闰润弱肉融容二
	船	舌
	溪	块又

声母说明：

（1）帮系

A. 帮组　今一般读 [p p' m]

帮母，今一般读 [p] 声母，如"补、疤、饱、八"。个别读 [m] 声母，如"遍"。

滂母，今一般读 [p'] 声母，如"批、帕、炮、偏"。个别读 [p] 声母，如"披"。

並母，今大多读 [p] 声母，如"爬、牌、皮、被"。少数读 [p'] 声母，如"脾、佩、瓶"。

明母，今一般读 [m] 声母，如"买、毛、门、命"。读 [p] 声母的有"密、棉"等。读 [n] 声母的有"明明年"，"明"字念 [n] 是受后面"年"声母的同化。

B. 非组　今一般读 [[ɸ m x Ø]

非母，今大多读 [ɸ] 声母，如"富、粉、发、反"。读 [p] 声母的有"斧、沸、分、放"等，读 [x] 声母的有"方、风"等，读 [p'] 声母的有"飞"。

敷母，今一般读 [ɸ] 声母，如"副、费、肺、翻"。读 [p'] 声母的有"纺、敷、蜂_{蜜蜂}"。

奉母，今一般读 [ɸ x] 声母。读 [ɸ] 声母的如"符、烦、饭、罚"，读 [x] 声母的如"凤、房、防、逢"。少数读 [p] 声母，如"浮"。

微母，今一般读 [∅ m] 声母。读 [∅] 声母的如"雾、味、袜、万"，读 [m] 声母的如"闻、尾、忘、网"。

（2）端系

A. 端泥组　今一般读 [[t tʻ n ȵ l]

端母，今读 [t] 声母，如"戴、胆、刀、灯"。

透母，今读 [tʻ] 声母，如"胎、土、桶、天"。读 [t] 声母的有"他"，读 [l] 声母的有"舔"。

定母，今一般读 [t] 声母，如"徒、抬、地、甜"。少数读 [tʻ] 声母如"大、亭、停"。

泥母，今洪音读 [n] 声母，如"男、糯、年、念"。今细音读 [ȵ] 声母，如"泥、奶、脑、女"。

来母，今读 [l] 声母，如"犁、理、老、岭"。

B. 精组　今一般读 [ts tsʻ s tɕ tɕʻ ɕ]

精母，今在洪音前读 [ts] 声母，如"醉、自、崽、剪"；个别字如"子"在洪音前读 [t] 声母。今在细音前读 [tɕ] 声母，如"早、糟、嘴、酒"；个别字细音前读 [k] 声母，如"焦"。

清母，今在洪音前读 [tsʻ] 声母，"踩、粗、七、千"。今在细音前读 [tɕʻ] 声母，如"菜、草、村、切"。

从母，今在洪音前读 [tsʻ] 声母，如"坐、糍、贱、前"；个别字在洪音前读 [ts] 声母，如"字、杂"。今在细音前读 [tɕʻ] 声母，如"层、财、齐、晴"；个别字在细音前读 [tɕ t] 声母，读 [tɕ] 声母，如"罪、曹、就"；读 [t] 声母的如"在"。

心母，今在洪音前读 [s] 声母，如"三、四、先、想"；个别字在洪音前读 [x] 声母，如"松_{松土}"。今在细音前读 [ɕ] 声母，如"心、洗、嫂、送"；个别字在细音前读 [tɕʻ] 声母，如"鳃、腮"。

邪母，今一般与细音相拼，读 [tɕʻ] 声母，如"斜、谢、袖、松_{松树}"；个别读 [tɕ ɕ]，读 [tɕ] 声母的有"旋"，读 [ɕ] 声母的有"谢、像_又"。今个别与洪音相拼，读 [ts] 声母，如"辞"。

（3）知系

A. 知组　今一般读 [ts ts' tɕ tɕ']

知母，今在洪音前读 [ts] 声母，如"摘、竹、桩、胀"。今在细音前读 [tɕ] 声母，如"猪、砧、账、长_{长大}"。

徹母，今在洪音前读 [ts'] 声母，"耻、拆、畜、闯"；个别字洪音前读 [t] 声母，如"戳"。今在细音前读 [tɕ'] 声母，如"抽、丑、臭、椿"。

澄母，今在洪音前大部分读 [ts'] 声母，如"茶、除、丈、择"；少数字洪音前读 [ts] 声母，如"迟、痔、绽"。今在细音前大部分读 [tɕ'] 声母，如"沉、传、场、重"；少数字在细音前读 [tɕ] 声母，如"直、陈、潮、仗"；"虫"白读 [l] 声母。

B. 庄组　今一般读 [ts ts' s tɕ tɕ' ɕ]

庄母，今一般与洪音韵母相拼，读 [ts] 声母，如"眨、榨、盏、装"。只有"斋"是细音韵母，声母为 [tɕ]。

初母，今一般与洪音韵母相拼，读 [ts'] 声母，如"杈、初、铲、疮"。只有"楚"是细音韵母，声母为 [tɕ']。

崇母，今一般与洪音韵母相拼，读 [ts'] 声母，如"查、锄、状"；其他洪音韵母前"炸"读 [ts] 声母，"事"读 [s] 声母，"床"白读 [t] 声母。只有"浞"是细音韵母，读 [tɕ'] 声母。

生母，今在洪音前读 [s] 声母，如"沙、虱、梳、山"。在细音前读 [ɕ] 声母，如"耍、筛、晒、杀"。

C. 章组　今一般读 [ts ts' s tɕ tɕ' ɕ]

章母，今大多和细音韵母相拼，读 [tɕ] 母，如"煮、针、正、钟"。部分是和洪音韵母相拼，一般读 [ts] 声母，如"指、纸、终"；个别读 [t] 声母，如"颤"。

昌母，今大多和细音韵母相拼，读 [tɕ'] 声母，如"车、春、唱、尺"。部分和洪音韵母相拼，一般读 [ts'] 声母，如"充、铳、吹"；个别读 [s] 声母，如"齿、出"。

船母，今一般和细音韵母相拼，读 [ɕ] 声母，如"蛇、神、顺、剩"；与细音相拼的"船"读 [tɕ'] 声母。个别和洪音韵母相拼，读 [s] 声母，如"实"。

书母，今大多和细音韵母相拼，读 [ɕ] 声母，如"鼠、少、烧、手"；个别拼细音韵母的读 [x] 声母，如"湿"。少数和洪音韵母相拼，读 [s] 声母，如"世、试、水"。

禅母，今大多和细音韵母相拼，读 [ɕ] 声母，如"社、寿、成、石"。

少数和洪音韵母相拼，读 [s] 声母，如"是、时、豉"等。

日母，今大多读 [ø] 声母，如"润、肉、容、弱"。部分读 [n ȵ ŋ] 声母，读 [n] 声母的如"二又、且又、热、揉"；读 [ȵ] 声母的如"软、让、耳"；读 [ŋ] 声母的如"燃、忍"。

（4）见系

A. 见组　今一般读 [k k' ŋ ø ts ts' tɕ tɕ']

见母，今和洪音韵母相拼，读 [k ts]。与洪音 [ŋ] 韵母相拼，声母为 [ts]，如"鸡、今、记、急"；与其他洪音韵母相拼时，声母为 [k]，如"歌、瓜、价、盖"。今和细音韵母相拼，读 [k tɕ] 声母。读 [k] 声母的如"街、界、高、讲"；今读 [tɕ] 声母的，如"斤、紧、九、脚"。个别读 [x] 声母，如"干"读。

溪母，今和洪音韵母相拼，读 [k' ts']。与 [ŋ] 韵母相拼，声母为 [ts']，如"欺、起、气、汽"，个别读 [s] 声母，如"起起来"，"浅"韵母为 [ẽ]，声母也读 [ts']；与其他洪音韵母相拼时，声母为 [k']，如"苦累、缺、课、筷"。今和细音韵母相拼，读 [k' tɕ'] 声母。读 [k'] 声母的如"揩、考、翘、唷"；今读 [tɕ'] 声母的，如"娶、蛆、轻、牵"。少数读 [x] 声母，如"开、口、空、哭"。个别读 [ɸ k ø] 声母，读 [ɸ] 声母如"睏、客"，读 [k] 声母如"捆、壳"，读 [ø] 声母如"块又"。

群母，今和洪音韵母相拼，读 [k ts]。与 [ŋ] 韵母相拼，声母为 [ts]，如"棋、旗、祁"；与其他洪音韵母相拼时，声母为 [k k']，读 [k] 的如"柜"，读 [k'] 的有"跪、柜、圈、拳又"。今和细音韵母相拼，读 [k k'tɕ' tɕ'] 声母。读 [k] 声母的如"裙、菌、钳"，读 [k'] 声母的如"芹"，读 [tɕ] 声母的如"茄、舅、旧、近"，读 [tɕ'] 声母的如"勤、球"。

疑母，今一般读 [ŋ ø] 声母，读 [ŋ] 声母的如"牙、鹅、鱼、牛"，读 [ø] 声母的如"我、月、元、愿"。个别读 [n ȵ m] 声母，"疑、眼"读 [n] 声母，"艺、玉玉米、咬"读 [ȵ] 声母，"瓦"读 [m] 声母。

B. 晓组　今一般读 [x ɸ ɕ s]

晓母，今一般读 [x ɸ ɕ s]。与洪音相拼今读 [ɸ x s]，读 [ɸ] 声母的如"花、火、吓、血"，读 [x] 声母的如"灰、海、欢、汉"，读 [s] 声母的如"戏、喜"。今和细音相拼读 [ɕ x]，读 [ɕ] 声母的如"兴、吸、乡、响"，读 [x] 声母的如"好、薅、瞎"。

匣母，今读 [x ɕ ɸ ø]。今与洪音相拼读 [x ɸ ø]，读 [x] 声母的如"活、害、苋、蟹 ”，读 [ɸ] 声母的如 “ 和和起来、祸、画、咸 ”，读 [∅] 声母的如 “ 禾、胡、完、滑 ”。今与细音相拼读 [x ɕ]，读 [x] 声母的如 “ 河、盒、号、鞋 ”，读 [ɕ] 声母的如 “ 嫌、现、穴、闲 ”。个别读 [p] 声母，如 “ 还还愿 ”。

C.影组　今一般读 [∅] 声母

影母，今大多读 [∅] 声母，如 “ 哑、衣、鸭、挖 ”。少数读 [ŋ] 声母，如 “ 烟、盐、阁、檐 ”。

云母，今读 [∅] 声母，如 “ 雨、围、云、王 ”。个别读 [x] 声母，如 “ 有 ”。

以母，今读 [∅] 声母，如 “ 野、摇、油、叶 ”。个别读 [n̠] 声母，如 “ 赢 ”。

（二）韵母的古今比较

对于理家坪土话韵母与中古音韵母，我们也从两个角度来进行比较。一是立足于中古音，看中古音韵母在今理家坪土话中的读音，具体见表 2-20 理家坪土话韵母与中古韵母比较表之一，理家坪土话韵母与中古韵母比较表之一只展示一般情况；二是立足于理家坪土话，看理家坪土话中的韵母对应中古音的哪些韵母，具体见表 2-21 中的理家坪土话韵母与中古韵母比较表之二。

表 2-20　理家坪土话韵母与中古韵母比较表之一

摄	开合	一等					二等					
		帮系	端组	泥组	精组	见系	帮系	端组	泥组	知组	庄组	见系
果	开		ao/u	ao	ao	ao/uo/u						
	合	ao/u	ao		ao/uo	u/uo						
假	开						u	u				u
	合											u
遇	合	u	uo		uo/io	uo/u/ŋ̍						
蟹	开		i	i/a/æ	i/a/æ	ɤ	i		i		i	i/æ
	合	ɤ	uo		io/ua	uo						ui/u
止	开											
	合											
效	开	ia/u	ia/ao		ia	ia	ao		ao		ao/ia	iɤɯ/ia/ao
流	开		ɤɯ	ɯ	ɤɯ	ɤɯ						
咸舒	开		u/oŋ/ẽ	u	u	oŋ/ŋ̍				uẽ	u	u
	合											
深舒	开											
山舒	开		ẽ/iɛ/a	ẽ/iɛ/u	ẽ/u	ẽ/oŋ/iɛ/ŋ̍	ẽ/oŋ			ẽ	ẽ	i/ɤ/iɛ
	合	oŋ	oŋ	oŋ	oŋ	oŋ/uẽ						uẽ
臻舒	开		iɛ			iɛ						
	合	iɛ	yɛ	yɛ	yɛ	yɛ						
宕舒	开		ẽ/oŋ	oŋ/uo/ẽ	oŋ	oŋ						
	合					oŋ						
江舒	开						oŋ/ã			oŋ	oŋ	i/iaŋ
曾舒	开	iɛ	iɛ		iɛ	iɛ						
	合											
梗舒	开						iɛ/oŋ	u	u	ẽ	ẽ/yɛ	iɛ/ẽ/iẽ
	合											uẽ
通舒	开											
	合	iɛ/oŋ	iɛ/oŋ	iɛ/u	iɛ	iɛ/oŋ						
咸入	开		u	u/i	a	i/u					u	u/i/a
	合											
深入	开											
山入	开			i	i/u	ɤ	i/u				i	i
	合	ɤ	ɤ			uo				ua		ui/yɛ
臻入	开											
	合	ɤ				ua						
宕入	开				ao	ao/æ						
	合					uo						
江入	开						iɤɯ			ao/yi	yi	iɤɯ/io/ua
曾入	开	ɤ	ɤ	ɤ	ɤ	ɤ						
	合					uo						
梗入	开						u/ia/ɤ			u	ɤ	u/ɤ/a
	合											
通入	合	u/ŋ̍	uo			uo						

续表

帮系	端组	泥组	精组	知组	庄组	章组	日母	见系		
								iɤɯ	开	果
								uo	合	
			iu			iu			开	假
									合	
u		io/uo	io/yi	io/uo	uo/iu	io/uo		io/uo/yi/u	合	遇
i	i		a	i/yi/ŋ		ŋ		ɤ/i	开	蟹
ui			yi			yi		ua	合	
a/i/ɤ		a	a/ŋ	ŋ	ɤ/a	ɤ/iɤ/u	ɤ/iɤ	ɤ/a/i/ɤ	开	止
ua/a/yɛ			ua/a	ua		ua		ua/yɛ	合	
iɤɯ/iao/u	iɤɯ/iao	iɤɯ/iao	iɤɯ	iɤɯ		iɤɯ	ia	iɤɯ	开	效
ɤɯ/u/ao		iɤɯ	iɤɯ	iɤɯ	ɤɯ/ao	iɤɯ	ao	iɤɯ/ɯɤ	开	流
	ẽ	ẽ	ẽ			iɛ		ẽ/iẽ/i	开	咸舒
ui									合	
			i/a	iɛ		i		i/ŋ/ẽ	开	深舒
ẽ/a/iɛ/ɤ	ẽ	ẽ	ẽ/a/yẽ	ẽ		ẽ/iẽ	ẽ	iẽ	开	山舒
	uẽ		yẽ	yẽ		yẽ/uẽ	yɛ	uẽ/yẽ/yɛ/ua/oŋ	合	
	i	i	i/iɛ	ẽ		i/ŋ	i/ŋ	i/iẽ	开	臻舒
iɛ/yɛ			yi/yɛ	yi		yɛ/i	yi	yi/yɛ/i	合	
	iaŋ/ao	iaŋ/ɤ	iaŋ/oŋ	oŋ/uo		iaŋ	iaŋ	iaŋ	开	宕舒
oŋ/uẽ/ɤ								uaŋ/iaŋ/uẽ	合	
									开	江舒
iɤɯ						i/iu		i/iɛ	开	曾舒
									合	
iɤɯ	iu	iu	iu			iu		iu/i	开	梗舒
								iu/iaŋ	合	
									开	通舒
iɛ/yɛ/oŋ		i/iaŋ	yi/oŋ	i/iɛ/iaŋ/oŋ		i/iɛ/oŋ		i/ioŋ	合	
	i/ia		i			iɛ		i	开	咸入
ui									合	
			a			i/ŋ		ɤ/yi	开	深入
i	i		i			i		ŋ	开	山入
	ui/yɛ		yi			yɛ		ui/yi/yɛ	合	
a		a	a/ŋ	yɛ	a	ŋ	ɤ	i	开	臻入
						ua		ua	合	
			iɤɯ/io	ao/ŋ		ao	io	iɤɯ/io	开	宕入
									合	
									开	江入
i		iɛ	ɤ/iɤɯ/i	iɤ	ɤ	iɤ/ŋ			开	曾入
									合	
iɤɯ/i	iu/ia	iu	iu/i			iu/ŋ			开	梗入
									合	
u		u/io	u	ɤɯ	uo	io/iɤɯ	u	io	合	通入

表2-21 理家坪土话韵母与中古韵母比较表之二

续表

理家坪	中古音	等呼	例字
（1）ɿ	止	开三	紫池差纸匙是豉寄徛_站技戏迟师狮指尸屎几祁子字司丝辞耻痔事时箕纪记欺起棋旗其喜气汽
	蟹	开三	祭世
		开四	鸡计契继
	深	开三	今_{~年}十急
	臻	开三	晨实摘_伸失悉
	效	开三	宵_{元~节}
	山	开三	结
	宕	开三	着_{向~}
	曾	开三	职
	梗	开三	适释
（2）i	蟹	开一	胎台苔抬待代袋耐猜菜才财裁在腮鳃带赖奈
		开二	拜排埋斋界戒揩摆牌簿稗买卖奶筛晒街解鞋矮败
		开三	厉艺
		开四	批米低底梯剃屉题弟第泥犁挤齐西洗细婿启
	止	开三	脾移易姨喜意嘻
	咸	开一	纳盒
		开二	狭插_又夹_又

理家坪	中古音	等呼	例字
		开三	钳阎接叶腌捡
		开四	帖贴碟
	深	开三	心针深湿金禁音阴
	山	开一	辣擦
		开二	间八杀拣瞎
		开三	别舌
		开四	憋篾铁节切截扞
	臻	开三	坒鳞亲尽辛新信陈真神身忍紧银印一斤筋近肫菌裙
	江	开二	江讲降_{霜~}
	曾	开三	逼鲫蒸称秤剩升兴
	梗	开三	明_{清~精~盐}惜席_{酒~}
		开四	劈经
	通	合三	虫穷浓种肿恐胸用
	果	开一	河
	假	开三	也
	流	开三	又
（3）u	假	开二	疤把欛帕爬杷钯耙麻痲马码茶渣榨炸叉权差岔查沙纱痧家加痂假架嫁价牙芽虾吓下夏丫哑
		合二	瓜寡剐瓦花划话画

续表

理家坪	中古音	等呼	例字
	果	开一	大歌
		合一	破婆过火伙货和禾祸恶薄
	遇	合一	铺菩葡脯蒲补谱部步枵吴糊胡
		合三	夫府斧傅敷符雾雨芋
	咸	开一	答搭南男合胆担毯塔痰淡蓝腊蜡三
		开二	眨插杉夹袂咸衫甲鸭押
	山	开一	兰瓒撒萨
		开二	抹
	梗	开二	百柏伯白打冷拆择客麦摘轭
		开三	明~年
	通	合一	卜扑笼农
		合三	福幅服伏袱六肉续
	止	开三	自齿
	效	开一	抱
		开三	瓢~勺
	流	开一	漱
	流	开三	富副
(4) yi	臻	合三	笋椿准春蠢顺润闰匀熏云运
	遇	合三	跑举取娶去
	蟹	开四	砌
		合三	脆岁税
	深	开三	吸

续表

理家坪	中古音	等呼	例字
	山	开四	疖
		合三	绝雪
		合四	缺
	江	开二	啄涩
	通	合三	松玉
(5) a	止	开三	碑披皮被糜离刺眯眨_{动,~个包}背比屁琵枇鼻篦地梨利痢姊死四厘李里理鲤糍衣
		合三	泪飞尾沸_热
	臻	开三	笔滗毕匹蜜密栗七漆膝虱
		合一	没
	遇	合三	憷
	蟹	开一	来
		开四	箄
	流	开一	亩
	咸	开一	杂
		开二	掐
	深	开三	粒立浸笠
	山	开一	坛
		开三	便~宜
		开四	扁片前先
	梗	开三	只
	通	合一	拢粽
(6) ia	效	开一	保宝报袍暴菢毛帽刀倒到讨套桃逃淘萄道脑恼牢痨老糟早枣蚤灶草糙

续表

理家坪	中古音	等呼	例字
			曹造骚臊扫嫂高膏篙稿告考烤靠熬蒿薅好毫号
		开二	茅抓敲坳
		开三	绕浮
	果	合一	坡
	假	开二	加
		合二	跨~过去
	咸	开四	跌
	梗	开二	拍
		开四	滴一~
(7) ua	止	合三	吹规亏跪醉追锤锥水柜位肥味归鬼贵围
	蟹	合一	催
		合二	卦
		合四	桂~花
	遇	合三	杵
	流	开一	扣叩
	山	合一	钻
		合二	刷
		合三	拳
	臻	合一	骨
		合三	出橘
	江	开二	壳
(8) ya	止	合三	锥又水又
	假	开二	架打~
		合二	耍~狮子
	山	合一	撮
	臻	合三	出又
(9) io	遇	合一	组
		合三	女蛆絮猪煮

续表

理家坪	中古音	等呼	例字
			处书薯锯虚许挂朱珠主输树拘矩句鼠又
	通	合三	叔绿烛赎玉浴
	假	开三	蔗
	蟹	合一	罪碎
	止	合三	嘴
	效	开三	小
	流	开三	肘
	咸	开三	黏
	臻	开三	身又
	宕	开三	削弱约
	江	开二	确乐音~
	梗	开四	灵
(10) uo	遇	合一	堵赌肚土吐兔徒图度渡炉路露租祖粗醋姑孤箍古估牯股鼓顾苦湖壶虎
		合三	驴除阻初锄梳疏稀鼠又去鱼渔厨柱住数
	果	开一	哥蛾荷
		合一	座一~科课踒躲
	蟹	合一	堆对碓推退队雷累灰悔回煨会外
	止	合三	喂动,~饭
	咸	开一	鸽
	山	合一	聒阔活

续表

理家坪	中古音	等呼	例字
	宕	开一	堂
		开三	床
		合一	郭
	江	开二	壳
	曾	合一	国
	梗	开二	坼破开~: 开裂
	通	合一	独读谷哭屋毒
		合三	缩
(11) ɤ	蟹	开一	该改开咳海爱盖害崽
		开二	派戒
		合一	杯辈背脊~胚坯配陪赔倍焙梅媒煤妹
	曾	开一	北墨默得德肋贼塞刻克黑
		开三	媳色
	梗	开二	格额脉责策隔嗝白又,谈~伯打从
		开四	拎拿
	果	开一	他那个
	假	开二	妈拿
	遇	合一	做
	止	开三	儿词缀霉二尔疑
	咸	开四	拈
	山	开一	割
		开二	眼
		开三	棉热
		开四	癫羊~疯
		合一	钵泼脱
		合二	还~愿

续表

理家坪	中古音	等呼	例字
	臻	开三	日
		合一	没
	宕	开三	想
		合三	忘
(12) iɤ	止	开三	翅痣耳
	曾	开三	直织食识
	果	开一	哪
	深	开三	土
	山	开二	眼看
(13) iɛ	通	合一	篷东冻桶铜桐筒动洞聋葱送公工功空红冬统宗
		合三	梦蜂捧奉给重轻~钟又
	臻	开一	跟根啃肯
		开三	尘
		合一	本盆门闷畚
		合三	分份蚊问闻
	曾	开一	崩朋灯等凳藤层肯誊
		开三	力应瓶
	梗	开二	彭梗棚埂
	咸	开三	占涉
		开四	荚
	深	开三	沉砧
	山	开一	滩拦岸
		开二	闲眼看
		开三	辩
		合四	穴
	果	开一	箩
	假	开三	爹
	蟹	合一	每
	止	开三	试

续表

理家坪	中古音	等呼	例字
(14) yɛ	臻	开三	侄
		合一	墩顿嫩村寸存孙滚棍昏婚魂浑温瘟稳裈(裤)捆睏
		合三	榫粉文荤晕分(~~)
	梗	开二	省(节~)
	通	合三	风枫疯封缝
	止	合三	轨费柜
	山	合三	刮拙发软院哕
	曾	开一	澄
(15) æ	蟹	开一	癞再大菜台踩
		开二	蟹崖挨柴
	山	合二	还
		开四	现(~在)
	宕	开一	昨(~天)
(16) ao	果	开一	多拖驼舵萝罗锣左搓鹅饿
		合一	簸磨朵躲剁跺糯螺胭坐蓑梭锁
	效	开一	稻捞
		开二	脬挠爪抄炒潲搞筲(妈)泡(捧~~)
	宕	开一	落凿索错
		开三	娘(又)着斫
	蟹	开一	舵
	流	开三	矛搜揉
	咸	开一	沓拉
	江	开二	戳

续表

理家坪	中古音	等呼	例字
(17) iao	效	开三	表摇(动)肖
		开四	调尿了聊屌鸟
(18) ɤu	流	开一	兜蔸抖陡斗偷敠透头投豆痘逗楼漏走奏凑嗽勾钩沟狗觳够构抠眍口藕吼喉猴后沤悃扣(又)
		开三	谋皱搊馊阄牛有
	效	开二	巢苞
		开四	撩(发~：母猪发情)
	通	合三	咙
		合三	竹畜
(19) iɤu	效	开一	缲
		开二	包胞饱豹爆抛炮泡交茭胶教绞搅教窖巧咬孝
		开三	飘漂票鳔苗庙焦椒消硝笑潮照烧少娇桥荞轿腰摇樵窑表嫽小翘
		开四	鸟钓吊跳条调料浇缴挑刁
	流	开三	流刘留柳溜酒秋就修绣袖抽丑周州臭收手守仇受寿九久韭

续表

理家坪	中古音	等呼	例字
			救丘鳅球求舅旧友右由油游柚釉
	梗	开三	兵平坪评病命饼名明~摆着
		开四	壁
	宕	开三	嚼脚药着囵没~勺
	江	开二	剥学角觉雹
	曾	开三	熄
	山	开四	眠
		合一	拨
	通	合三	熟菊六
	果	开三	茄
	蟹	开四	髻
(20) iu	梗	开三	惊镜影领岭精~肉晴井清请情晴净正炙只赤尺声成城盛石颈轻赢性姓敬庶草~
		开四	钉疗叮顶订听踢亭定笛灵零历又青星腥醒锡
		合三	兄营
	假	开三	借笡写泻斜谢遮车扯蛇射赊舍社爷野夜
	果	开一	我
	遇	合三	楚
	效	开三	悄

续表

理家坪	中古音	等呼	例字
	流	开三	锈
	咸	开四	舔
	臻	开三	亲~家
	曾	开三	证侧
(21) ui	蟹	合二	乖怪块快筷挂
		合三	肺
		合四	桂
	止	合三	肥喂喊
	咸	合三	法
	山	合一	剁
		合二	滑挖
		合三	发~财罚刮月越蕨袜缺
		合四	血
(22) ẽ	山	开一	单摊炭叹弹难栏懒烂散伞干汉
		开二	办绽盏铲山苋班板扳襻蛮慢间
		开三	鞭变篇偏骗碾连煎剪浅贱仙鲜线缠颤燃豁钱
		开四	匾遍面颠癫天田电垫年捻撚莲楝千烟先前边填踮片
		合一	馒绊
	咸	开一	探
		开二	减
		开三	镰尖签阉盐檐焰盐

续表

理家坪	中古音	等呼	例字
		开四	点店添甜念
	止	开三	宜
	深	开三	揪仝
	臻	开三	衬
	宕	开一	榜忙莽趟
	曾	开一	邓能曾
	梗	开二	铛生牲甥省~长更硬橙争
(23) iẽ	咸	开三	剑欠厌
		开四	嫌
	山	开二	闲眼
		开三	扇搧迁掀
		开四	见牵贤现
	臻	开三	勤芹伸
	宕	开三	仗
	梗	开二	行
		开四	瓶拼零~分
(24) uẽ	咸	开二	赚
	山	合一	丸完
		合二	曰关惯弯
		合三	串卷圈反翻烦饭万劝元~肖节源愿冤怨园远橼拳又
	宕	合三	方又王
	梗	合二	横
(25) yẽ	咸	开二	赚
	山	开三	癣扇——~
		合二	曰
		合三	全泉选旋转橼传专砖穿船缘串元~日

续表

理家坪	中古音	等呼	例字
(26) ã	咸	开一	凼蚕
	山	开一	按瘫
		开二	间跳~:跳房子(游戏)
	江	开二	棒
(27) iaŋ	宕	开三	酿凉量粮梁梁两亮谅将浆蒋酱枪抢墙匠相箱厢像长~高涨帐账场樟掌厂唱商伤尝上尚让姜强香乡享响向秧羊烊杨阳扬养痒样晾呛娘又
		合三	眶框
	江	开二	降投~精
	梗	合四	萤
	通	合三	中龙
	遇	合一	诉
(28) uaŋ	山	合一	罐
	宕	合三	筐
	效	开一	告
(29) oŋ	山	开一	肝寒旱汗搬赶
		开二	颁板~儿:棺木
		合一	搬半盘伴拌瞒满端短团断段暖卵乱酸算蒜官冠管贯灌欢换碗
		合二	环

续表

理家坪	中古音	等呼	例字
	宕	开一	旁当挡汤唐糖塘郎狼浪葬仓桑丧钢缸杠糠帮裆堂行
		开三	胀长~短丈装疮闯状霜张床二~
		合一	光广荒慌黄皇
		合三	纺房芒防网方~的放~炮
	咸	开一	耽含敢
	江	开二	绑撞窗双桩
	梗	开二	猛
	通	合一	蒙懂通烘哄洪瓮宋农
		合三	凤中终充铳锋逢松~土魆封一~信

续表

理家坪	中古音	等呼	例字
（30）ioŋ	通	合三	容融勇涌凶吉~
	宕	开三	娘妻
（31）ŋ	遇	合一	五午~时
	止	开三	二又尔又
	咸	开一	庵
	深	开三	入
	山	开一	安
	臻	开三	人日又
	通	合一	木
（32）m	流	开一	姆

韵母说明：

（1）果摄　今读 [ao uo u]

帮、端、精组一等一般读 [ao]，如"簸、磨、多、坐"。个别读 [ɤ iɤ u iɛ ia uo]，读 [ɤ] 的如"他、那"，读 [iɤ] 的有"哪"，读 [u] 的有"大、婆、破"，读 [iɛ] 的有"箩"，读 [ia] 的有"坡"，读 [uo] 的有"座、躲"。

见系开口读 [ao uo]。读 [ao] 的如"鹅、饿"，读 [uo] 的如"哥、蛾、荷"。个别读 [i iu iɤɯ]，如"河、我、茄"。

见系合口读 [u uo]。读 [u] 的如"过、火、货、禾"，读 [uo] 的如"课、科"。

（2）假摄　今读 [u iu]

二等一般读 [u]，如"疤、牙、瓜、花"。个别读 [ɤ ia ya]，"妈、拿"读 [ɤ] 韵母，"架、要"读 [ya] 韵母，"加、跨"读 [ia] 韵母。

三等一般读 [iu]，如"借、写、车、野"。个别读 [iɛ io i]，"爹"读 [iɛ] 韵母，"蔗"读 [io] 韵母，"也"读 [i] 韵母。

（3）遇摄　今读 [u uo io]

帮系合口及个别匣母字读 [u]，如"铺、补、布、斧、胡"。端系、见系合口一等，庄组合口三等读 [uo]，如"土、粗、箍、锄"。

精、知、章、见组合口三等多数读 [io]，如"蛆、猪、煮、句"。少数读 [uo]和 [yi]，读 [uo] 的如"除、厨、柱、住"，读 [yi] 的如"取、举、去"。

（4）蟹摄　今读 [i ɤ ui yi]

帮、端、知系开口，见系开口二、三、四等，一般读 [i]，如"抬、菜、买、晒、街"。个别读 [æ a ɤ]，读 [æ] 的如"踩、蟹、挨、柴"；读 [a] 的如"来、椑"；读 [ɤ] 的如"派、戒"。

见系开口一等，帮组合口一等，读 [ɤ]，如"改、开、杯、媒"。个别读 [iɛ]，如"每"。

端组、见系合口一等读 [uo]，如"堆、对、灰、回"。精组合口一等"碎、罪"读 [io]，"催"读 [ua]。

合口二等一般读 [ui]，如"乖、怪、块、筷"。"话、画"读 [u] 韵母，"卦、话说"读 [ua]。

合口三等一般读 [yi]，如"脆、岁、税"。

合口四等"桂桂花"读 [ua]。

（5）止摄　今读 [a ua ʅ]

帮组、端泥组开口三等，精组开口三等支、脂韵，一般读 [a]，如"碑、皮、地、四"。个别读 [ɤ i ʅ]，如"霉"读 [ɤ]，"脾"读 [i]，"紫"读 [ʅ]。

知系、见系开口三等，精组开口三等之韵，一般读 [ʅ]，如"池、纸、起、紫"。个别读 [a iɤ iɛ]，如"衣"读 [a]，"翅、痣、耳"读 [iɤ]，"试"读 [iɛ]。

止合三一般读 [ua]，如"醉、吹、亏、鬼"。个别读 [a io yɛ uo]，读 [a]的如"泪、飞、尾、沸热"，读 [io] 的有"嘴"，读 [yɛ] 的有"轨、费、柜"，读 [uo] 的有"喂~饭"。

（6）效摄　今读 [ia ao iɤɯ]

开口一等一般读 [ia]，如"宝、刀、灶、高"。个别读 [ao u]，"稻、捞"读 [ao]，"抱"读 [u]。

开口二等帮组、见系及开口三、四等一般读 [iɤɯ]，如"饱、咬、苗、笑、腰"；个别读 [ia ao u iao ɤɯ ʅ io]，"茅、绕、敲、坳"读 [ia]，"脬、搞"读 [ao]，"瓢"读 [u]，"表"读 [iao]，"撩"读 [ɤɯ]，"宵"读 [ʅ]，"小"

读 [io]。

开口二等庄组一般读 [ao]，如"爪、抄、炒、潲"；个别读 [ɤɯ ia]"巢"读 [ɤɯ]，"抓"读 [ia]。

端泥组开口二、三、四等读 [iao]，如"调、尿、聊、了"。

（7）流摄　今读 [ɤɯ iɤɯ]

开口一等一般读 [ɤɯ]，如"兜、豆、走、口"。个别读 [a ua]，如"亩"读 [a]，"叩、扣"读 [ua]。

开口三等一般读 [iɤɯ] 韵母，如"留、酒、手、旧"。少数读 [ɤɯ]，如"谋、皱、馊、阄、牛"。另有一些个别情况，如"富、副、漱"读 [u]，"肘"读 [io]，"浮"读 [ia]，"又"读 [i]，"锈"读 [iu]，"矛、搜、揉"读 [ao]。

（8）咸摄　舒声今读 [u i ẽ iẽ oŋ]，入声今读 [u i]

A. 舒声

开口一、二等一般读 [u]，如"男、胆、三、咸"。少数读 [oŋ]，如"耽、含、敢"。个别读 [n̩ ã ẽ uẽ]，"庵"读 [n̩]，"函"读 [ã]，"探"读 [ẽ]，"赚"读 [uẽ]。

开口三、四等一般读 [ẽ]，如"镰、尖、盐、檐"。少数见系字读 [iẽ i]，如"厌、剑、欠、嫌"读 [iẽ]，"钳、阎、腌"读 [i]。个别读 [iɛ io iu ɤ]，"占"读 [iɛ]，"黏"读 [io]，"舔"读 [iu]，"拈"读 [ɤ]。

B. 入声

开口一、二等一般读 [u]，如"答、合、腊、眨、鸭"。个别读 [i ao a ua uo]，"盒、纳、狭"读 [i]，"沓、拉"读 [ao]，"杂、掐"读 [a]，"磕"读 [ua]，"鸽"读 [uo]。

开口三、四等一般读 [i]，如"接、叶、贴、碟"。个别读 [ia iɛ]，"跌"读 [ia]，"涉"读 [iɛ]。

（9）深摄　舒声今读 [i]，入声今读 [a ɻ]

A. 舒声

开口三等一般读 [i] 韵母，如"心、针、深、金"。个别读 [a ẽ iɛ ɻ]，如"浸"读 [a]，"揪"读 [ẽ]，"沉"读 [iɛ]，"今"读 [ɻ]。

B. 入声

开口三等一般读 [a] 韵母，如"立、粒、笠"。少数读 [ɻ]，如"十、急"，个别读 [i yi]，如"湿"读 [i]，"吸"读 [yi]。

（10）山摄　舒声今读 [ẽ iẽ iɛ a oŋ uẽ yẽ]，入声今读 [i u ɻ ɤ ui yi yɛ]

A. 舒声

开口一般读 [ẽ] 韵母，如"单、办、变、天"。少数读 [iẽ iɛ a oŋ]，读 [iẽ] 的如"扇、掀、牵、现"，读 [iɛ] 的如"滩、拦、闲、岸"，读 [a] 的如"扁、片、前、先"，读 [oŋ] 的如"肝、寒、汗、旱"。个别读 [u n̩ ã yẽ]，"兰、溃"读 [u]，"安"读 [n̩]，"按"读 [ã]，"癣"读 [yẽ]。

合口一等一般读 [oŋ]，如"搬、盘、短、酸、碗"。个别读 [ẽ uẽ uẽ ua uaŋ]，如，"馒"读 [ẽ]，"丸"读 [uẽ]，"钻"读 [ua]，"罐"读 [uaŋ]。

合口三等一般读 [uẽ yẽ]，读 [uẽ] 的如"反、翻、劝、愿"，读 [yẽ] 的如"全、选、椽、砖"。个别如"还~愿"读 [ɤ]，"环"读 [oŋ]，"拳"读 [ua]，"软、院"读 [yɛ]。

B. 入声

开口一般读 [i] 韵母，如"辣、擦、八、舌、节"。少数读 [u]，如"撒、萨、抹"。个别读 [ɤ ɻ]，读 [ɤ] 的有"割"，读 [ɻ] 的有"结"。

合口一等帮、端组一般读 [ɤ]，如"钵、泼、脱"。见系读 [uo]，如"聒、阔、活"。个别读 [iɤɯ]，如"拨"。

合口二、三、四等一般读 [ui]，如"滑、挖、袜、月"。少数读 [yi yɛ ua]，读 [yi] 的如"绝、雪、缺"，读 [yɛ] 的如"拙、刮、发头发、哕"，读 [ua] 的有"刷、穴"。

（11）臻摄　舒声今读 [iɛ yɛ i yi]，入声今读 [a ua i ɻ]

A. 舒声

开口一等和帮系合口一等、三等，一般读 [iɛ]，如"跟、本、门、蚊、闻"。个别读 [yɛ]，如"粉、文"。开口三等、见组合口三等一般读 [i]，如"裙、信、真、斤"。个别读 [ẽ iẽ iɛ ɻ ŋ̍]，如，"衬"读 [ẽ]，"勤、芹"读 [iẽ]，"尘"读 [iɛ]，"晨"读 [ɻ]，"人"读 [ŋ̍]。

端、见系合口一等读 [yɛ]，如"顿、村、婚、稳"。精组、知系、晓组、影组合口三等读 [yi]，如"笋、春、顺、润、云"。少数读 [yɛ]，如"樽、荤、晕"。个别如"肫"读 [i]。

B. 入声

开口三等一般读 [a]，如"笔、蜜、七、虱"。个别读 [i ɻ yɛ ɤ ŋ̍]，如"垩、一"读 [i]，"悉、实、失"读 [ɻ]，"佚"读 [yɛ]，"日"读 [ɤ ŋ̍]。

合口读 [ua]，如"骨、出、橘"。"没"读 [ɤ]。

（12）宕摄　舒声今读 [ẽ oŋ iaŋ uaŋ uẽ]，入声今读 [ao iɤɯ io uo]

A. 舒声

帮组开口一等读 [ẽ] 韵母，如"榜、忙、莽"。端、见系开口一等，庄组开口三等一般读 [oŋ]，如"糖、郎、仓、糠"。个别如"堂、床"读 [uo]，"旁、帮"读 [oŋ]。

泥、精、知、章组开口三等，见系开口三等读 [iaŋ] 韵母，如"凉、浆、账、香、羊"。少数读 [oŋ]，如"胀、长、丈"。个别如"娘"读 [ao]，"想"读 [ɤ]，知组中的"仗"读 [iẽ]。

合口一等、非组合口三等读 [oŋ] 韵母，如"光、荒、纺、放~炮"。"方"读 [uẽ]。

合口三等见系"筐"读 [uaŋ]，"框、眶"读 [iaŋ]，"王"读 [uẽ]。

B. 入声

开口一等读 [ao] 韵母，如"落、凿、索、错"。其他个别如"薄"读 [u]，"昨"读 [æ]，"摸"读 [oŋ]。

开口三等读 [iɤɯ]，如"嚼、脚、药、勺"。少数读 [io]，如"削、弱、约"。其他个别如"着、斫"读 [ao]。

合口三等"郭"读 [uo]。

（13）江摄　舒声今读 [oŋ i]，入声今读 [iɤɯ io ao yi ua]

A. 舒声

开口二等帮组、泥组、知章组一般读 [oŋ] 韵母，如"绑、撞、窗、双"。"棒"读 [ã]。

开口二等见系字一般读 [i]，如"江、讲、降霜~"。"耩、降投~"读 [iaŋ]。

B. 入声

一般读 [iɤɯ]，如"剥、觉、角、学"。"确、乐"读 [io]，"戳"读 [ao]，"啄、涩"读 [yi]，"壳"读 [ua]。

（14）曾摄　舒声今读 [iɛ i ẽ yɛ iɤɯ]，入声今读 [ɤ iɤ iɤɯ]

A. 舒声

开口一等一般读 [iɛ] 韵母，如，"朋、等、凳、层"。少数读 [ẽ]，如"邓、能、曾"。个别如"澄"读 [yɛ]。

开口三等读 [i] 韵母，如"蒸、称、剩、兴"。个别如"应"读 [iɛ]，"冰"读 []，"证"读 [iu]，"扔"读 [yɛ]。

B. 入声

开口一等读 [ɤ] 韵母，如"北、默、得、黑"。

开口三等读 [iɤ] 韵母，如"直、织、食、识"。个别如"媳、色"读 [ɤ]，"逼、鲫"读 [i]，"熄"读 [iɤɯ]，"职"读 [ɻ]。

合口一等"国"读 [uo]。

（15）梗摄　舒声今读 [ẽ iẽ uẽ iɛ iɤɯ iu ian]，入声今读 [u ɤ iu a ia i ɻ iɤɯ]

A. 舒声

开口二等一般读 [ẽ] 韵母，如"铠、生、硬、争"。个别读 [iɛ iẽ oŋ u uo yɛ]，如"彭、埂、棚"读 [iɛ]，"行"读 [iẽ]，"猛"读 [oŋ]，"冷、打"读 [u]，"盲"读 [uo]，"省"读 [yɛ]。

帮组开口三、四等读 [iɤɯ]，如"兵、平、病、命"；个别读 [iẽ]，如"拼"。端系、知系、见系开口三、四等读 [iu]，如"镜、岭、井、轻"。个别如"拎"读 [ɤ]，"经"读 [i]。

合口二等"横"读 [uẽ]。合口三等读 [iu]，如"兄、营"合口四等"萤"读 [ian]。

B. 入声

开口二等一般读 [u ɤ]，读 [u] 的如"百、白、择、客"；读 [ɤ] 的如"格、脉、伯、责"。个别"轭"读 [a]，"拍"读 [ia]。

开口三、四等一般读 [iu] 韵母，如"炙、石、尺、踢"。少数读 [i]，如"惜、席、劈"。个别读 [ɻ ia iɤɯ]，如"适、释"读 [ɻ]，"滴"读 [ia]，"壁"读 [iɤɯ]。

（16）通摄　舒声今读 [iɛ yɛ oŋ]，入声今读 [uo u io ɤɯ iɤɯ]

A. 舒声

合口一等大多读 [iɛ] 韵母，如"东、桶、送、公"。少部分读 [oŋ]，如"懂、通、洪"。个别读 [a u]，如"拢、粽"读 [a]，"笼、农"读 [u]。

合口三等非组读 [iɛ yɛ oŋ]，读 [iɛ] 的如"梦、蜂、捧"；读 [yɛ] 的如"风、疯、封、缝"；读 [oŋ] 的如"凤、锋、逢、封"。

合口三等读 [i oŋ ioŋ]，读 [i] 的如"虫、种、穷、用"；读 [oŋ] 的如"终、充、铳"；读 [ioŋ] 的如"容、融、勇、凶"。个别读 [iɛ yi i ian]，如"重、钟_又"读 [iɛ]，"松_{松树}"读 [yi]，"浓"读 [i]，"龙"读 [ian]。

B. 入声

合口一等读 [uo]，如"独、谷、哭、屋"。个别如"扑、卜"读 [u]，"木"读 [n̩]。

合口三等读 [u io ɤɯ iɤɯ uo]，读 [u] 的如"服、福、六~指、肉"，读 [io] 的如"叔、绿、烛、赎"，"竹、畜"读 [ɤɯ]，"熟、菊"读 [iɤɯ]，"缩" 读 [uo]。

（三）声调的古今比较

理家坪土话有 7 个声调，中古音有平、上、去、入 4 个调类。理家坪土话声调与中古声调的基本对应规律是：平、上、去今根据古声母的清浊各分阴阳，部分古清声母平声今读阳上，入声调类保留，部分古全浊上和古去声今读入声，古浊入与部分古清入今归阳去或者阳上。具体比较见表 2-22。

表 2-22　理家坪土话与中古声调比较表

		阴平	阳平	阴上	阳上	阴去	阳去	入声
平	清	鸡针猪粗			肫筐相凶		腮鳃敷	扦
	浊	拿	迟枰齐皮	盲				钳
上	清		扁	挤胆早土	叩			斧
	次浊		拢		马买瓦尾	尔		
	全浊				在祸重坐	痔		技弟部
去	清				傅	记气戴架		富副漱
	浊				大办	净艺	字事袋剩	第易瓠焰
入	清		疠	伯撮	湿一壳责	职毕	失劈幅	急结接百
	浊			纳肉贼	实席杂	续	十盒叶择	着截

声调说明：

（1）古平声　今一般读阴平、阳平

分阴阳。

古清声母平声今一般读阴平，如"刀、斤、砖、光"。少数读阴上、阳上、阳去，读阴上的如"江、筲、先"，读阳上的如"肫、筐、相、凶"，读阳去的如"腮、鳃、敷"。

古浊声母平声今一般读阳平，如"迟、皮、抬、长"。个别读阴平、入声，如"拿"读阴平，"钳"读入声。

（2）古上声　今一般读阴上、阳上

分阴阳。

古清声母上声今一般读阴上，如"摆、洗、补、假"。个别读阳平、阳上、入声，如"扁"读阳平，"叩"读阳上，"斧"读入声。

古浊声母上声今一般读阳上，如"买、舅、近、坐"。个别读阳平、阴去、入声，如"拢"读阳平，"痔、尔_{你们}"读阴去，"技、弟、部"读入声。

（3）古去声　今一般读阴去、阳去

分阴阳。

古清声母去声今一般读阴去，如"汽、带、拜、价"。个别读入声，如"富、副、漱"。

古浊声母去声今一般读阳去，如"事、稗、袋、帽"。个别读阳上、阴去、入声，读阳上的如"大、办"，读阴去的如"赚、净、艺"，读入声的如"焰、第、易、瓠"。

（4）古入声　今一般读入声、阳去

古清声母入声今一般读入声，如"急、八、接、脱"。少数读阳平、阴上、阳上、阴去、阳去，读阳平的如"疖"，读阴上的如"伯、撮"，读阳上的如"湿、一_又、壳、责"，读阴去的如"职、毕、插_又"，读阳去的如"失、劈、幅"。

古浊声母入声今一般读阳去，如"碟、辣、择、服"。少数读阴上、阳上、阴去、入声，读阴上的如"纳、肉、贼"，读阳上的如"实、席、杂、确"，读阴去的如"续"，读入声的如"麦、截"。

七、理家坪土话的音韵特点

（一）声母的音韵特点

1. 古全浊声母今都已经清化

全浊声母清化后是否送气以声母为条件：古并、定、群母清化后今主要为不送气塞音声母，古从、澄、崇母今读主要为送气塞擦音，船母主要为清擦音。还有少数例外，例外列举如下：

古声母	今读声母	例字	古声母	今读声母	例字
並	p'	脾雹佩		t	在
定	t'	<u>大</u><u>题</u><u>堂</u>停<u>亭</u>	从	ts	自字
群	k'	拳_又圈<u>柜</u>跪芹		tɕ	罪曹就截净尽
	tɕ'	勤	澄	ts	迟着_{向~}
船	tɕ'	船		tɕ	着_{睏没}~直陈<u>橼</u>潮仕赚

2. 古非组字部分读重唇

古非组字今逢合口呼、撮口呼读 [ɸ] 声母，今逢开口呼读 [x] 声母，有少数读重唇音。读重唇音的有以下：

p　斧浮沸分份放_{~鞭炮}奉

p'　飞纺蜂_{蜜~}敷

m　闻尾忘蚊问网

3. 古泥来母今读有区分

泥母今逢细音读舌面鼻音 [ȵ]，今逢洪音读舌尖鼻音 [n]，来母今读舌尖边音声母 [l]。

如：泥 ȵi³¹ ≠犁 li³¹　糯 nao⁴¹ ≠落 lao⁴¹

4. 部分分尖团

古精组字和古见晓组字今读细音部分分尖团，部分不分尖团。

精组字，洪音字声母读 [ts] 组声母，细音读 [tɕ] 组声母。见组字，洪音字声母读 [k]、[ts] 组声母，细音读 [tɕ]、[k] 组声母。古声母精组见晓组在今细音前是否分尖团一般以古韵母的等呼为条件。

古开口三、四等今读韵母为细音的，古精组字和古见晓组字今读不分尖团，读 [tɕ] 组声母。如：

酒 tɕiɤɯ⁴⁴ = 久 tɕiɤɯ⁴⁴　清 tɕ'iu⁴⁵² = 轻 tɕ'iu⁴⁵²

井 tɕiu⁴⁴ = 颈 tɕiu⁴⁴　紧 tɕi⁴⁴ = 尽 tɕi⁴⁴

古其他等呼今读韵母为细音的，古精组字和古见组字今读部分分尖团，精组读 [tɕ] 组声母，见组读 [k] 组声母。

效摄开口一、二等字，韵母为细音 [ia]，古精组读 [tɕ] 组声母，见组读 [k] 组声母。如：

早 tɕia⁴⁴ ≠稿 kia⁴⁴　　草 tɕ'ia⁴⁴ ≠考 k'ia⁴⁴

骚 ɕia⁴⁵² ≠薅 xia⁴⁵²　　嫂 ɕia⁴⁴ ≠<u>好</u> xia⁴⁴

其他如：

接 tɕi¹³ ≠夹 ki¹³　　　　猜 tɕ'i⁴⁵² ≠揩 k'i⁴⁵²

洗 ɕi⁴⁴ ≠ 喜 xi⁴⁴ 　　　　挤 tɕi⁴⁴ ≠ 进 ki⁴⁴

5. 古知、庄、章组字及部分见组字与古精组今读合流

精组字，洪音字声母读 [ts] 组声母，细音读 [tɕ] 组声母。古知、庄、章组字也是今逢洪音读 [ts] 组声母，细音读 [tɕ] 组声母。古见组今韵母读细音的部分与精组声母相同，读 [tɕ] 组声母（见本节"4. 部分分尖团"），今韵母为洪音 [ɿ] 的，都读 [ts] 组声母。如：

古声＼今韵	精组	知组	庄组	章组	见组
洪音	左 tsao⁴⁴	竹 tsʏɯ¹³	盏 tsẽ⁴⁴	纸 tsɿ⁴⁴	鸡 tsɿ⁴⁵²
细音	早 tɕia⁴⁴	猪 tɕio⁴⁵²	斋 tɕi⁴⁵²	煮 tɕio⁴⁴	近 tɕi³³

6. 非组晓组部分相混

非组晓组一般是相区分的，部分相混，通摄、宕摄非组混入晓组，读 [x] 声母，果、假、遇、臻摄合口一二等，晓组混入非组，读 [ɸ] 声母。如：

声母	非组	晓组
ɸ	符服伏风粉饭	火和花画咸话
x	封方凤房肥逢	灰黑河壶盒瞎鞋
ɕ		香兄香乡穴学

7. 日母与泥母今读相同，主要读 [∅]、[n]、[ɳ] 声母

8. 溪母字部分读如晓组，读 [x] 或者 [ɸ] 声母

溪母字除开口三、四等的细音读 [tɕ'] 声母以外，其余部分读 [k']，部分读 [x]。如：

例字	读音	例字	读音	例字	读音
肯	xiɛ⁴⁴	哭	xuo¹³	口	xʏɯ⁴⁴
空	xiɛ⁴³	开	xʏ⁴⁵²	筐	xuaŋ³³
苦	xuo⁴⁴	阔	xuo¹³	糠	xoŋ⁴⁵²

（二）韵母的音韵特点

1. 部分阳声韵的韵尾脱落

深、臻、曾摄以及咸摄开口一、二等、梗摄三、四等、江摄见系、通摄一等的阳声韵尾基本脱落，通摄三等部分脱落，山摄、宕摄保留阳声韵尾或者变成鼻化音。

2. 部分阳声韵与阴声韵合流

阳声韵韵尾脱落后与阴声韵合流。咸摄与假设合流，韵母为 [u]；深摄、臻摄开口三等、江摄见系、曾摄三等与蟹摄开口合流，韵母为 [i]；梗摄开

口三、四等帮组字与效、流摄三、四等合流，读 [iɤɯ] 韵母，其余与假摄三等合流，韵母为 [iu]；臻合一、曾开一、通合一韵母相同，都读 [iɛ]。

　　3. 咸摄山摄基本合流、宕摄通摄基本合流
　　山摄除见系三、四等外，其余开口一、二、三、四等韵母相同，都读 [ẽ]；咸摄开口三、四等与山摄开口韵母相同，基本读鼻化韵母 [ẽ]。

　　宕摄合口与通摄保留韵尾的韵母相同，都读 [oŋ] 韵母。

　　4. 入声韵韵尾脱落、入声韵与阴声韵合流
　　没有入声塞音韵尾，都变成阴声韵。

　　咸开一、二等入声与假设合流，韵母为 [u]；山摄入声，咸开三、四等入声与蟹摄合流；臻摄入声与止摄合流；通摄入声与遇摄合流。

　　5. 阴声韵的主要元音及分合
　　（1）假摄、蟹摄、止摄

　　假摄主要元音为 [u]，蟹摄开口主要元音为 [i] 或者 [ɤ]，止摄主要元音为 [a] 或者 [ɿ]。

　　假摄开口二等与合口二等基本合流，韵母一般为 [u]，假摄开口三等韵母为 [iu]，其余为 [u]；蟹摄开口除了一等见系韵母为 [ɤ] 以外，其余韵母为 [i]，合口一等除帮组韵母为 [ɤ] 外，其余与遇摄非唇音字韵母相同，端、见组读 [uo] 韵母，精组"碎"读 [io]，合口二、三等的韵母为 [ui] 或者 [yi]；止摄开口帮系泥组主要读 [a]，知系、见系主要读 [ɿ]。

　　（2）果摄、遇摄

　　果摄开口一等与合口一等基本合流，一般为 [ao] 韵母，见系主要读 [uo] 或者 [u]。

　　遇摄唇音字韵母为 [u]，其余为复合元音，主要元音为 [o]，韵头为 [i] 或者 [u]，一等及三等庄组韵母为 [uo]，其余为 [io]。

　　（3）效摄、流摄

　　效摄字一、二等韵母有别，一等为细音韵母 [ia]，二等韵母为 [ao] 或者 [iɤɯ]，三、四等韵母为 [iɤɯ]。

　　流摄一等韵母为 [ɤɯ]，三等韵母为 [iɤɯ]。

　　效摄三、四等及部分二等韵母与流摄三、四等韵母相同，都为 [iɤɯ]。

　　6. 部分韵（平上去）见系字的韵母不同于其他字的韵母
　　理家坪土话中，有部分韵摄的见系字，韵母不同于其他声母的字，主

要出现在果摄、蟹摄、咸摄和江摄等韵摄中。如：

古声 韵摄	见系声母	其他声母
果摄	过 ku⁴³	坐 ts'ao³³
蟹摄	开 xɣ⁴⁵²	菜 tɕ'i⁴³
咸摄	阉 ŋi³¹	尖 tsẽ⁴⁵²
江摄	江 ki⁴⁴	双 soŋ⁴⁵²

7. 古一、二等字今读细音

理家坪土话中，古一、二等字今大多读细音韵母，韵母为 [i] 或者有 [i]、[y] 韵头。蟹效臻曾通六摄的一、二等字，基本读细音韵母，江摄见系字、果假遇山梗摄少数字读细音韵母，只有咸摄、宕摄一、二等没有读细音韵母的。如：

菜 tɕ'i⁴³、拜 pi⁴³、摆 pi⁴⁴、刀 tia⁴⁵²、草 ts'ia⁴⁴、高 kia⁴⁵²、根 kiɛ⁴⁵²、门 miɛ³¹、村 tɕ'yɛ⁴⁵²、等 tiɛ⁴⁴、层 tɕ'iɛ³¹、桶 t'iɛ⁴⁴、送 ɕiɛ⁴³、红 xiɛ³¹

（三）声调的音韵特点

1. 古平声
平分阴阳。古清声母平声今读阴平，古浊声母平声今读阳平。例外：
（1）古清声母平声
"肫、筐、相、凶" 读阳上；"腮、鳏、敷" 读阳去；读入声 "扦"。
（2）古浊声母平声
"盲" 读阴上；"钳" 读入声。

2. 古上声
分阴阳。古清声母上声今读阴上，古浊声母上声今读阳上。例外：
（1）古清声母上声
"扁" 读阳平；"叩" 读阳上；"斧" 读入声。
（2）古浊声母上声
"拢" 读阳平；"痔" 读阴去；"技、弟、部" 读入声。

3. 古去声
分阴阳。古清声母去声今读阴去，古浊声母去声今读阳去。例外：
（1）古清声母去声
"傅" 读阳上；"富、副、漱" 读入声。

（2）古浊声母去声

"大、办"读阳上；"净、艺"读阴去；"第、易、瓠"读入声。

4. 古入声

入声调类保留，浊入归阳去。例外：

（1）古清声母入声

"疠"读阳平；"伯、撮"读阴上；"湿、一、壳、责"读阳上；"职、坐"读阴去；"失、劈、幅"读阳去。

（2）古浊声母入声

"纳、肉、贼"读阴上；"实、瘊、杂"读阳上；"续"读阴去；"着、截"读入声。

5. 声调例外原因探讨

理家坪土话中，有部分古清声母平声字今读阳上，古浊声母上声字、古去声字今读入声的现象。在我们所调查到的例字中，古清声母平声字今读阳上的有：嘻肫菌肖瘫筐烘凶吉~。古浊声母上声字、古去声字今读入声的有：弟第部易瓠富副漱恶绕卦课肋二翅眼柜尿柚癞再片照~邓剑欠厌棒将大~尚罐铳凤降。我们认为，这些读阳上的古清声母平声字在理家坪土话中本来也是读阴平452调值的，这些读入声的古浊声母上声字、古去声字在理家坪土话中原来也和其他同类的一样，也是读阳上33或者阴去43或者阳去41调值的。为什么会出现这样的语音现象，单从理家坪土话内部看，我们找不出原因。理家坪是双方言区，我们下面来看看理家坪的另外一种方言——西南官话，就能从中找到原因。

理家坪地域上临近道县，历史上也多次隶属道州，因此理家坪乡的西南官话与道县官话基本一样，而与零陵官话有较大不同。道县官话的音系介绍请见第一章导论部分。道县官话的声调共4个，阴平33、阳平31、上声55、去声35，平分阴阳，上去不分阴阳，入声归阳平。把理家坪官话和土话声调列表进行比较：

	阴平	阳平	阴上	阳上	阴去	阳去	入声
理家坪土话	452	31	44	33	43	41	13
理家坪官话	33	31	55		35		31

理家坪土话与官话的调类有很大不同，土话有7个调类，官话只有4个调类；调型方面，土话3个降调、2个平调、1个升调和1个拱调，官话2个平调、1个升调、1个降调；调值方面，二者阳平的调值相同，土

话阴上和官话上声相近，二者阴平的调值差别大，土话的阴去阳去和官话的去声调值差别大，土话阳上与官话阴平调值相同，土话入声与官话去声调型相同。

音类相同或相近，音值差异大的音，反差最大，在交流上最容易产生障碍，因而，尽量缩小音值上的差异是交际需要。这种大的反差，这种趋同的需要是语音发生变化的外部力量，然而，这种差异缩小的外部力量也会受到一定阻碍，即被影响的方言自身语音系统相对稳定性的阻碍，语音系统的相对稳定性对一切破坏语音系统的变化具有强大的抗拒力量，而对不破坏系统悄悄融入系统的部分语音变化具有一定容忍性。因此，在两种方言长期共存、接触的过程中，强势方言一定会对弱势方言产生影响。在影响还达不到动摇音系程度的情况下，弱势方言最容易受到强势方言影响的主要是：音类同、音值差异大且弱势方言中有可兼容强势方言音值的异类音。

再来看理家坪土话和官话的声调。二者在调类上有很大差异，土话有阳上、阳去、入声，官话没有，如果土话也因为官话影响变得没有阳上、阳去、入声，这将会造成土话音系的变化，因此，在目前，土话的这些调类还没能发生动摇。二者声调音值上的差异见上文，差异不小。调类相同调值也相同或者相近的是阳平和阴上，一般不会很快发生语音变化，而土话和官话的阴平差别大，土话的阴平是高拱调，官话的是中平调，外部力量促使土话的阴平从高拱调型往中平调的方向变化，而刚好土话中有一个阳上是中平调，完全兼容这种变化，所以这种变化就很容易实现。同样，浊声母上声在土话和官话中的调值差别大，前者读阳上 33 调，是个平调，后者读去声 35 调，是个升调，去声在土话和官话中的调值差别也大，前者分为阴去和阳去，都是降调，后者为去声，是升调，外部趋同力量促使土话的阳上从中平调型往升调的方向变化，促使土话的阴去和阳去从降调型往升调的方向变化，而巧合的是土话中有一个入声调是升调，能兼容这种变化，所以这种变化也很容易实现。

因此，我们认为，部分理家坪土话中古清声母平声字今读阳上，古浊声母上声字、古去声字今读入声是土话受道县西南官话影响产生的语音变化。随着官话影响的进一步扩大，这种语音变化还将继续，相信不久的将来，理家坪土话中古清声母平声字今读中平调 33，古浊声母上声字、古去声字今读升调 13 的现象将会越来越普遍，以致最后土话中阳上消失，其调值被阴平占据，原阳上、阴去、阳去、入声合流成为一个调类，那时候就统一称为去声调了。

八、理家坪土话的语音变化

理家坪土话中同一个语素异读的现象多，表现复杂。其原因有历时演变中的某类音在不同语音演变阶段造成的异读，这类异读现象一般数量相对较多，也较有规律；也有共时平面的语流音变原因形成的异读，这类异读往往数量少，异读音之间也没有对应规律。前者我们在第三节做过讨论，本节我们只讨论其他原因造成的语音变化情况。

（一）异读

例字	读音 1	读音 2	读音 3
告	告诉 kuaŋ⁴³	告状 kia⁴³	
身	身体 ɕi⁴⁵²	单身 ɕio⁴⁵²	
一	一是一 i³³	初一 i¹³	
插	插嘴 tsʻu⁴³	插 tsʻu¹³	
尔	尔(你们) nɤ⁴³	尔(你) ŋ³³	
只	ta⁴⁴	tɕiu¹³	
明	清明 mi³¹	明摆着 miɤɯ³¹	明年 nu³¹
胡	姓胡 ɸu³¹	胡椒 xuo³¹	
着	睏没着 tɕiɤɯ⁴¹	向着 tsɿ¹³	

（二）轻声

理家坪土话中的轻声比较多，在词汇方面主要表现在附加式的合成词的后缀都读轻声。其他非附加式合成词也有部分念轻声。在句法方面，轻声表现在助词上，助词都念轻声。我们只讨论词汇方面的轻声。

理家坪土话的轻声调值与本调无关，其调值的高低取决于前一音节的调值，轻声调值总的特点是轻、短。我们只用一个调素来记录。

理家坪土话共有 7 个单字调，声调我们用五度标调，因此其轻声最多也就是 5 个。具体轻声情况如下：

阴平 452 + 轻声 2

阳平 31 + 轻声 3

阴上 44 + 轻声 5

阳上 33 + 轻声 3

阴去 43 + 轻声 4

阳去 41 + 轻声 1

入声 13 + 轻声 4

具体我们要以理家坪土话中的"儿"词缀为例来说明，同样的后缀，在不同的音节后轻声音高不同。

阴平 452 + 轻声 2	阳平 31 + 轻声 3	阴上 44 + 轻声 5	阳上 33 + 轻声 3
沙儿 su^{452}•nɤ^2	茄儿 tɕiɤɯ^{31}•nɤ^3	毯儿 tʻu^{44}•nɤ^5	李儿 la^{41}•nɤ^3
筛儿 xi^{452}•nɤ^2	橙儿 tsʻẽ^{31}•nɤ^3	铲儿 tsʻẽ^{44}•nɤ^5	柱儿 tsʻuo^{33}•nɤ^3
狮儿 sʅ^{452}•nɤ^2	猴儿 xɤɯ^{31}•nɤ^3	崽儿 tsɤ^{44}•nɤ^5	里儿 la^{33}•nɤ^3
窗儿 soŋ^{452}•nɤ^2	盘儿 poŋ^{31}•nɤ^3	摆儿 pi^{44}•nɤ^5	肚儿 tuo^{33}•nɤ^3
箱儿 ɕiaŋ^{452}•nɤ^2	聋儿 lie^{31}•nɤ^3	粉儿 ɸyɛ^{44}•nɤ^5	领儿 iu^{33}•nɤ^3

阴去 43 + 轻声 4	阳去 41 + 轻声 1	入声 13 + 轻声 4
兔儿 tʻuo^{43}•nɤ^4	椑儿 pa^{41}•nɤ^1	谷儿 kuo^{43}•nɤ^4
帐儿 tɕiaŋ^{43}•nɤ^4	稗儿 pi^{41}•nɤ^1	橘儿 kua^{13}•nɤ^4
镜儿 tɕiu^{43}•nɤ^4	豆儿 tɤɯ^{41}•nɤ^1	钳儿 ki^{13}•nɤ^4
筷儿 kʻui^{43}•nɤ^4	叶儿 i^{41}•nɤ^1	瞎儿 xi^{13}•nɤ^4
帕儿 pʻu^{43}•nɤ^4	碟儿 ti^{41}•nɤ^1	甲儿 ku^{13}•nɤ^4

（三）同化

理家坪土话中有些词语发音，与其自身的语音系统的演变很不相符，并且与其他周边方言也很不相符，通过观察研究，我们认为有些现象是由于语流过程中的同化现象引起的。

理家坪词	音标	词义
今儿工	tsẽ^{452}•ŋɤ^{2}kiɛ^{452}	今天
明年	nu^{31}nẽ^{31}	明年
么个当牯	ŋ^{43}•ŋɤ^{4}tuo^{43}•kuo^4	什么地方
鱼钩公	ŋuo^{31}kɤɯ^{452}•kyɛ^2	钓鱼钩儿

续表

帐钩公	tɕiaŋ⁴¹kɤɯ⁴⁵²•kyɛ²	帐钩
天光	t'oŋ⁴⁵²⁻⁴¹koŋ⁴⁵²⁻¹³	明天
草鱼	tɕ'ia⁴⁴ŋuo³¹	草鱼
□牯人	tɕ'iẽ⁴¹•kuaŋ¹ŋ̍³¹	坏人
老虎	luo³³xuo⁴⁴	老虎
雨衣	sao⁴⁵²ua⁴⁵²	雨衣
蓑衣	u³³ua⁴⁵²	蓑衣

"儿、明、个"的声母在理家坪土话其他的词语中分别是读 [n]、[m]、[k]，如：沙儿 su⁴⁵²•nɤ²，清明 tɕ'iu⁴⁵²⁻⁴⁴•mi⁵，为么个事 uaŋ³¹ŋ̍⁴³•kɤ³³sŋ̍⁴¹，而在以上表格中，"儿、明、个"的声母为 [ŋ]、[n]、[ŋ]，明显不同于 [n]、[m]、[k]，我们认为这是在这些词语中，声母受前后音节的影响而发生的同化现象。

后缀"儿"的本音为 [nɤ³¹]，舌尖中鼻音声母 + 后半高元音，在词语"今儿工"中，"儿"前的"今"的韵母为鼻化元音。"儿"后的"工"的发音为 [kiɛ⁴⁵²]，声母为舌根塞音，本来为舌尖中鼻音声母的"儿"受后面"工"的声母的影响，发音部位发生转移，从而发成了 [ŋ] 声母。这种现象也还不是很稳定，有时候也可以发其本音 [nɤ³¹] 而不影响词义。

"明"在"明年"一词中，也是因为受到"年"的舌尖中鼻音声母的影响，而发生发音部位的变化，由双唇鼻音变为舌尖鼻音声母。

"么个"的同化现象要复杂一些，或许经历了两次不同的同化过程，第一次是发音部位的同化过程，"么"的双唇鼻音声母 [m] 受后面的"个"舌根塞音声母 [k] 的影响，被同化为舌根鼻音 [ŋ]，第二次是发音方法的同化，"个"受已经为舌根鼻音的"么"的影响，舌根塞音声母 [k] 被同化为舌根鼻音声母 [ŋ]。

"鱼钩公"的"公"，在理家坪土话中是个很常用的后缀，产生很多的词，如：磨把公 [mao⁴¹pu⁴³•kiɛ⁴]、犁把公 [li³¹pu⁴³•kiɛ⁴]，在这些词语中"公"的发音为 [•kiɛ]，韵母韵头为不圆唇元音。而在"鱼钩公"中"公"的韵头为圆唇元音 [y]，有时候韵头还可以自由变读为 [u] 的。初一看，在"鱼钩公"中"公"从不圆唇的齐齿呼变为圆唇的撮口呼或者合口呼似乎没有同化的条件，然而仔细观察发现，[i]、[y]、[u] 都是高元音，除了圆唇和不圆唇的差别，还有一个很大的差别，那就是 [i] 为前高元音，而 [u] 为后高元音，在"鱼钩公"中"钩"的声母为舌根声母，"公"本身自己的声母也是舌根声母，舌根声母具有使元音圆唇的力量，这几个方面的影响，从而使"鱼钩公"中的"公"的韵母的韵头变为 [y]。

"天光_明天_"的本音为 [t'ẽ⁴⁵²koŋ⁴⁵²]，在这个词语中，"天"的韵母受后面音节的影响产生逆同化，由 [t'ẽ⁴⁵²] 变成 [t'oŋ⁴⁵²]。"草鱼"的"草"的本音是 [tɕ'ia⁴⁴]，在"草鱼"这个词语中，"草"的韵母受后面"鱼"音节声母 [ŋuo³¹] 的影响产生逆同化，韵母由 [ia] 变成 [iaŋ]。词缀"牯"的音为 [•kua]，在表示"坏人"义的"□牯人"中，"牯"的音受后面"人"音节 [ŋ³¹] 的影响产生逆同化，韵母由 [ua] 变成 [uaŋ]。同样，"老虎"的"老"的韵母也是受到后面"虎"的韵母的影响产生的逆同化，由 [ia] 变成 [uo]。

"衣"的本音为 [a⁴⁵²]，而在"雨衣""蓑衣"两个词语中，"衣"的发音变成 [ua⁴⁵²]，这是受"衣"前面"雨""蓑"的发音 [u³³][sao⁴⁵²] 的影响产生的顺同化。

（四）换位

理家坪土话中个别词的发音还存在词内不同音素的换位现象，这一现象在"蚂蚁、肩膀、膝盖、强盗"等词语中可见。"蚂蚁"在理家坪土话中叫作"蚁儿"，发音为 [nɤ³³•na³]。"肩膀"一词在理家坪土话中叫作"膀儿牯"，发音为 [pɤ¹³•kɤ⁴•nu³]。"膝盖"一词在理家坪土话中叫作"膝儿牯"，发音为 [sa¹³•kɤ⁴•nu³]。"强盗"一词在理家坪土话中叫作"贼儿牯"，发音为 [ts'ɤ¹³•kɤ⁴•nu³]。

"蚁"为止摄三等疑母字，止摄三等字一般读 [a] 韵母，如"皮、鼻、衣、地"等，疑母字读 [n] 声母这在方言中比较常见，理家坪土话中也有，如"眼睛"的"眼"。词缀"儿"在理家坪土话中读 [•nɤ]。而在"蚁儿"一词中，"蚁"的发音为 [nɤ³³]，"儿"的发音为 [•na³]，两个语素韵母的发音同时不符合其本来的发音，而刚好二者的韵母交换位置后就和本来的发音一致。

"膀儿牯、膝儿牯、贼儿牯"中的"儿、牯"是两个不同的构词后缀，其中"牯"的发音一般为 [•ku]，"儿"的发音一般为 [•nɤ]，而在这个词中"牯"的发音为 [•nu]，"儿"的发音 [•kɤ]。这两个语素是声母的发音同时不符合其本来的发音，而刚好二者的声母交换位置后就和其本来的发音一致，即"膀儿牯"发音由原来的 [pɤ¹³•nɤ⁴ku•³] 换位变成 [pɤ¹³•kɤ⁴•nu³]，"膝儿牯"发音由原来的 [sa¹³•nɤ⁴•ku³] 换位变成 [sa¹³•kɤ⁴•nu³],"贼儿牯"发音由原来的 [tsʻɤ¹³•nɤ⁴•ku³] 换位变成 [tsʻɤ¹³•kɤ⁴•nu³]。当然,这几个词语中的换位也有可能是韵母换位,原词语可能是"膀牯儿 pɤ¹³•ku⁴•nɤ³""膝牯儿 sa¹³•ku⁴•nɤ³""贼牯儿 tsʻɤ¹³•ku⁴•nɤ³","儿""牯"的韵母发生换位,分别变成"膀牯儿 pɤ¹³•kɤ⁴•nu³""膝牯儿 sa¹³•kɤ⁴•nu³"和"贼牯儿 tsʻɤ¹³•kɤ⁴•nu³"。具体有待于进一步探讨。

(五)合音

理家坪土话中还有把两个音节合并成一个音节的语音现象。如"十二月"在理家坪土话中读 [ɕiaŋ⁴¹ui⁴¹],只有两个音节,理家坪土话中的"十二"读 [ɕiɤ¹³nɤ⁴¹],也有两个音节,"十二月"中的 [ɕiaŋ⁴¹] 是由两个音节 [ɕiɤ¹³nɤ⁴¹] 合音而成的一个音节。"这样"由两个音节 [kɤ³³ iaŋ⁴¹] 合并成一个音节 [kiaŋ⁴¹]。

(六)弱化与脱落

理家坪土话中,还有一些语音弱化脱落现象。如:

清明	tɕʻiu⁴⁵²⁻⁴⁴•mi⁵
中秋节	tɕiaŋ⁴⁵²⁻⁴⁴•sɿ⁵•tɕi³
元宵节	uẽ³¹•sɿ³•tɕi³

"明"是梗摄开口三等明母字,本音为 [miɤɯ³¹]。"秋"是流摄三等平声清母字,在理家坪土话中,流摄三等字韵母主要读 [iɤɯ],按照当地土话的一般音韵规律,"秋"的本音为 [tɕʻiɤɯ⁴⁵²]。"宵"是效摄三等平声心母字,在理家坪土话中,效摄三等字韵母主要读 [iɤɯ],按照一般规律,"宵"的本音当读 [ɕiɤɯ⁴⁵²]。而从上表材料我们看到,理家坪土话中"清明"中的"明",读音为 [•mi⁵],"中秋节"中的"秋"读音为 [•sɿ],"元宵节"中的"宵"读音为 [•sɿ]。这三个词中的"明、秋、宵"的音都与本音有很大不同,韵母都是舌面或舌尖前的单元音韵母 [i]、[ɿ],声调都是轻声。我们认为这是轻声音节中发生的语音脱落现象,脱落了韵腹、韵尾,只留下韵头。

"秋、宵"本音的韵头是 [i],脱落后变成 [ɿ],我们认为这是受整个语音系统的制约而发生的变化,理家坪土话中,韵母 [i] 不能与舌尖前声母 [s] 相拼,只有韵母 [ɿ] 才能与声母 [s] 相拼,因此,韵母就变成 [ɿ] 了,这些情况在其他字中也有反映,如"鸡、戏、起、气"等字的声母是舌

尖前声母 [ts]、[ts']、[s] 等，韵母都是 [ɿ]。理家坪土话中也有声母 [tɕ]、[tɕ']、[ɕ]，并且这些声母都能和韵母 [i] 相拼，那么为什么"秋、宵"等轻声音节不是 [·ɕi] 呢？我们看看理家坪土话中 [tɕi]、[tɕ'i]、[ɕi] 音节中的字的来源或许可以得到答案，理家坪土话中 [tɕi]、[tɕ'i]、[ɕi] 音节中的字一般是来自阴声韵的蟹摄以及阳声韵、入声韵的深、臻、曾摄等，较少有其他韵摄的字。

"秋"是清母，在"中秋节"中读擦音，次清声母读同部位擦音现象在理家坪土话中也比较常见，如"齿、出、起、哭、开、口"等字，都读同部位的擦音。

第三章　理家坪土话词汇

一、理家坪土话词汇特点

（一）理家坪土话词汇的构成特点

1. 保留较多的古汉语词语

理家坪土话中保留有很多的古汉语词语，其中部分在普通话中也同样保留，有些在普通话中就只作为构词语素存在，还有些在普通话中就不再使用了。下面分别进行介绍：

（1）理家坪土话与普通话相同的古代汉语传承词

理家坪土话词汇中部分词是与普通话一样，是传承的古汉语词，除了语音上的差异，词义与普通话的相同。如" 风 $\phi y\varepsilon^{452}$、雨 u^{33}、雪 εyi^{13}、霜 $so\eta^{452}$、山 $s\tilde{e}^{452}$、瓦 mu^{33}、上$_{动词}$ $\varepsilon ia\eta^{33}$、下 ϕu^{33}、多 tao^{452}、少 $\varepsilon i\gamma u^{44}$、路 luo^{41}、猪 $t\varepsilon io^{452}$、牛 $\eta\gamma u^{31}$、狗 $k\gamma u^{44}$、月亮 $ui^{41}lia\eta^{43}$" 等。这主要是些反映天文地理基本概念、动植物类属、基本动作性状等概念的词语。

（2）理家坪土话作为词语使用而普通话作为语素使用的古代汉语词

古代汉语中有大部分词，在今天的普通话中只能作为构词语素而不能单独成词。而在理家坪土话中，古代汉语中的这些词，大部分仍然可以作为独立的词使用。如：疏 suo^{452}（稀）、阔 xuo^{13}（宽）、入 η^{41}（进）、归 kua^{452}（回）、穴 xua^{13}（洞）、狭 xi^{41}（窄）、卵 $lo\eta^{33}$（蛋）、领 liu^{33}（件）、岭 liu^{33}（山）、索 sao^{13}（绳）、面 $m\tilde{e}^{41}$（脸）、炙 $t\varepsilon iu^{13}$（烤）等。

（3）理家坪土话作为词语使用而普通话中不用的古代汉语词

古代汉语中还有部分词，在今天的普通话中不单独成词，也不作为构词语素使用。而在理家坪土话中，古代汉语中的这些词，部分仍然可以作为独立的词使用。如" 裤 $ky\varepsilon^{41}$（裤）、憽 $ts'a^{41}$（痛）、搊 $ts'\gamma u^{452}$（执持，端）、徛 $ts\eta^{33}$（站）、眕 $t\varepsilon i^{44}$（厚）" 等。

2. 构词理据上的特点

理家坪土话词语的构词理据有许多，有些着眼于事物的外形、颜色，有些着眼于事物的性质、功能，有些着眼于事物的习性和声音，有些着眼于事物的时间、空间，还有些着眼于人们的避讳心理，等等。下面我们分别例举一些来说明：

（1）着眼于事物形体特征

方言词	读音	普通话词	构词理据
刮虫	kui^{13}li^{31}	打闪	闪电划过天空的形状像弯曲的虫子
米沙子	mi^{44}sa^{452}·ts$\1^2$	雪珠子	外形像小米粒，又像沙子
棉毛雪	pɤ^{31}mia^{31}ɕyi^{13}	鹅毛雪	白且落在地上后很蓬松
谷爪儿	kuo^{13}·nɤ^{4}tsua^{44}	稻穗	成熟时下垂的形状像爪子
蛾眉豆	ŋɤɯ^{31}·mɤ^{3}tʻɤɯ$^{41-13}$	扁豆	外形弯弯的像眉毛
鸡婆球儿	ts$\1^{452}$pu^{31}tɕiɤɯ^{31}·nɤ^3	松球	成熟后裂开的形状像张开翅膀保护小鸡的母鸡
猴子螳螳	xɤɯ^{31}·ts$\1^3$tʻaŋ^{31}·tʻaŋ^3	螳螂	瘦长的身子与猴子相似
狗狗凳	kɤɯ^{44}·kɤɯ^{5}tie^{43}	小板凳	矮小趴在地上像一只狗
羊公婆	iaŋ^{31}·kiɛ^{3}pu$^{31-13}$	蜻蜓	像羊，前面一对薄翅翼像羊的角
鼻螺螺	pa^{41}·lao^1·lao^1	蛞蝓	软、湿润、有黏液、粗细等都与鼻涕相似
蜈蚣线	xoŋ^{31}·kiɛ^{3}sẽ^{43}	蜈蚣	外形像细线
夹儿婆	ki^{13}·nɤ^4·pu^3	蝎子	有一对钳状的附肢

（2）着眼于事物、动作的性质、功能、习性

方言词	读音	普通话词	构词理据
旧年	tɕiɤɯ^{41}nẽ^{31}	去年	过去了的东西就旧了
打屁虫	ta^{44}pʻi^{43}tsoŋ^{31}	臭虫	气味难闻
狗头碗	kɤɯ^{44}tʻɤɯ^{31}oŋ^{44}	海碗	碗大，能装下狗头
漏勺	luo^{43}ɕiɤɯ^{13}	笊篱	用来漏油、漏水
抵手吧	ti^{44}ɕiɤɯ^{44}·pa^5	顶针	戴在手上，顶针时用来保护手
拨丝	po^{452}s$\1^{33}$	蜘蛛	吐丝结网
滚屎虫	kyɛ^{44}·s$\1^{51}$i^{31}	蜣螂	喜食牛、羊等牲畜类的粪便
偷油婆	tʻɤɯ^{452}iɤɯ^{31}·pu^3	蟑螂	偷吃油
狗蚤	kɤɯ^{44}tɕia^{44}	跳蚤	主要生活在猫、狗身上

檐老鼠	ŋẽ³¹lia³³ɕio³³	蝙蝠	有些栖息在屋檐下
屋雀婆	u³³tɕiɤɯ⁴¹•pu¹	麻雀	有些筑巢在旧式木房子的梁或檐下
头睏	tɤɯ³¹kuẽ⁴³	枕头	睡觉时枕在头下
捧泡泡	pẽ⁴⁴p'ao⁴³p'ao⁴³	巴结	让巴结的对象感觉舒服
烟屎痂	ŋẽ⁴⁵²sʅ⁴⁴•ka⁵	烟油子	形成原因与动物吃食后的残渣类似，形又似痂

（3）着眼于事物的颜色、声音来构词

模拟自然界声响而造的词汇，是世界上所有语言都具备的成分。同样的事物一般发出的声音是相同的，但是是否用模拟声音的方式来造词在不同语言、不同方言中就有不同，同样是模拟声音造词，用怎样的语音来模拟，也有很大的主观性，也就有了不同方言的特色。理家坪土话中除拟声词用拟声方式以外，少数名词也用拟声方式造词。另外，从事物颜色的角度给事物命名也是语言中常用的构词理据。如：

方言词	读音	普通话词	构词理据
咪呦	mi⁴⁵²•iao²	猫	叫声
尖叫叫	tɕiẽ⁴⁵²•tɕiao²•tɕiao²	喜鹊	叫声
叫唧唧	tɕiao¹³•tɕi⁴•tɕi³	蟋蟀	叫声
羊公咩咩	iaŋ³¹•kiɛ³•miɛ⁴⁵²⁻⁴⁴•miɛ⁵	蜻蜓	外形＋叫声
乌风	u¹³ɸyɛ⁴⁵²	狂风	颜色
黑墨痂	xɤ¹³mɤ⁴¹⁻⁴⁴•ka⁵	锅烟子	颜色
白鹭鸶	pu⁴¹luo⁴¹•sʅ¹	白鹭	颜色
黑肚儿	xɤ¹³tuo³³•nɤ³	不识字的人	颜色

（4）时间顺序、空间方位义词语的构词理据

从物理科学的角度解释，时间、空间是运动着的物质存在的基本形式。时间是物质运动的延续性、间隔性和顺序性，空间是物质的广延性和伸张性。时空离不开物质，物质也离不开时空。表示时空意义一定以某个物质的存在为基础，而表示时空意义词语的构词理据在不同语言或者方言中各有特点。理家坪土话中含有时间顺序、空间方位义的词语的构词理据具有特色，一般由人体部位隐喻出时间顺序、空间方位义，较大较远的空间义由人所居住的房子作为参照，人们出入房子，门是唯一通道，因此门在表示较大较远的空间义时就尤其重要。如：

方言词	读音	普通话词	构词理据
先头	sẽ⁴⁵²tɤɯ³¹	先前	人体最上部分、动物最前部分，引伸出时间在先之意
头工	tɤɯ³¹kiɛ⁴⁵²	前一天	同上
头几工	tɤɯ³¹tʂ̩⁴⁴kiɛ⁴⁵²	前几天	同上
头个月	tɤɯ³¹•kɤ³ui⁴¹	前个月	同上
年头儿	nẽ³¹tɤɯ³¹•nɤ³	年初	同上
背来	pɤ⁴¹⁻⁴³la³¹	后来	脊背，引伸出时间在后之意
年尾公	nẽ³³ma³³•kiɛ³	年尾	动物最后部分，引伸出时间在后之意
尾公伏	ma³³•kiɛ³ɸu⁴¹	末伏	同上
头儿	tɤɯ³¹•nɤ³	前边	人体最上部分、动物最前部分，引伸出空间在前之意
岭头儿	liu³³tɤɯ³¹•nɤ³	山前	同上
背□	pɤ⁴¹•ti¹	后边	脊背，引伸出空间在后之意
岭背□	liu³³pɤ⁴¹•ti¹	山后	同上
屋背□	uo¹³pɤ⁴¹•ti¹	房后	同上
门后房腹	miɛ³¹•xɤɯ³xoŋ³¹•pu³	外间	腹，肚子，引伸出物体内部之意
腹公房腹	poŋ³¹ki⁴⁴xoŋ³¹•pu³	里间	同上
□腹	a¹³•pu⁴	里面	同上
城腹	ɕiu³¹•pu³	城里	同上
乡腹	ɕiaŋ⁴⁵²•pu²	乡里	同上
河腹	xi⁴⁵²•pu²河里	同上	
门后	miɤ³¹•xɤɯ³	外面	人待在房里，以门为界限，门的后面就是外面
车儿门后	tɕʻiu⁴⁵²•nɤ²miɛ³¹•xɤɯ³	车外	人待在车里，以门为

			界限，门的后面就是 外面
门后格人	miε³¹•xɤɯ³•kɤ³ŋ³¹	外地人	人待在房里，以门为 界限，门的后面就是 外面

（5）其他方面的构词理据

方言词	读音	普通话词	构词理据
雷公	luo³¹•kiε³	雷	过去人们对无法解释与 战胜的自然现象心生敬 畏，因而称为公
天老公	t'ẽ⁴⁵²ta³³•kiε³	老天爷	同上
虱婆	sa¹³•pu⁴	虱子	不容易确定雌雄的大腹 动物都认为是雌性
偷油婆	t'ɤɯ⁴⁵²iɤɯ³¹•pu³	蟑螂	同上
屋雀婆	u³³tɕiɤɯ⁴¹•pu¹	麻雀	同上
夹儿婆	ki¹³•nɤ⁴•pu³	蝎子	同上
毛毛虫婆	mia³³•mia³li³¹•pu³	毛虫	同上
肉虫婆	u⁴⁴li³¹•pu³	肉虫	同上
冬豆	tiẽ⁴⁵²•tɤɯ²	豌豆	一般生长在冬季
七月半	ts'a¹³ui⁴¹⁻⁵⁵poŋ⁴³	中元节	中元节时间在七月半
北瓜	pɤ¹³•ku⁴	南瓜	"南"或许曾经与"难" 同音，避讳
番薯	ɸuẽ⁴⁵²ɕio³³	红薯	来源地
没安然	mɤ³³ŋã⁴⁵²•iã²	身上不适	委婉

3. 构词语素与普通话相同、相类或者部分相同，语素顺序与普通
话不同

方言词	读音	普通话词	方言词	读音	普通话词
笠斗	la⁴¹tɤɯ⁴⁴	斗笠	两崽婆爷	liaŋ³³tsɤ⁴⁴pu³¹iu³¹	爷儿俩
鸡公	tsʅ⁴⁵²kiε⁴⁵²	公鸡	两爷子	liaŋ³³iu³¹tsʅ⁴⁴	爷儿俩
鸡婆	tsʅ⁴⁵²pu³¹	母鸡	两兄嫂	liaŋ³ɕiu⁴⁵²ɕia⁴⁴	妯娌俩
钱纸	ts'ẽ⁴¹tsʅ⁴⁴	纸钱	两兄弟	liaŋ³³ɕiu⁴⁵²•li²	兄弟俩
闹热	nao⁴¹nẽ⁴³	热闹	两姊妹	liaŋ³³tsa⁴⁴mɤ⁴¹	姐妹俩

挂牵	kui⁴³•tɕʻiẽ⁴	牵挂	两叔侄	liaŋ³³ɕio¹³ɕyɛ⁴¹	叔侄俩
两公婆	liaŋ³³kiɛ⁴⁵²pu³¹	夫妻俩	鸡崽儿	tsʅ⁴⁵²tsɤ⁴⁴•nɤ⁵	小鸡儿
两崽母儿	liaŋ³³tsɤ⁴⁴mɤ⁴⁴•nɤ⁵	娘儿俩	鸭崽儿	u¹³tsɤ⁴⁴•nɤ⁵	小鸭子
两娘子	liaŋ³³nao³¹tsʅ⁴⁴	娘儿俩	鹅崽儿	ŋao³¹tsɤ⁴⁴•nɤ⁵	小鹅儿

4. 部分来源不明的词语

理家坪土话中，有部分本字不明，来源不明的词语，或许是来自古汉语，也可能是土话底层，还可能是源自周边民族语言。如 "□ [la¹³]（胖）、□□ [u⁴¹i¹³]（螃蟹）、□□ [uaŋ⁴¹•ki¹]（东西）、食□□ [ŋuo⁴¹ɕiu¹³]（中餐到晚餐之间的点心）"

（二）理家坪土话本字考

1. 眼

理家坪土话中表示 "看" 义的词念 [ȵiɤ¹³] 或者 [ȵiɛ¹³]，"看病" 说 "□病 [ȵiɤ¹³piɯ⁴¹]"，"看八字算命" 说 "□八字 [ȵiɤ¹³pi¹³•tsʅ⁴]"，"看得起" 说 "□得起 [ȵiɤ¹³•tɤ⁴sʅ⁴⁴]"。"□ [ȵiɤ¹³]" 的本字应该是 "眼"。理家坪土话中，[ȵ] 声母来自泥、日、疑母，[iɤ]、[iɛ] 韵母部分来自咸、山摄，表示 "眼睛、眼泪" 的 "眼" 念 [ȵiɤ³³] 或者 [ɤ³³]，表示 "看" 义的□ [ȵiɤ¹³] 或者 □ [ȵiɛ¹³] 与 "眼" 声韵基本相合。"眼" 本义为名词，引伸出 "看" 的动作义，这样的用法典籍中可见，汉扬雄《法言·重黎》"或问：'子胥、种、蠡孰贤？'曰：'胥也，俾吴作乱，破楚入郢，鞭尸，藉馆，皆不由德。谋越谏齐，不式，不能去，卒眼之。'"金王世赏《立春后十日登楼》"今日凳楼眼，风烟倍觉新。溪梅初破萼，屋雪半融银。"除了 "眼" 以外，古籍中其他表示感官的词语 "耳、口、鼻" 等都有引申表示相关动作义的用法，如马王堆汉墓帛书《战国纵横家书》："臣恃之诏，是故无不以口齐王而得用焉。"太平天国洪仁轩《英杰归真》："变我华人，口其言语，家其伦类。"《韩非子·外储说左上》："君其耳而未之目邪？"宋朝欧阳修《赠潘景温曳》："通宵耳高论，饮恨知何涯。"清朝李渔《闲情偶寄·种植下·草本》："可鼻则有荷叶之清香，荷花之异馥。"名词引伸出相关的动作义这是汉语词义发展的一个重要途径。至于声调上的不同，这在汉语发展史上也是屡见不鲜了，在此不一一列举。

2. 儿

理家坪土话中有大量的以 [•nɤ] 为语音形式的词缀，其总是附着在某词根语素的后头构成名词，声调总是以轻声形式出现，调值不固定，轻声调值请参第二章第八节。如"星□[ɕiu⁴⁵²•nɤ²]（星星）、云□[yi³¹•nɤ³]（云）、沙□[su⁴⁵²•nɤ²]（沙子）、砖□[tɕyẽ⁴⁵²•nɤ²]（砖）、谷□[kuo¹³•nɤ⁴]（稻谷）、树□[ɕio⁴¹•nɤ¹]（树）、围□[ua³¹•nɤ³]（院子）、推□[t'uo⁴⁵²•nɤ²]（推子）、瘸□[pi⁴⁴•nɤ⁵]（瘸子）、聋□[liɛ³¹•nɤ³]（聋子）"

□[nɤ]的本字就是"儿"。

理家坪土话中的词缀"□[•nɤ]"在功能上与普通话的"子"尾、儿化相似，一是具有成词功能，有些语素如果不加"□[•nɤ]"就失去单独成词的能力，如"沙、豆"等；二是有表小称或者喜爱之意，如"猪、牛、马、羊"等不能加词缀"□[•nɤ]"，而小的"猪、牛、马、羊"就需要加词缀"□[•nɤ]"，要说"猪崽□[•nɤ⁴]、牛崽□[•nɤ⁴]、马崽□[•nɤ⁴]、羊崽□[•nɤ]"；三是具有改变词性的功能，如"盖、推、围"为动词，加上后缀"□[•nɤ]"后就变成相关名词。

"儿"和"子"做名词词缀现象都是古已有之："紫丝飞凤子，结缕坐花儿。"（南北朝•沈约《领边绣》）"细雨鱼儿出，微风燕子斜。"（唐•杜甫《水槛遣心》）"龄石使舅卧于听事一头，剪纸方一寸，帖著舅枕，自以刀子悬掷之，相去八九尺，百掷百中。"（《宋书•朱龄石传》）"相公且子细，秀才子口头言语，岂可便信？"（宋罗大经《鹤林玉露》卷十）在汉语普通话及其他汉语方言中"儿、子"做名词词缀现象普遍存在，在此不再赘述。

那么□[•nɤ]的本字究竟是"儿"还是"子"呢？

"儿、子"都是止摄开口三等字，止摄开口三等字在今理家坪土话中韵母主要有[a]、[i]、[ɿ]、[ɤ]、[iɤ]、[u]、[iɛ]、[iu]几种，读[ɤ]、[iɤ]的有"霉、翅、痣、二、耳"五个，其中日母字读[ɤ]、[iɤ]的有"二、耳"两字，其余分别是"明、船、章"母，当中没有精组字。

再来看声母，"儿"为日母字，除"儿"外，日母字在今理家坪土话中主要读[Ø]、[n]、[ȵ]声母，读[n]、[ȵ]声母的区别在于韵母的洪细，日母读[n]、[ȵ]声母的字有"二、日、热、揉、软、让、耳"。

"子"为精母字，除"子"外，精母字在今理家坪土话中主要读[ts]、[tɕ]、[k]声母，没有读鼻音声母的。

因此我们认为，□[•nɤ]与日母支韵开口三等的"儿"字的音韵地位符合，而与"子"的声母不符合。因此，我们认为□[•nɤ]的本字为日母支韵开口三等的"儿"。

　　3. 奉 [pie⁴¹]

　　理家坪土话中表示被动和处置的介词发音相同，都是 [pie⁴¹]。我们认为两种用法的" □ [pie⁴¹]"当为同一个词，其本字为" 奉 "。

　　表主动、被动的介词同形，这在汉语普通话及方言中不少见，如普通话中" 给 "既能表主动又能表被动："脸是有了，饭碗却给砸了。"（王朔《千万别把我当人》）" 石静笑着说：' 没你那样的，骑着人开，按少数民族脾气早给你下油锅了。'"（王朔《永失我爱》）北京话中的" 让、给 "（刘云，2006），鄂东方言的" 把 "（汪化云，郭水泉 1988），赣语上高话中的" 畀 "（罗荣华，2014），涟源方言的" 拿 "（吴宝安，邓葵 2006）等。

　　从理家坪土话语音演变的一般规律来看，" □ [pie⁴¹]"声母当来自古浊上、浊去或者入声帮、并、非、奉母，韵母为臻、曾、梗、通摄舒声字。我们认为其本字当为" 奉 "字。奉，《广韵》扶拢切，奉母上声，本义为动词捧着。" 进盥，少者奉盘，长者奉水，请沃盥，盥卒授巾。"（《礼记·内则》）理家坪土话中同是通摄合口三等的" 蜂 "读音为 [p'ie⁴⁵²]、" 重 ~量 "的读音为 [tɕ'ie³³]，理家坪土话中有轻唇读重唇，通合三读 [ie] 韵母，浊上读阳去的现象，" 奉 "读 [pie⁴¹] 音韵符合。汉语中的介词大多由动词虚化而来，很多学者对此有过讨论，理家坪土话中的" 奉 "本义为" 捧着 "，引伸出" 进献 "之义，再进一步发展出" 给予、赠与 "" 供应 "" 接受、接到 "等义。由动词" 给予、接受 "等义虚化出介词" 表处置、表被动 "等义，这是汉语普通话及各方言中" 表处置、表被动 "的介词产生的共同的途径。

　　常见的表处置和被动的介词" 把 "和" 被 "，分别为假摄麻韵、止摄支韵的字，这两摄在理家坪土话中主要元音分别为 [u] 和 [a]，其音韵地位不符合。

　　4. 肚 [lu⁴¹]

　　理家坪土话中人和动物的肠子等内脏统称为" 肚腹□□ [tuo³³pu⁴³lu⁴¹•ts'u¹]"，其中" □□ [lu⁴¹•ts'u¹]"即是" 肠子 "之意，如" □□ [t'æ⁴³lu⁴¹•ts'u¹]"是" 大肠 "之意。" □ [lu⁴¹]"的本字可能就是" 肚子 "的" 肚 "字。" 肚 "，遇合一姥韵，《广韵》，徒古切，腹部；当古切，用作食物的动物的胃，声母为" 端、定 "母。在理家坪土话中，人的胃、动物的胃，人的腹部、动物的腹部都叫" 肚儿 [tuo³³•nɤ³]"，" 肚 "的发音都源自定母的徒古切。在" 肚儿、肚腹 "中的" 肚 "发音为 [tuo³³]。□□ [lu⁴¹ts'u¹] 中的" □ [lu⁴¹]"本字为" 肚 "，这儿" 肚 "的发音声母为 [l]，定母字发成同部位的 [l] 声母，这一现象在理家坪土话、湘南其他土话及其他汉语方言中都存在，如"兄弟 [ɕiu⁴⁵²·li²]（理家坪土话）、袋队盗 [l]（江永桃川 参看鲍厚星 2006）、袋 [la³¹]（江永松柏 参看谢奇勇 2010）、停 [lin²]、糖 [lan²]（马迹塘 参看夏俐萍 2012）"等。遇合一韵母主要发 [uo] 或者 [u]，因此 [lu⁴³] 的本字为"肚"，其音韵地位也是相合的。

5. 工 [kiɛ⁴⁵²]

理家坪土话中，表示"天，一昼夜"这一时间概念时，说□ [kiɛ⁴⁵²]，"今天"说 [tsẽ⁴⁵²·ŋɤ²kiɛ⁴⁵²] 或者 [tsẽ⁴⁵²kiɛ⁴⁵²]，"后天"说 [xɤɯ³³kiɛ⁴⁵²]，"前一天"说 [tɤɯ³¹kiɛ⁴⁵²]。[kiɛ⁴⁵²] 的本字当是"工"。《说文》："工，巧饰也，像人有规矩也。"杨树达《积微居小学述林》："工盖器物之名也。""以字形考之，工像曲尺之形，盖工即曲尺也。"《广韵》工，古红切，平东见。理家坪土话中，通摄一等韵母主要读 [iɛ]，见母开口三、四等以外的字一般读 [k]，阴平调值为 [452]，□ [kiɛ⁴⁵²] 与"工"的读音相合。再看意义，"工"的本义为某种器物，本义逐渐引申，产生"工匠、工人"之义，进一步引申产生"一个工匠、工人或者普通劳动者一天的工作量"之义。这些意义在汉语共同语及多数方言中都有。在理家坪土话中，语义进一步由"一天的工作量"产生"一天的时间"之义。用"工"表示"一天的时间"，不仅理家坪土话这样，其他还有很多方言也如此，如建瓯、福州、厦门、萍乡、吉水、宁都、建宁等地，都可用"工"表示"一天的时间"。

二、理家坪土话分类词表

说明：

（1）本词汇表收入理家坪土话词语约 2500 条，不收理家坪官话词条。大体按照意义分为 30 类，前面 29 类按照方言调查词汇表分类，最后一类为地名类。

（2）每条词语先写出方言词，后面用国际音标转写读音。声调用五度制数值标记，有变调的音节，本调标在前，变调标在后，中间用短横连接；轻声音节在音节前加圆点"·"，音节后标记轻声调值，可轻可不轻的音节，在音节前加表示轻声的圆点，在音节后标记声调原调的调值。

（3）国际音标注音之后，注明相对应的普通话词语。

（4）同义词范围的词语排在一起，一般用得多的放在第一条，顶格排，其余的缩进一个字符分别另行排列，对应的普通话词语只在第一条后面注明。如：

米沙子　　　mi⁴⁴sa⁴⁵²•tsʅ² 雪珠子

　米头儿　mi⁴⁴²tɤɯ³¹•nɤ³

粒粒雪　la¹³la¹³ɕyi¹³

（5）词条注音时，若音标前加"～"且用方括号 [ ] 括起来，表示又音。如：

城门 ɕiu³¹[～ts'ẽ³¹]miε³¹ 城门

表示"城"字可读 [ɕiu³¹]，也可以读 [ts'ẽ³¹]。

（6）方框"□"表示有音无字，本字待考。

（一）天文

1. 日、月、星

日头　　　　　nɤ⁴¹•tɤɯ¹ 太阳

日头地格　　　nɤ⁴¹•tɤɯ¹ta⁴¹•kɤ¹ 太阳地儿

向阳　　　　　ɕiaŋ⁴³iaŋ³¹ 向阳

没向阳　　　　mɤ³³ɕiaŋ⁴³iaŋ³¹ 背阴

月亮　　　　　ui⁴¹liaŋ⁴³ 月亮

月亮底下　　　ui⁴¹liaŋ⁴³ti⁴⁴•ɸu⁵ 月亮地儿

星儿　　　　　ɕiu⁴⁵²•nɤ² 星星

北斗星　　　　pɤ¹³tɤɯ⁴⁴ɕi⁴⁵² 北斗星

银河　　　　　ŋi³¹xi⁴⁵² 银河

流星儿　　　　liɤɯ³¹ɕiu⁴⁵²•nɤ 流星

2. 风、云、雷、雨

风　　　　　　ɸyε⁴⁵² 风

大风　　　　　t'æ⁴³ɸyε⁴⁵² 大风

乌风　　　　　u¹³ɸyε⁴⁵² 狂风

台风　　　　　ti³¹ɸyε⁴⁵² 台风

小风　　　　　ɕio³³ɸyε⁴⁵² 小风

旋旋风　　　　tɕyẽ⁴¹tɕyẽ⁴¹ɸyε⁴⁵² 旋风

顶风　　　　　tiu⁴⁴ɸyε⁴⁵² 顶风

顺风　　　　　ɕyi⁴¹ɸyε⁴⁵² 顺风

对面风　　　　tuo⁴³miε⁴¹⁻⁴³ɸyε⁴⁵² 对面风

刮风　　　　　kui¹³ɸyε⁴⁵² 刮风

风停吧咧　　　ɸyε⁴⁵²t'iŋ³¹•pa³•liε³ 风停了

　没吹风咧　mɤ³³ts'ua⁴⁵²ɸyε⁴⁵²•liε² 没吹风咧

云儿　　　　　yi³¹•nɤ³ 云

黑云儿　　　　xɤ¹³yi³¹•nɤ³ 黑云

雷公　　　　　luo³¹•kiε³ 雷

打雷公　　　　ta⁴⁴luo³¹•kiε³ 打雷

打雷　　　　　ta⁴⁴luo³¹

雷公打　　　　luo³¹•kiε³ ta⁴⁴ 雷打

雷打　　　　　luo³¹ta⁴⁴

雷公打吧咧　　luo³¹•kiε³ ta⁴⁴•pa⁵•liε⁵ 雷打了

雷公屎　　　　luo³¹•kiε³sʅ⁴⁴ 雷公菌

刮虫　　　　　kui¹³li³¹ 打闪

雨　　　　　　u³³ 雨

落雨（咧）　　lao⁴¹u³³（•liε³）下雨（了）

滴点格子　　　tia¹³tẽ⁴⁴•kɤ⁵•tɤ⁵ 掉点（了）

雨点儿　　　　u³³tẽ⁴⁴•nɤ⁵ 雨点儿

雨水　　　　　u³³ɕya⁴⁴ 雨水

小雨　　　　　ɕio³³u³³ 小雨

毛毛雨　　　　mia³¹•mia³u³³ 毛毛雨

大雨　　　　　t'æ⁴³u³³ 大雨

暴雨	pia⁴¹u³³	暴雨
连扯雨	lẽ³¹tɕʻiu⁴⁴u³³	连阴雨
雷公雨	luo³¹kiɛ⁴⁵²u³³	雷阵雨
雨停吧咧	u³³tʻiŋ³¹•pa³•liɛ³	雨停了
没落雨咧	mɤ³³lao⁴¹u³³•liɛ³	
虹	koŋ³¹	虹
浧雨	tɕyi³³[～tɕʻyi³³]u³³	淋雨
淋雨	li³¹u³³	淋雨
躲雨	tuo⁴⁴u³³	躲雨

3. 冰、雪、霜、露

冰	piɤɯ⁴⁵²	冰
雹	pʻiɤɯ⁴³	雹子
雪	ɕyi¹³	雪
落雪	lao⁴¹ɕyi¹³	下雪
棉毛雪	pɤ³¹mia³¹ɕyi¹³	鹅毛雪
棉子雪	pɤ³¹•tɤ³ɕyi¹³	
米沙子	mi⁴⁴sa⁴⁵²•tʂ²	雪珠子
米头儿	mi⁴⁴²tɤɯ³¹•nɤ³	
粒粒雪	la¹³la¹³ɕyi¹³	
雨夹雪	u³³ku³³[～ki³³]ɕyi¹³	雨夹雪
烊雪	iaŋ³¹ɕyi¹³	化雪
雪烊吧咧	ɕyi¹³iaŋ³¹•pa³•liɛ³	
露水	luo⁴¹sua⁴⁴[～ɕya⁴⁴]	露
下露	ɸu³³luo⁴¹	（晚上夜深时）开始下露
起露水	sɿ⁴⁴luo⁴¹sua⁴⁴	露天的东西上有露水
霜	soŋ⁴⁵²	霜
打霜	tu⁴⁴soŋ⁴⁵²	下霜
雾	u⁴¹	雾
下雾	ɸu³³u⁴¹	下雾

4. 气候

天色	tʻẽ⁴⁵²•sɤ²	天气
天气	tʻẽ⁴⁵²tsʻɿ⁴³	
晴天	tɕʻiu³¹tʻẽ⁴⁵²	晴天
阴天	i⁴⁵²tʻẽ⁴⁵²	阴天
天气热	tʻẽ⁴⁵²tsʻɿ⁴³nɤ⁴¹	天气热
天气□冷	tʻẽ⁴⁵²tsʻɿ⁴³kiɛ³³	天气冷
伏子天	ɸu⁴¹•tsɿ²tʻẽ⁴⁵²	伏天
伏天	ɸu⁴¹tʻẽ⁴⁵²	
入伏	ŋ⁴¹ɸu⁴¹	入伏
初伏	tsʻuo⁴⁵²ɸu⁴¹	初伏
中间伏	tɕian⁴⁵²ɕi⁴⁵²ɸu⁴¹	中伏
尾公伏	ma³³•kiɛ³ɸu⁴¹	末伏
天干	tʻẽ⁴⁵²xẽ⁴⁵²	天旱

（二）地理

1. 地

平当牯	piɤɯ³¹tuo⁴³•kuo³	平原
干地	xẽ⁴⁵²ta⁴¹	旱地
水田	sua⁴⁴[～ɕya⁴⁴]tẽ³¹	水田
菜地	tɕʻi⁴³ta⁴¹	菜地
厢	ɕiaŋ⁴⁵²	畦
荒地	xoŋ⁴⁵²ta⁴¹	荒地
沙儿地	su⁴⁵²•nɤ²ta⁴¹	沙土地
陡地	tɤɯ⁴⁴ta⁴¹	坡地
盐碱地	ŋẽ³¹tɕiɛ⁴⁴ta⁴¹	盐碱地
山地	sẽ⁴⁵²ta⁴¹	山地
岭地	liu³³ta⁴¹	

2. 山

山	sẽ⁴⁵²	山
岭	liu³³	
山□□	sẽ⁴⁵²puo⁴³•puo⁴	山峰
岭□□	liu³³puo⁴³•puo⁴	

山腰	sẽ⁴⁵²iɤɯ⁴⁵²	山腰
山脚	sẽ⁴⁵²tɕiɤɯ¹³	山脚
岭脚	liu³³tɕiɤɯ¹³	
山坳儿	sẽ⁴⁵²ŋia⁴³•nɤ⁴	山坳
山口牯	sẽ⁴⁵²tɕʻia³¹•kuo³	山谷
山坡儿	sẽ⁴⁵²pʻia⁴⁵²•nɤ²	山坡
山顶儿	sẽ⁴⁵²tiu⁴⁴•nɤ⁵	山顶
岭顶儿	liu³³tiu⁴⁴•nɤ⁵	

3. 江、河、湖、海、水

河	xi⁴⁵²	河
河腹	xi⁴⁵²•pu²	河里
水渠牯	ɕya⁴⁴tɕyi³¹•kuo³	水渠
小水渠牯	ɕio³³ɕya⁴⁴tɕyi³¹•kuo³	小水沟
湖	xuo³¹	湖
塘	toŋ³¹	水塘
水塘	ɕya⁴⁴toŋ³¹	
水穴牯	ɕya⁴⁴xua¹³•kuo⁴	水坑
穴牯	xua¹³•kuo⁴	坑
洞牯	tie⁴¹•kuo¹	
海	xɤ⁴⁴	海
河岸上	xi⁴⁵²xiɛ⁴³ɕiaŋ³³	河岸
坝	pa⁴³	堤坝
堤	ti³¹	
洲儿	tɕiɤɯ⁴⁵²•nɤ²	洲
河滩牯	xi⁴⁵²tie³¹•kuo³	河滩
眼牯	iẽ⁴⁴•ku⁵	窟窿
水	sua⁴⁴	水
清水	tɕʻiu⁴⁵²sua⁴⁴	清水
浑水	ɸyɛ³¹ɕya⁴⁴	浑水
雨水	u³³ɕya⁴⁴	雨水
洪水	xoŋ³¹sua⁴⁴	洪水
涨大水	tɕiaŋ⁴⁴tʻæ⁴³sua⁴⁴	发大水

发大水	ɸyɛ¹³tʻæ⁴³sua⁴⁴	
浸	tsʻa⁴¹	淹
浸着吧咧	tsʻa⁴¹•tsʅ¹•pa³•liɛ³	
凉水	liaŋ³¹sua⁴⁴	凉水
冷水	lu³³sua⁴⁴	
沸水	pa¹³sua⁴⁴	热水
温热水	yɛ⁴⁵²nɤ⁴¹sua⁴⁴	温水
沸水	pa⁴³sua⁴⁴	开水

4. 石沙、土块、矿物

石牯	ɕiu⁴¹•kua¹	石头
大石牯	tʻæ⁴³ɕiu⁴¹•kua¹	大石块
小石牯	ɕio³³ɕiu⁴¹•kua¹	小石块
石板	ɕiu⁴¹pẽ⁴⁴	石板
鹅卵石	ŋao³¹loŋ³³ɕiu⁴¹	鹅卵石
沙儿	su⁴⁵²•nɤ²	沙子
沙儿土	su⁴⁵²•nɤ²tʻuo⁴⁴	沙土
沙滩牯	su⁴⁵²tie³¹•kuo³	沙滩
土坯儿	tʻuo⁴⁴pʻɤ⁴⁵²•nɤ²	土坯
砖坯儿	tɕyẽ⁴⁵²pʻɤ⁴⁵²•nɤ²	砖坯
砖儿	tɕyẽ⁴⁵²•nɤ²	砖
土砖儿	tʻuo⁴⁴tɕyẽ⁴⁵²•nɤ²	泥砖
瓦	mu³³	瓦
烂瓦	lẽ⁴¹mu³³	碎瓦
断瓦	toŋ³³mu³³	
灰尘	xuo⁴⁵²tɕʻiɛ³¹⁻⁵⁵[～ɕiɛ³¹⁻³³]	灰尘
泻泥巴	ɕiu⁴³n̩i³¹•pa³	烂泥
滑儿泥	ui¹³•nɤ⁴n̩i³¹	
烂泥	lẽ⁴¹n̩i³¹	
泥土	n̩i³¹tʻuo⁴⁴	泥土
金	tɕi⁴⁵²	金
银	ŋi³¹	银
铜	tie³¹	铜

铁　　　　t'i¹³ 铁

锡　　　　ɕiu¹³ 锡

煤　　　　mɤ³¹ 煤

煤油　　　mɤ³¹iɤɯ³¹ 煤油

汽油　　　ts'ŋ³³iɤɯ³¹ 汽油

石灰　　　ɕiu⁴¹xuo⁴⁵² 石灰

水泥　　　sua⁴⁴n̠i³¹ 水泥

玉　　　　yi¹³ 玉

木头炭　　ŋ⁴¹•tɤɯ¹t'ẽ⁴³ 木炭

5. 城、乡、处、所

当牯　　　tuo⁴³•kuo⁴ 地方

城市　　　ts'ẽ³¹•sŋ³ 城市

壕沟　　　xia³¹kɤɯ⁴⁵² 壕沟

城腹　　　ɕiu³¹•pu³ 城内

　城市腹　ts'ẽ³¹•sŋ³•pu³

城门后　　ɕiu³¹miɛ³¹•xɤɯ³ 城外

　城市门后 ts'ẽ³¹•sŋ³miɛ³¹•xɤɯ³

城门　　　ɕiu³¹[～ ts'ẽ³¹]miɛ³¹ 城门

乡腹　　　ɕiaŋ⁴⁵²•pu² 乡村

山角儿　　sẽ⁴⁵²kiɤɯ¹³•nɤ⁴ 山沟

家乡　　　ku⁴⁵²•ɕiaŋ² 家乡

闹子　　　nao⁴³•tsŋ⁴ 集市

街　　　　ki⁴⁵² 街道

路　　　　luo⁴¹ 路

大路　　　t'æ⁴³luo⁴¹ 大路

小路　　　ɕio³³luo⁴¹ 小路

走路　　　tsɤɯ⁴⁴luo⁴¹ 走路

（三）时令、时间

1. 季节

春天　　　tɕ'yi⁴⁵²t'ẽ⁴⁵² 春天

　春月天 tɕ'yi⁴⁵²ui⁴¹t'ẽ⁴⁵²

春上天　tɕ'yi⁴⁵²iaŋ³³t'ẽ⁴⁵²

夏天　　　ɸu⁴¹t'ẽ⁴⁵² 夏天

　热天　　nɤ⁴¹t'ẽ⁴⁵²

秋天　　　tɕ'iɤɯ⁴⁵²t'ẽ⁴⁵² 秋天

冬月天　tiɛ⁴⁵²ui⁴¹t'ẽ⁴⁵² 冬天

　冬天　　tiɛ⁴⁵²t'ẽ⁴⁵²

立春　　　la⁴³tɕ'yi⁴⁵² 立春

雨水　　　u³³ɕya⁴⁴ 雨水

惊蛰　　　tɕiu⁴⁵²•tsŋ² 惊蛰

春分　　　tɕ'yi⁴⁵²ɸyɛ⁴⁵² 春分

清明　　　tɕ'iu⁴⁵²⁻⁴⁴•mi⁵ 清明

谷雨　　　kuo¹³u³³ 谷雨

立夏　　　la⁴³ɸu⁴¹ 立夏

芒种　　　moŋ⁴¹tɕiaŋ⁴³⁻¹³ 芒种

夏至　　　ɸu⁴¹[～ ɕia¹³]•tsŋ¹ 夏至

立秋　　　la⁴³tɕ'iɤɯ⁴⁵² 立秋

处暑　　　tɕ'io⁴¹•tɕ'io¹[～ tɕ'yi¹³•tɕ'yi⁴] 处暑

白露　　　pu⁴¹luo⁴¹ 白露

秋分　　　tɕ'iɤɯ⁴⁵²⁻³¹ɸyɛ⁴⁵² 秋分

寒露　　　xoŋ³¹⁻⁴¹luo⁴¹⁻¹³ 寒露

霜降　　　soŋ⁴⁵²ki⁴³⁻⁵⁵ 霜降

立冬　　　la⁴³tiɛ⁴⁵² 立冬

小雪　　　ɕio³³ɕyi¹³ 小雪

大雪　　　t'æ⁴³ɕyi¹³ 大雪

冬至　　　tiɛ⁴⁵²•sŋ² 冬至

小寒　　　ɕio³³xoŋ³¹ 小寒

历书　　　liu⁴¹ɕio⁴⁵² 历书

阴历　　　i⁴⁵²li⁴¹ 农历

阳历　　　iaŋ³¹li⁴¹ 公历

2. 节日

过年　　　ku⁴³nẽ³¹ 除夕

大年初一　tu⁴¹nẽ³¹ts'uo⁴⁵²i¹³ 大年初一

拜年　pi⁴³nẽ³¹ 拜年

元宵节　uẽ³¹•sʅ³•tɕi³ 元宵节

端午节　taŋ⁴⁵²u³³•tɕi³ 端午节

中秋节　tɕiaŋ⁴⁵²⁻⁴⁴•sʅ⁵•tɕi³ 中秋节

七月半　ts'a¹³ui⁴¹⁻⁵⁵poŋ⁴³ 中元节

重阳节　tɕiaŋ³¹iaŋ³¹•tɕi³ 重阳节

3. 年

今年　tsʅ⁴⁵²⁻⁴⁴nẽ³¹⁻⁵⁵ 今年

旧年　tɕiɤɯ⁴¹nẽ³¹ 去年

明年　nu³¹⁻⁴¹nẽ³¹⁻¹³ 明年

前年　ts'ẽ³¹⁻⁴¹nẽ³¹⁻¹³ 前年

向前年　ɕiaŋ⁴³ts'ẽ³¹⁻⁴¹nẽ³¹⁻¹³ 大前年

□年　na³³nẽ³¹ 往年

后年　xɤɯ³³nẽ³¹ 后年

大后年　tu³³xɤɯ³³nẽ³¹ 大后年

□年　iɛ³³nẽ³¹⁻⁴¹ 每年

年初子　nẽ³¹ts'uo⁴⁵²•tsʅ² 年初

年头儿　nẽ³¹tɤɯ³¹•nɤ³

年中间　nẽ³¹tɕiaŋ⁴⁵²⁻⁴⁴•ɕi⁵ 年中

年尾公　nẽ³³ma³³•kiɛ³ 年底

上半年　ɕiaŋ⁴¹poŋ⁴³nẽ³¹ 上半年

下半年　ɸu³³poŋ⁴³nẽ³¹ 下半年

一年　i³³nẽ³¹⁻⁴¹ 整年

4. 月

月小　ui⁴¹ɕio³³ 小建

月大　ui⁴¹t'æ⁴³ 大建

下个月　ɸu³³•kɤ³ui⁴¹ 下个月

每个月　mei⁴⁴•kɤ³ui⁴¹ 每月

正月　tɕiu⁴⁵²ui⁴¹ 正月

十二月　ɕiaŋ⁴¹ui⁴¹[～ɕiɤ¹³nɤ⁴¹ui⁴¹] 腊月

闰格月　yi⁴³•kɤ⁴ui⁴¹ 闰月

闰月　yi⁴³ui⁴¹

月半　ui⁴¹poŋ⁴³ 月半

月底　ui⁴¹ti⁴⁴ 月底

一个月　i³³kɤ⁴¹ui⁴¹ 一个月

头个月　tɤɯ³¹•kɤ³ui⁴¹ 前个月

上个月　ɕiaŋ⁴¹•kɤ¹ui⁴¹ 上个月

咯个月　kɤ⁴³•kɤ⁴ui⁴¹ 这个月

下个月　ɸu³³•kɤ³ui⁴¹ 下个月

5. 日、时

今儿工　tsẽ⁴⁵²•ŋɤ²kiɛ⁴⁵² 今天

今工　tsẽ⁴⁵²kiɛ⁴⁵²

昨□　ts'æ⁴¹io¹³ 昨天

天光　t'oŋ⁴⁵²⁻⁴¹koŋ⁴⁵²⁻¹³ 明天

后晡儿工　xoŋ³¹pu⁴⁵²•nɤ²kiɛ⁴⁵² 后天

后晡　xoŋ³¹pu⁴⁵²

后工　xɤɯ³³kiɛ⁴⁵²

大后晡儿工　tu⁴³[～t'æ⁴³]xoŋ³¹pu⁴⁵²•nɤ²kiɛ⁴⁵² 大后天

向后晡儿工　ɕiaŋ⁴³xoŋ³¹pu⁴⁵²•nɤ²kiɛ⁴⁵²

大后工　tu⁴³[～t'æ⁴³]xɤɯ³³kiɛ⁴⁵²

向后工　ɕiaŋ⁴³xɤɯ³³kiɛ⁴⁵²

大后晡　u⁴³[～t'æ⁴³]xoŋ³¹pu⁴⁵²

向后晡　ɕiaŋ⁴³xoŋ³¹pu⁴⁵²

前晡儿工　ts'ẽ³¹pu⁴⁵²•nɤ²kiɛ⁴⁵² 前天（昨天的前一天）

头工　tɤɯ³¹kiɛ⁴⁵² 前一天

大前晡儿工　tu⁴³[～t'æ⁴³]ts'ẽ³¹pu⁴⁵²•nɤ²kiɛ⁴⁵² 大前天

向前晡儿工　ɕiaŋ⁴³ts'ẽ³¹pu⁴⁵²•nɤ²kiɛ⁴⁵²

头几工　tɤɯ³¹tsʅ⁴⁴kiɛ⁴⁵² 前几天

整工　tsẽ⁴⁴kiɛ⁴⁵² 整天

一天	i³³kiɛ⁴⁵²		秋收	tɕʻiɤɯ⁴⁵²ɕiɤɯ⁴⁵² 秋收
每工	mei⁴⁴kiɛ⁴⁵² 每天		早秋	tɕia⁴⁴tɕʻiɤɯ⁴⁵² 早秋
十几工	ɕiɤ⁴¹tsɿ⁴⁴kiɛ⁴⁵² 十几天		迟秋	tsɿ³¹tɕʻiɤɯ⁴⁵² 晚秋
早晨	tɕia⁴⁴•sɿ⁵ 上午		整地	tɕiu⁴⁴ta⁴¹ 整地
晡儿	pu⁴⁵²•nɤ²[～•na²] 下午		下种	ɸu³³tɕi⁴⁴ 下种
半工	poŋ⁴³kiɛ⁴⁵² 半天		莳秧	ɕiɤ⁴³iaŋ⁴⁵² 插秧
大半工	tu⁴³[～tʻæ⁴³]poŋ⁴³kiɛ⁴⁵² 大半天		莳田	ɕiɤ⁴³tẽ³¹
清早晨	tɕʻiu⁴⁵²tɕia⁴⁴⁻³³•sɿ³ 清晨		薅草	xia⁴⁵²tɕʻia⁴⁴ 薅草
正晡儿	tɕiu⁴⁵²pu⁴⁵²•nɤ²[～•na²] 中午		谷儿爪	kuo¹³•nɤ⁴tsua⁴⁴[～tɕʻya⁴⁴] 稻穗
白工	pu⁴¹kiɛ⁴⁵² 白天		禾爪儿	u³¹tɕʻya⁴⁴•nɤ⁵
白儿	piɛ⁴¹•nɤ¹		割禾	kɤ¹³u³¹ 割稻子
□□儿	ŋu⁴¹ɕiu¹³•na⁴ 黄昏		割小麦	kɤ¹³ɕiɤɯ⁴⁴•mu⁵ 割麦
黑□□	xɤ¹³•tɤ⁴•mẽ⁴		锄草	tsʻuo³¹tɕʻia⁴⁴ 锄地
黑夜	xɤ¹³iu⁴³⁻⁴⁴ 夜晚		松土	xoŋ⁴⁵²tʻuo⁴⁴ 松土
半夜	poŋ⁴³iu⁴³ 半夜		下肥	ɸu³³ɸui³¹ 施肥
上半夜	ɕiaŋ⁴¹poŋ⁴³iu⁴³ 上半夜		肥	ua⁴¹ 粪
下半夜	ɸu³³poŋ⁴³iu⁴³ 下半夜		□	ka⁴⁴
每工黑夜	mei⁴⁴kiɛ⁴⁵²xɤ¹³iu⁴³⁻⁴⁴ 每天晚上		浇□	tɕiɤɯ⁴⁵²ka⁴⁴ 浇粪
□工黑夜	iɛ³³kiɛ⁴⁵²xɤ¹³iu⁴³⁻⁴⁴		浇肥	tɕiɤɯ⁴⁵²xua³¹
工工黑夜	kiɛ⁴⁵²kiɛ⁴⁵²xɤ¹³u⁴³⁻⁴⁴		浇大肥	tɕiɤɯ⁴⁵²tu⁴³ua⁴¹

6. 其他时间概念

年份	nẽ³¹ɸyɛ⁴¹ 年份		肥洞牯	xua¹³•tiɛ⁴kuo⁴ 粪坑
月份	ui⁴¹ɸyɛ⁴¹ 月份		□洞牯	ka⁴⁴•tiɛ⁴•kuo⁴
日子	ŋ⁴¹•tsɿ¹ 日子		捡肥	tɕʻi⁴⁴ua⁴¹ 拾粪
先头	sẽ⁴⁵²tɤɯ³¹ 先前		捡狗屎	tɕʻi³³kɤɯ⁴⁴sɿ⁴⁴
背来	pɤ⁴¹⁻⁴³la³¹ 后来		肥肥	ua⁴¹xua¹³ 粪肥
现在	xæ⁴³•ti³ 现在		浇水	kiɤɯ⁴⁵²sua⁴⁴ 浇水

（四）农业

			灌水	koŋ⁴³ɕya⁴⁴ 灌水
			排水	pi³¹sua⁴⁴ 排水
			放水	poŋ⁴³sua⁴⁴

1. 农事

春耕	tɕʻyi⁴⁵²kiɛ⁴⁵² 春耕		打水	tu⁴⁴[～ta⁴⁴]sua⁴⁴ 打水
			井穴	tɕiu⁴⁴xua¹³ 水井

2. 农具

水桶	sua⁴⁴t'iɛ⁴⁴ 水桶
井索儿	tɕiu⁴⁴sao¹³•nɤ⁴ 井绳
水车	sua⁴⁴tɕ'iu⁴⁵² 水车
大车	t'æ⁴³tɕ'iu⁴⁵² 大车
牛轭	ŋɤɯ³¹u⁴³ 牛轭
箍□头	ku⁴⁵²liɛ³¹•tɤɯ³ 牛笼嘴
牛□索	ŋɤɯ³¹kuẽ⁴⁴sao¹³ 牛鼻篓儿
犁	li³¹ 犁
犁身	li³¹ɕi⁴⁵² 犁身
犁把公	li³¹pu⁴³•kiɛ⁴ 犁把
耙	pu³¹ 耙子
刮耙	kui¹³pu⁴
风车	ɸyɛ⁴⁵²tɕ'iu⁴⁵² 风车
石牯碾	ɕiu⁴¹•kua¹nẽ⁴⁴ 石碾
磨儿	mao⁴¹•nɤ¹ 石磨
石牯磨儿	ɕiu⁴¹•kua¹mao⁴¹•nɤ¹
磨盘儿	mao⁴¹poŋ³¹•nɤ³ 磨盘
磨把公	mao⁴¹pu⁴³•kiɛ⁴ 磨把儿
磨心儿	mao⁴¹xi⁴⁵²•nɤ² 磨脐儿
筛儿	xi⁴⁵²•nɤ² 筛子
米筛	mi³³ɕi⁴⁵² 细眼筛子
锄头	ts'uo³¹•tɤɯ³ 锄
□□棒棒	xa⁴⁴•tɕ'i⁵pã¹³•pã⁴ 连枷
碓	tuo⁴³ 碓
镰刀	li³¹[～lẽ³¹]tia⁴⁵² 镰刀
斫刀	tao³³tia⁴⁵² 砍刀
樵刀	tɕ'iɤɯ³¹tia⁴⁵² 柴刀
簸箕	pao⁴³•tsʅ⁴ 簸箕
撮儿	ts'ao¹³•nɤ⁴ 撮箕
浣凝	uo⁴⁴•ts'ɤ⁵ 垃圾
笒	liɛ³¹ 笒

担□	toŋ⁴³•mɤ⁴ 扁担
荷担儿	uo⁴³tu⁴³•nɤ⁴ 挑担子
扫管	ɕia⁴³•koŋ⁴ 扫帚（高粱穗、黍子穗等绑成的）

（五）植物

1. 农作物

小麦	ɕiɤɯ⁴⁴•mu⁵ 麦
荞麦	tɕiɤɯ³¹•mu³[～•mɤ³] 荞麦
荞麦蔸儿	tɕiɤɯ³¹•mu³tɤɯ⁴⁵²•mɤ² 麦茬儿
谷儿	kuo¹³•nɤ⁴ 稻谷
玉米	ȵio⁴¹mi³³ 玉米
高粱	kiaŋ⁴⁵²⁻⁴⁴liaŋ³¹⁻⁵⁵ 高粱
禾	u³¹ 稻子
早禾	tɕia⁴⁴u³¹⁻⁵⁵ 早稻
迟禾	tsʅ³¹u³¹ 晚稻
稗儿	pi⁴¹•nɤ¹ 稗子
稗子	pi⁴¹•tɤ¹
□谷	mi¹³kuo¹³⁻³³ 秕子
米	mi³³ 米
糯米	nao⁴¹mi³³ 糯米
大米	t'æ⁴³mi³³ 大米
早禾米	tɕia⁴⁴u³¹⁻⁵⁵mi³³ 早米
迟禾米	tsʅ³¹u³¹mi³³ 晚米
糙米	tɕ'ia⁴³mi³³ 糙米
白米	pu⁴¹mi³³ 白米
棉子	pɤ³¹⁻⁴¹•tɤ¹ 棉花
棉子桃儿	pɤ³¹⁻⁴¹•tɤ¹tia³¹•nɤ³ 棉花桃儿
竺麻儿	ts'uo³³mɤ³¹•nɤ³ 麻秆
麻子	mu³¹•tɤ³ 脂麻（芝麻）
日头花	nɤ⁴¹•tɤɯ¹ɸu⁴⁵² 向日葵
日头花籽儿	nɤ⁴¹•tɤɯ¹ɸu⁴⁵²tsʅ⁴⁴•nɤ⁵

葵花子儿

日头花肉 nɤ⁴¹•tɤɯ¹ɸu⁴⁵²u⁴⁴ 葵花子仁

番薯 ɸuẽ⁴⁵²ɕio³³ 红薯

芋薯 u⁴³ɕio³³ 芋（植株）

芋薯 u⁴³ɕio³³ 芋头

藕 ŋɤɯ³³ 藕

2. 豆类、菜蔬

豆儿 tɤɯ⁴¹•nɤ¹ 豆子

黄豆 xoŋ³¹•tɤɯ³ 黄豆

绿豆 lio⁴¹•tɤɯ¹ 绿豆

黑豆儿 xɤ¹³tɤɯ⁴¹•nɤ¹ 黑豆

红豆儿 xiɛ³¹tɤɯ⁴¹•nɤ¹ 红豆子

冬豆 tiɛ⁴⁵²•tɤɯ² 豌豆

豆荚 tɤɯ⁴¹•kiɛ¹ 豇豆

蛾眉豆 ŋɤɯ³¹•mɤ³tɤɯ⁴¹⁻¹³ 扁豆

蚕豆 ts'ã³¹•tɤɯ³ 蚕豆

茄儿 tɕiɤɯ³¹•nɤ³ 茄子

黄瓜 xoŋ³¹•ku³ 黄瓜

菜瓜 tɕ'i⁴³•ku³ 菜瓜

□□ loŋ⁴¹•tsæ¹ 丝瓜

棱角□□ liu³¹kiɤɯ¹³loŋ⁴¹•tsæ¹ 丝瓜（有棱角）

苦瓜 xuo⁴⁴•ku⁵ 苦瓜

北瓜 pɤ¹³•ku⁴ 南瓜

冬瓜 tiɛ⁴⁵²⁻⁴⁴•ku⁵ 冬瓜

葫芦瓜 xuo³¹•luo³•ku³ 葫芦

葱 tɕ'iɛ⁴⁵² 葱

洋葱 iaŋ³¹tɕ'iɛ⁴⁵² 洋葱

葱叶儿 tɕ'iɛ⁴⁵²i⁴¹•nɤ¹ 葱叶

蒜 soŋ⁴³ 蒜

蒜头儿 soŋ⁴³tɤɯ³¹•nɤ³ 蒜头

蒜苗 soŋ⁴³miɤɯ³¹ 蒜苗

青蒜 tɕ'iu⁴⁵²soŋ⁴³ 青蒜

韭菜 tɕiɤɯ⁴⁴tɕ'i⁴³ 韭菜

苋菜 xẽ⁴¹tɕ'i⁴³ 苋菜

土豆 t'uo⁴⁴tɤɯ⁴¹ 土豆

姜 tɕiaŋ⁴⁵² 姜

辣子 li⁴¹•tɤ¹ 辣椒

辣子粉 li⁴¹•tɤ¹ɸyɛ⁴⁴ 辣椒面儿

芥菜 tɕ'iu¹³tɕ'i⁴³ 芥菜

胡椒 xuo³¹•tɕiɤɯ³ 胡椒

白菜 pu⁴¹tɕ'i⁴³ 白菜

洋白菜 iaŋ¹³pu⁴¹tɕ'i⁴³ 洋白菜

小白菜 ɕio³³pu⁴¹tɕ'i⁴³ 小白菜

生菜 sẽ⁴⁵²tɕ'i⁴³ 生菜

芹菜 k'iẽ³¹ts'æ⁴³ 芹菜

芫荽 yẽ³¹•ɕyi³ 香菜

萝卜 lao³¹•pu³ 萝卜

萝卜叶儿 ao³¹•pu³i⁴¹•nɤ¹ 萝卜缨儿

胡萝卜 ɸu³¹lao³¹•pu³ 胡萝卜

茭笋 kiɤɯ⁴⁵²•ɕyi² 茭白

油菜 iɤɯ³¹tɕ'i⁴³ 油菜

油菜苔儿 iɤɯ³¹tɕ'i⁴³tiu³¹•nɤ³ 油菜苔

油菜苔苔 iɤɯ³¹tɕ'i⁴³tæ³¹•tæ³

油菜□ iɤɯ³¹tɕ'i⁴³kua¹³ 油菜荚

油菜籽 iɤɯ³¹tɕ'i⁴³tsʅ⁴⁴ 油菜籽

蕨 kui¹³ 蕨菜

3. 树木

树儿 ɕio⁴¹•nɤ¹ 树

树儿苗 ɕio⁴¹•nɤ¹miɤɯ³¹ 树苗

树儿□儿 ɕio⁴¹•nɤ¹mɤ³³•nɤ³ 树干

树儿尖儿 ɕio⁴¹•nɤ¹tsẽ⁴⁵²•nɤ² 树梢

树儿根 ɕio⁴¹•nɤ¹kiɛ⁴⁵² 树根

树儿叶儿 ɕio⁴¹•nɤ¹i⁴¹•nɤ¹ 树叶

树儿桠儿 ɕio⁴¹•nɤ¹k'u⁴⁵²⁻⁴⁴•nɤ⁵ 树枝

种树儿 tɕiaŋ⁴³ɕio⁴¹•nɤ¹ 种树

斫树儿 tao³³ɕio⁴¹•nɤ¹ 砍树

枞树 tɕ'yi³¹ɕio⁴¹ 松树

  枞树叶儿 tɕ'yi³¹ɕio⁴¹i⁴¹•nɤ¹ 松针

鸡婆球儿 tsɿ⁴⁵²pu³¹tɕiɤɯ³¹•nɤ³ 松球

  枞树球球 tɕ'yi³¹ɕio⁴¹tɕ'iɤɯ³¹•tɕ'iɤɯ³

枞树浆 tɕ'yi³¹ɕio⁴¹tɕiaŋ⁴⁵² 松香

杉树 su⁴⁵²ɕio⁴¹ 杉树

杉树叶儿 su⁴⁵²ɕio⁴¹i⁴¹•nɤ¹ 杉针

桑叶树 soŋ⁴⁵²i⁴¹ɕio⁴¹ 桑树

桑树叶儿 soŋ⁴⁵²ɕio⁴¹i⁴¹•nɤ¹ 桑叶

槎条儿 ts'a³¹tiɤɯ³¹•nɤ³ 荆条

桐油树 tiɛ³¹iɤɯ³¹ɕio⁴¹ 桐油树

  油桐树 iɤɯ³¹tiɛ³¹ɕio⁴¹

桐子 tiɛ³¹•tɤ³[～tsɿ⁴⁴] 桐子

桐油 tiɛ³¹iɤɯ³¹ 桐油

苦楝树 xuo⁴⁴lɛ̃⁴³ɕio⁴¹ 苦楝树

竹 tsɤɯ¹³ 竹子

笋 ɕyi⁴⁴ 竹笋

冬笋 tiɛ⁴⁵²ɕyi⁴⁴ 冬笋

春笋 tɕ'yi⁴⁵²ɕyi⁴⁴ 春笋

笋叶儿 ɕyi⁴⁴i⁴¹•nɤ¹ 笋壳

  笋皮儿 ɕyi⁴⁴pa³¹•nɤ³

竹棍儿 tsɤɯ¹³kyɛ⁴³•nɤ⁴ 竹竿儿

  竹□儿 tsɤɯ¹³mɤ³³•nɤ³

竹叶儿 tsɤɯ¹³i⁴¹•nɤ¹ 竹叶儿

蔑片 mi⁴¹•p'a¹ 蔑片

黄蔑片 xoŋ³¹mi⁴¹•p'a¹ 蔑黄

青蔑片 tɕiu⁴⁵²mi⁴¹•p'a¹ 蔑青

4. 瓜果

桃儿 tia³¹•nɤ³ 桃

李儿 la³³•nɤ³ 李子

枣儿 tɕia⁴⁴•nɤ⁵ 枣儿

梨儿 la³¹•nɤ³ 梨

枇杷 pa³¹•pu³ 枇杷

椑儿 pa⁴¹•nɤ¹ 柿子

椑儿饼 pa⁴¹•nɤ¹piɤɯ⁴⁴ 柿饼

石榴 ɕiu⁴¹•li¹ 石榴

橘儿 kua¹³•nɤ⁴ 橘子

橙儿 ts'ẽ³¹•nɤ³ 橙子

板栗 pẽ⁴⁴•la⁵ 栗子

西瓜 ɕi⁴⁵²ku⁴⁵² 西瓜

瓜牯 ku⁴⁵²•kua² 瓜子儿

甜瓜 tẽ³¹ku⁴⁵² 甜瓜

慈菇 tsɿ³¹•kuo³ 荸荠

甘蔗 koŋ⁴⁵²⁻⁴⁴tɕio⁴⁵²⁻⁵⁵ 甘蔗

5. 花草、菌类

桂花 kui⁴³[～kua⁴³]ɸu⁴⁵² 桂花

菊花 kiɤɯ¹³ɸu⁴⁵² 菊花

梅花 mɤ³¹ɸu⁴⁵² 梅花

万年青 uẽ⁴¹nẽ³¹tɕ'iu⁴⁵² 万年青

花苞苞 ɸu⁴⁵²pɤɯ⁴⁵²pɤɯ⁴⁵² 花蕾

花心儿 ɸu⁴⁵²ɕi⁴⁵²•nɤ² 花蕊

香菌儿 ɕiaŋ⁴⁵²ki⁴³•nɤ⁴ 香菇

菌儿 ki⁴³•nɤ⁴ 蘑菇

冬菌儿 tiɛ⁴⁵²ki⁴³•nɤ⁴ 冬菇

青青皮 tɕ'iu⁴⁵²tɕ'iu⁴⁵²•pa² 青苔

（六）动物

1. 牲畜

公马 kiɛ⁴⁵²mu³³ 公马

  牯儿马 kuo⁴⁴•nɤ⁵mu³³

母马 mɤ³³mu³³ 母马

婆儿马	pu³¹•nɤ³mu³³		猪婆	tɕio⁴⁵²⁻⁴⁴pu³¹⁻⁵⁵
公牛	kiɛ⁴⁵²ŋɤɯ³¹ 公牛		猪崽儿	tɕio⁴⁵²tsɤ⁴⁴•nɤ⁵ 猪崽
牯儿牛	kuo⁴⁴•nɤ⁵ŋɤɯ³¹		阉猪	ŋẽ⁴⁵²tɕio⁴⁵² 阉猪(动宾)
阉牛	ŋẽ⁴⁵²ŋɤɯ³¹ 犍牛		兔儿	t'uo⁴³•nɤ⁴ 兔子
母牛	mɤ³³ŋɤɯ³¹ 母牛		鸡	tsɿ⁴⁵² 鸡
婆儿牛	pu³¹•nɤ³ŋɤɯ³¹		鸡公	tsɿ⁴⁵²kiɛ⁴⁵² 公鸡
黄牛	xoŋ³¹ŋɤɯ³¹ 黄牛		阉鸡	ŋẽ⁴⁵²tsɿ⁴⁵² 阉鸡(动作)
水牛	sua⁴⁴ŋɤɯ³¹ 水牛		阉鸡公	ŋẽ⁴⁵²tsɿ⁴⁵²kiɛ⁴⁵² 阉鸡(动物)
牛崽儿	ŋɤɯ³¹tsɤ⁴⁴•nɤ⁵ 牛犊		鸡婆	tsɿ⁴⁵²pu³¹ 母鸡
驴儿	luo³¹•nɤ³ 驴		菢鸡婆	pia⁴¹tsɿ⁴⁵²pu³¹ 抱窝鸡
公驴	kiɛ⁴⁵²luo³¹ 公驴		赖菢鸡婆	li⁴¹pia⁴¹tsɿ⁴⁵²pu³¹
母驴	mɤ³³luo³¹ 母驴		鸡□	tsɿ⁴⁵²lẽ³¹ 鸡娘(未下过蛋的母鸡)
羊	iaŋ³¹ 山羊			
公羊	kiɛ⁴⁵²iaŋ³¹ 公羊		鸡崽儿	tsɿ⁴⁵²tsɤ⁴⁴•nɤ⁵ 小鸡儿
母羊	mɤ³³iaŋ³¹ 母羊		崽儿鸡	tsɤ⁴⁴•nɤ⁵tsɿ⁴⁵²
羊崽儿	iaŋ³¹tsɤ⁴⁴•nɤ⁵ 羊羔		架儿鸡	ku⁴³•nɤ⁴tsɿ⁴⁵² 未成年的鸡
崽儿羊	tsɤ⁴⁴•nɤ⁵iaŋ³¹		鸡蛋	tsɿ⁴⁵²loŋ³³ 鸡蛋
狗	kɤɯ⁴⁴ 狗		屙蛋	u⁴⁵²loŋ³³ 下蛋
公狗	kiɛ⁴⁵²kɤɯ⁴⁴ 公狗		菢	pia⁴¹ 孵
牯儿狗	kuo⁴⁴•nɤ⁵kɤɯ⁴⁴		鸡冠儿	tsɿ⁴⁵²koŋ⁴⁵²•nɤ² 鸡冠
母狗	mɤ³³kɤɯ⁴⁴ 母狗		鸡爪儿	tsɿ⁴⁵²tsao⁴⁴•nɤ⁵ 鸡爪子
婆儿狗	pu³¹•nɤ³kɤɯ⁴⁴		鸭	u¹³ 鸭
小狗崽儿	çio³³kɤɯ⁴⁴tsɤ⁴⁴•nɤ⁵ 小狗儿		公鸭	kiɛ⁴⁵²u¹³ 公鸭
狗崽儿	kɤɯ⁴⁴tsɤ⁴⁴•nɤ⁵		母鸭	mɤ³³u¹³ 母鸭
咪吆	mi⁴⁵²•iao² 猫		鸭崽儿	u¹³tsɤ⁴⁴•nɤ⁵ 小鸭子
公咪吆	kiɛ⁴⁵²mi⁴⁵²•iao² 公猫		崽儿鸭	tsɤ⁴⁴•nɤ⁵u¹³
牯儿咪吆	kuo⁴⁴•nɤ⁵mi⁴⁵²•iao²		鸭蛋	u¹³loŋ³³ 鸭蛋
母咪吆	mɤ³³mi⁴⁵²•iao² 母猫		鹅	ŋao³¹ 鹅
婆儿咪吆	pu³¹•nɤ³mi⁴⁵²•iao²		鹅崽儿	ŋao³¹tsɤ⁴⁴•nɤ⁵ 鹅儿
公猪	kiɛ⁴⁵²tɕio⁴⁵² 公猪		崽儿鹅	tsɤ⁴⁴•nɤ⁵ŋao³¹
种猪	tɕi⁴⁴tɕio⁴⁵² 种猪		打生	tu⁴⁴sẽ⁴⁵² 鸡交配
母猪	mɤ³³tɕio⁴⁵² 母猪		发撩	ɸyɛ¹³lɤɯ³¹ 母猪发情

2. 鸟、兽

野□□	iu³³uaŋ⁴³•ki⁴	野兽
狮儿	sŋ⁴⁵²•nɤ²	狮子
老虎	luo³³xuo⁴⁴	老虎
母老虎	mɤ³³luo³³xuo⁴⁴	母老虎
猴儿	xɤɯ³¹•nɤ³	猴子
豹儿	piɤɯ⁴³•nɤ⁴	豹
黄鼠狼	xoŋ³¹sua⁴⁴loŋ³¹	黄鼠狼
老鼠	lia³³suo⁴⁴	老鼠
蛇	çiu³¹	蛇
狗皮蛇	kɤɯ⁴⁴•pi⁵çiu³¹	蜥蜴
鸟儿	ȵiɤɯ⁴⁴•nɤ⁵	鸟儿
老鸹	lao⁴⁴ua⁴⁵²	乌鸦
□□□	luo³³•xuo³•mɤ³	
尖叫叫	tçiẽ⁴⁵²•tçiao²•tçiao²	喜鹊
屋雀公	u³³çio⁴¹•kiɛ¹	
屋雀婆	u³³tçiɤɯ⁴¹•pu¹	麻雀
燕子鸟	iẽ⁴³•tsŋ⁴ȵiao⁴⁴	燕子
雁鹅	ŋæ⁴¹io³¹	雁
啄木鸟	tsua¹³mu³³ȵiɤɯ⁴⁴	啄木鸟
布谷鸟	pu¹³•ku⁴ȵiɤɯ⁴⁴	布谷鸟
猫头鹰	miao³¹•t'ɤɯ³•iẽ³	猫头鹰
八八鸟儿	pi¹³•pi⁴[～pa¹³•pa⁴]ȵiɤɯ⁴⁴•nɤ⁵	八哥儿
鹰儿	ŋi⁴⁵²•nɤ²	老鹰
野鸡	iu³³tsŋ⁴⁵²	野鸡
野鸭	iu³³u¹³	野鸭
鸬鹚	luo³¹•sŋ³	鸬鹚
白鹭鸶	pu⁴¹luo⁴¹•sŋ¹	白鹭
崽儿鸟儿	tsɤ⁴⁴•nɤ⁵ȵiɤɯ⁴⁴•nɤ⁵	幼鸟
檐老鼠	ŋẽ³¹lia³³çio³³	蝙蝠
翅□	tç'iɤ¹³•kuẽ⁴[～•k'uẽ⁴]	翅膀
嘴公	tçio⁴³•kiɛ⁴	嘴
鸟儿巢	ȵiɤɯ⁴⁴•nɤ⁵tɤɯ³¹	鸟窝

3. 虫类

拨丝	po⁴⁵²sŋ³³	蜘蛛
蚁儿	nɤ³³•na³	蚂蚁
狗崽儿	kɤɯ⁴⁴tsɤ⁴⁴•nɤ⁵	土鳖
土狗	tuo⁴⁴kɤɯ⁴⁴	蝼蛄
翻□公	ɸuẽ⁴⁵²mu⁴³•kiɛ⁴	蚯蚓
鼻螺螺	pa⁴¹•lao¹•lao¹	蛞蝓
滚屎虫	kyɛ⁴⁴•sŋ⁵li³¹	蜣螂
蜈蚣线	xoŋ³¹•kiɛ³sẽ⁴³	蜈蚣
夹儿婆	ki¹³•nɤ⁴•pu³	蝎子
壁鼠	piɤɯ¹³çio³³	壁虎
毛虫	mia³³li³¹	毛虫
毛毛虫婆	mia³³•mia³li³¹•pu³	
肉虫婆	u⁴⁴li³¹•pu³	肉虫
□虫	tsa⁴⁴li³¹	蚜虫
蚊子	ma¹³•tɤ⁴	苍蝇蚊子
蚊儿	miɛ³¹•nɤ³	
牛蚊	ŋɤɯ³¹•pa³	牛虻
饭蚊子	ɸuẽ⁴¹ma¹³•tɤ⁴	饭蝇
绿脑蚊子	lio⁴¹na⁴⁴ma¹³•tɤ⁴	绿头蝇
虱婆	sa¹³•pu⁴	虱子
虱婆卵	sa¹³•pu⁴loŋ³³	虱子卵
臭虫婆	tç'iɤɯ⁴³li³¹•pu³	臭虫
打屁虫	ta⁴⁴p'i⁴³tson³¹	
狗蚤	kɤɯ⁴⁴tçia⁴⁴	跳蚤
蟋子崽儿	tçia⁴¹•tsŋ¹tsɤ⁴⁴•nɤ⁵	蟋蟀
叫唧唧	tçiao¹³•tçi⁴•tçi³	
偷油婆	t'ɤɯ⁴⁵²iɤɯ³¹•pu³	蟑螂
蚱蜢	tsao¹³•ma⁴	蝗虫
猴子螳螂	xɤɯ³¹•tsŋ³t'aŋ³¹•t'aŋ³	螳螂

蜜蜂	ma⁴¹•p'iɛ¹ 蜂		钓鱼	tiɤɯ⁴³ŋuo³¹ 钓鱼
糖蜜蜂	toŋ³¹ma⁴¹•p'iɛ¹ 蜜蜂		钓鱼棍儿	tiɤɯ⁴³ŋuo³¹kyɛ⁴³•mɤ⁴ 钓鱼竿儿
蜇人	tiu⁴⁵²ŋ̍³¹（马蜂）蜇人		鱼钩公	ŋuo³¹kɤɯ⁴⁵²•kyɛ² 钓鱼钩儿
蜜蜂巢	ma⁴¹•p'iɛ¹tɤɯ³¹ 蜂窝		鱼□□	ŋuo³¹kɤɯ⁴⁴•pi⁵ 鱼篓儿
蜜糖	ma⁴¹toŋ³¹ 蜂蜜		鱼网	ŋuo³¹moŋ³³ 鱼网
萤火婆婆	i³¹ɸu⁴⁴mɤ³¹•mɤ³ 萤火虫		虾公	ɸu⁴⁴•kiɛ⁵[～•ki⁵] 虾
飞婆婆	ɸyɛ⁴⁵²mɤ³¹•mɤ³ 灯蛾、蝴蝶		虾公肉	ɸu⁴•kiɛ⁵[～•ki⁵]u⁴⁴ 虾仁儿
飞蛾蛾	ɸyɛ⁴⁵²ŋuo³¹•ŋuo³		干虾公	xɛ̃⁴³ɸu⁴⁴•kiɛ⁵[～•ki⁵] 干虾米
羊公婆	iaŋ³¹•kiɛ³pu³¹⁻¹³ 蜻蜓		米虾公	mi³³ɸu⁴⁴•kiɛ⁵[～•ki⁵] 小虾
羊公咩咩	aŋ³¹•kiɛ³miɛ⁴⁵²⁻⁴⁴•miɛ⁵		虾公子	ɸu⁴⁴•kiɛ⁵[～•ki⁵]•tsɿ⁵ 虾子
咩咩	miɛ⁴⁵²⁻⁴⁴•miɛ⁵		龟	kua⁴⁵² 龟
蛆婆	tɕ'io⁴⁴•pu⁵ 蛆		团鱼	toŋ³¹ŋuo³¹ 鳖
蛔虫	ɸyɛ³¹ts'oŋ³¹ 蛔虫		螃蟹	p'aŋ³¹xæ⁴¹ 螃蟹
蛭婆公	tsɿ⁴³pu³¹kiɛ⁴⁵² 水蛭		□□	u⁴¹i¹³

4. 鱼虾类

鱼	ŋuo³¹ 鱼儿		蛔儿	kui¹³•nɤ⁴ 蛙
鲤鱼	la³³[～laŋ³³]•ŋuo³ 鲤鱼		青蛔儿	tɕ'iu⁴⁵²•kui²•nɤ³ 青蛙
鲫鱼	tɕi¹³•ŋuo⁴ 鲫鱼		蛔儿子	kui¹³•nɤ⁴•tsɿ⁴ 蝌蚪
鳊鱼	pa⁴⁴ŋuo³¹ 鳊鱼		水蛔儿	sua⁴⁴•kui⁵•nɤ² 水蛙
草鱼	tɕ'iaŋ⁴⁴ŋuo³¹ 草鱼		癞皮麻蛔	æ¹³p'i³¹ma³¹•kuo³ 蟾蜍
黄鱼	xoŋ³¹ŋuo³¹ 黄鱼		螺螺	lao³¹lao³¹⁻¹³ 螺蛳
黑鱼	xɤ¹³ŋuo³¹ 黑鱼			
金鱼	tɕi⁴⁵²ŋuo³¹ 金鱼			

（七）房舍

泥鳅	ȵi³¹tɕ'iɤɯ⁴⁵² 泥鳅		**1. 房子**	
鳝鱼	ɕi⁴³ŋuo³¹ 鳝鱼		起屋	sɿ⁴⁴uo¹³ 建房子
鱼鳞痂皮	ŋuo³¹li³¹ku⁴⁴pa³¹ 鱼鳞		箍脚	ku⁴⁵²tɕiɤɯ¹³ 打基脚
鱼刺	ŋuo³¹ts'a⁴³ 鱼刺		一座屋	i³³ts'uo⁴¹uo¹³（整座）房子
鱼骨	ŋuo³¹ku¹³		围儿	ua³¹•nɤ³ 院子
鱼鳔牯	ŋuo³¹p'iɤɯ⁴³⁻³³•kuo³ 鱼鳔儿		围墙	ua³¹tɕ'iaŋ³¹ 院墙
鱼鳃牯	ŋuo³¹tɕ'i⁴¹•kua¹ 鱼鳃		屋	uo¹³（单间）屋子
鱼子	ŋuo³¹tsɿ⁴⁴ 鱼子		门后房腹	miɛ³¹•xɤɯ³xoŋ³¹•pu³ 外间
苗□鱼	mɤɯ³³•suo³ŋuo³¹ 鱼苗儿		腹公房腹	poŋ³¹ki⁴⁴xoŋ³¹•pu³ 里间
			□腹	a¹³•pu⁴ 里面

正屋	tɕiu⁴³uo¹³ 正房			窗台	soŋ⁴⁵²ti³¹ 窗台	

正屋　tɕiu⁴³uo¹³ 正房　　　　窗台　soŋ⁴⁵²ti³¹ 窗台

厢屋　ɕiaŋ⁴⁵²uo¹³ 厢房　　　楼儿路　lɤɯ³¹•nɤ³luo⁴¹ 楼道

平屋　piɤɯ³¹uo¹³ 平房　　　楼板　lɤɯ³¹pẽ⁴⁴ 楼板

楼儿屋　lɤɯ³¹•nɤ³uo¹³ 楼房　　墙　tɕ'iaŋ³¹ 墙

洋房　iaŋ³¹uo¹³ 洋房　　　　壁　piɤɯ¹³

楼儿高头　lɤɯ³¹•nɤ³kia⁴⁵²tɤɯ³¹ 楼上　　榫头　ɕyɛ⁴⁴•tɤɯ⁵ 榫头

楼儿底下　lɤɯ³¹•nɤ³ti⁴⁴ɸu³³ 楼下

楼儿梯　lɤɯ³¹•nɤ³t'i⁴⁵² 楼梯　**3. 其他设施**

梯儿　t'i⁴⁵²•nɤ² 梯子　　　厨□腹　ts'uo³¹a¹³•pu⁴ 厨房

　梯　t'i⁴⁵²　　　　　　　　火房　ɸu⁴⁴xoŋ³¹

天井　t'ẽ⁴⁵²•tɕiu² 天井　　灶　tɕia⁴³ 灶

2. 房屋结构　　　　　　火弄里　ɸu⁴⁴loŋ⁴¹⁻⁴⁴[～lu⁴¹⁻⁴⁴]•li⁵ 灶

草屋　tɕ'ia⁴⁴uo¹³ 草房　　　　　　　外围烧火区

屋梁　uo¹³liaŋ³¹ 房脊　　茅厕　mia³¹•sɿ³ 厕所

屋顶儿　uo¹³tiu⁴⁴•nɤ⁵ 房顶　篱笆　la³¹•pa³ 篱笆

屋口　uo¹³t'ẽ⁴⁴ 房檐　　磨房　mao⁴¹xoŋ³¹ 磨房

横儿　xẽ⁴³•nɤ⁴ 檩　　　棚儿　piɛ³¹•nɤ³ 棚子

椽皮　ts'uẽ³¹•pa³ 椽子　　马棚　mu³³piɛ³¹ 马棚

柱儿　ts'uo³³•nɤ³ 柱　　牛栏　ŋɤɯ³¹•lẽ³ 牛圈

石牯墩儿　ɕiu⁴¹•kua¹tyɛ⁴⁵²•nɤ² 柱下石　猪栏　tɕio⁴⁵²•lẽ² 猪圈

□磴　tɕiaŋ⁴¹•t'iɛ¹ 台阶儿　猪盆儿　tɕio⁴⁵²piɛ³¹•nɤ³ 猪食槽

天花板　t'ẽ⁴⁵²ɸu⁴⁵²pẽ⁴⁴ 天花板　羊牛栏　iaŋ³³ŋɤɯ³¹•lẽ³ 羊圈

正门　tɕiu⁴³miɛ³¹ 正门　　狗巢　kɤɯ⁴⁴tɤɯ³¹ 狗窝

背□门　pɤ⁴¹•ti¹miɛ³¹ 后门　鸡巢　tsɿ⁴⁵²tɤɯ³¹ 鸡窝

旁边门　poŋ³¹pẽ⁴⁵²miɛ³¹ 边门儿　鸡笼儿　tsɿ⁴⁵²lu³¹•nɤ³ 鸡笼子

门口　miɛ³¹ts'ẽ¹³ 门槛儿　　笼儿　lu³¹•nɤ³

门背□　miɛ³¹pɤ⁴¹•ti¹ 门后　鸡□儿　tsɿ⁴⁵²•tɕ'iɛ²•nɤ² 鸡罩

门闩儿　miɛ³¹suẽ⁴⁵²•nɤ² 门栓　整漏　tɕiu⁴⁴lɤɯ⁴¹ （瓦屋）更换

门叶儿　miɛ³¹i⁴¹•nɤ² 门扇　　　　　　破烂瓦片防止漏雨

锁　sao⁴⁴ 锁　　　　　木头　ŋ⁴¹•tɤɯ¹ 木头

锁匙　sao⁴⁴•sɿ⁵ 钥匙　　亮瓦　liaŋ⁴¹mu³³ 明瓦

窗儿　soŋ⁴⁵²[～ts'oŋ⁴⁵²]•nɤ² 窗子　青瓦　tɕ'iu⁴⁵²mu³³ 青瓦

（八）器具、用具

1.一般家具

家□□□ ku^{452}•ɕiaŋ^{2}uaŋ^{41}•kẽ^1[～•ki^1] 家具

枱儿 ti^{31}•nɤ^3 桌子

□枱儿 koŋ^{31}ti^{31}•nɤ^3 圆桌

四方枱儿 sa^{43}xoŋ^{452}ti^{31}•nɤ^3 方桌

长枱儿 ts'oŋ^{31}ti^{31}•nɤ^3 条案

饭枱 ɸuẽ^{41}•ti^1 饭桌

枱儿□□ ti^{31}•nɤ^{3}m̩^{41}•mẽ^1 台布

围桌 ua^{31}•ti^3 围桌

抽箱柜 ts'ɤu^{452}•iaŋ^{2}k'ua^{43} 抽屉

凳 tiɛ^{43} ①坐具统称②椅子

睏凳 ɸyɛ^{43}tiɛ^{43} 躺椅

凳背格 tiɛ^{43}piɛ^{41}•kɤ^1 椅子背儿

长凳 ts'oŋ^{31}tiɛ^{43} 板凳

四方凳 sa^{43}xoŋ^{452}tiɛ^{43} 方凳

狗狗凳 kɤu^{44}•kɤu^{5}tiɛ^{43} 矮小的板凳儿

□凳 koŋ^{31}tiɛ^{43} 圆凳

高凳 kia^{452}tiɛ^{43} 高凳子

蒲儿 pu^{31}•nɤ^3 蒲团

2.卧室用具

床 tuo^{31} 床

床板 tuo^{31}pẽ^{44} 铺板

竹床 tsɤu^{13}tuo^{31} 竹床

帐儿 tɕiaŋ^{43}•nɤ^4 帐子

帐钩公 tɕiaŋ^{43}kɤu^{452}•kyɛ^2 帐钩

帐儿钩公 tɕiaŋ^{43}•nɤ^{4}kɤu^{452}•kyɛ^2

毯儿 t'u^{44}•nɤ^5 毯子

被 pa^{33} 被子

被巢 pa^{33}tɤu^{31} 被窝儿

被腹公 pa^{33}poŋ^{13}•tɕiẽ^4[～•kiẽ^4][～•ki^4] 被窝里

被里儿 pa^{33}la^{33}•nɤ^3 被里子

被面儿 pa^{33}mẽ^{41}•nɤ^1 被面

棉絮 pa^{31}ɕio^{33} 棉花胎

草席 tɕ'ia^{44}tɕ'iu^{41} 草席

竹席 tsɤu^{13}tɕ'iu^{41} 竹席

头睏 tɤu^{31}kuẽ^{43} 枕头

头睏套儿 tɤu^{31}kuẽ^{43}t'ia^{43}•nɤ^4 枕套儿

头睏芯 tɤu^{31}kuẽ^{43}ɕi^{452} 枕头心儿

镜儿 tɕiu^{43}•nɤ^4 镜子

箱儿 ɕiaŋ^{452}•nɤ^2 手提箱

皮箱 pa^{31}ɕiaŋ^{452} 皮箱

衣架儿 a^{452}ku$^{43-33}$•nɤ^3 衣架

□桶 ka^{44}t'iɛ^{44} 储存大便的桶

尿桶 ȵiɤu^{41}[～ȵiao^{13}]t'iɛ^{44} 马桶（装小便或施肥时用）

火桶 ɸu^{44}t'iɛ^{44} 手炉（可以提着走动的）

火盆 ɸu^{44}piɛ^{31} 火盆

暖水瓶 noŋ^{33}sua^{44}piɤu^{31} 暖水瓶

暖壶儿 noŋ^{33}xuo^{31}•nɤ^3 暖壶（冬季装热水，用来暖被窝等）

3.炊事用具

风炉 ɸyɛ^{452}luo^{31} 风箱

火夹 ɸu^{44}•ki^5 火钳

火铲儿 ɸu^{44}ts'ẽ^{44}•nɤ^5 火铲

樵 tɕ'iu^{31} 柴（柴草统称）

桍儿樵 k'u$^{452-44}$•nɤ^{5}tɕ'iu^{31} 带枝叶的柴

□禾草 tɕiẽ^{43}•u^{4}tɕ'ia^{44} 稻秆

小麦秆 ɕio$^{33-44}$•mu^{5}kia^{452} 麦秸

小麦秆儿　çio³³⁻⁴⁴•mu⁵kia⁴⁵²•nɤ²

高粱秆　kiaŋ⁴⁵²laŋ³¹kia⁴⁵² 高粱秆儿

　高粱秆儿　kiaŋ⁴⁵²laŋ³¹kia⁴⁵²•nɤ²

豆秆　tɤɯ⁴¹•kia¹ 豆秸

　豆秆儿　tɤɯ⁴¹kia⁴⁵²⁻⁴⁴•nɤ⁵

锯屑儿　tɕio⁴³çi⁴³•nɤ⁴ 锯末

□□皮　kuẽ⁴⁴ku⁴⁵²pa³¹ 刨花

　刨丝丝　pao¹³sŋ⁴⁵²•sŋ²

□儿火　tsŋ¹³•nɤ⁴xuo⁴⁴ 火柴

　火柴　xuo⁴⁴ts‘æ³¹

黑墨痂　xɤ¹³mɤ⁴¹⁻⁴⁴•ka⁵ 锅烟子

火墨痂　ɸu⁴⁴mɤ⁴¹⁻⁴⁴•ka⁵[～•kua⁵]
　　　　柴烧尽后未化成灰的碳

烟窗儿　ŋẽ⁴⁵²soŋ⁴⁵²•nɤ² 烟囱

铛　ts‘ẽ⁴⁵² 锅炒菜用的

铝铛　lyi⁴⁴ts‘ẽ⁴⁵² 铝锅

沙铛　su⁴⁵²ts‘ẽ⁴⁵² 沙锅

谷笋铛　kuo¹³lau³¹ts‘ẽ⁴⁵² 大锅

小铛　çio³³ts‘ẽ⁴⁵² 小锅

铛盖儿　ts‘ẽ⁴⁵²kɤ⁴³•nɤ⁴ 锅盖

铲儿　ts‘ẽ⁴⁴•nɤ⁵ 锅铲

水壶儿　çya⁴⁴xuo³¹•nɤ³ 水壶

碗　oŋ⁴⁴ 碗

狗头碗　kɤɯ⁴⁴t‘ɤɯ³¹oŋ⁴⁴ 海碗

杯儿　pɤ⁴⁵²•nɤ² 杯子

茶杯儿　ts‘u³¹pɤ⁴⁵²•nɤ² 茶杯

碟儿　ti⁴¹•nɤ¹ 碟子

饭勺　ɸuẽ⁴¹•tɕ‘iɤɯ¹ 饭勺

调羹　t‘iao³¹kẽ⁴⁵² 羹匙

筷儿　k‘ui⁴³•nɤ⁴ 筷子

酒杯儿　tɕiɤɯ⁴⁴pɤ⁴⁵²•nɤ² 酒杯

盘儿　poŋ¹•nɤ³ 盘子

酒壶　tɕiɤɯ⁴⁴xuo³¹ 酒壶

　酒壶儿　tɕiɤɯ⁴⁴xuo³¹•nɤ³

酒□儿　tɕiɤɯ⁴⁴çio⁴³•nɤ⁴ 酒坛子

　□儿　çio⁴³•nɤ⁴ 坛子

罐儿　kuaŋ⁴³•nɤ⁴ 罐子

瓢勺　pu⁴¹•çiɤɯ¹ 瓢

漏勺　luo⁴³•çiɤɯ⁴ 笊篱

撮儿　ts‘ao¹³•nɤ⁴ 筲箕

菜刀　tɕ‘i⁴³tia⁴⁵² 菜刀

砧板　tɕiɛ⁴⁵²pẽ⁴⁴ 砧板

面板儿　mẽ⁴¹pẽ⁴⁴⁻³³•nɤ³ 面板

水桶　sua⁴⁴t‘iɛ⁴⁴ 水桶

饭桶　ɸuẽ⁴¹t‘iɛ⁴⁴ 饭桶

水缸□　çya⁴⁴kaŋ⁴⁵²xiɛ⁴⁴ 水缸

甑　tɕiɛ⁴³ 甑子

抹枱帕　mu⁴¹ti³¹•p‘u³ 抹布

拖把　t‘ao⁴⁵²•pa² 拖把

铛柜　ts‘ẽ⁴¹k‘ua⁴³ 碗柜

4. 工匠用具

推□　t‘uo⁴⁵²•pi² 刨子

斧头　pu¹³•tɤɯ⁴ 斧子

锯　tɕio⁴³ 锯子

凿儿　ts‘ao⁴¹•nɤ¹ 凿子

尺　tɕ‘iu¹³ 尺子

卷尺　kuẽ⁴⁴tɕ‘iu¹³ 卷尺

墨斗牯　mɤ⁴¹tiɛ³³•kuo³ 墨斗

墨斗线　mɤ⁴¹tɤɯ⁴⁴sẽ⁴³ 墨斗线

钉儿　tiu⁴⁵²•nɤ² 钉子

钳儿　ki¹³•nɤ⁴ 钳子

老虎钳儿　luo³³xuo⁴⁴ki¹³•nɤ⁴ 老虎钳

钉锤儿　tiu⁴⁵²tɕ‘ya³¹•nɤ³ 钉锤

索儿　sao¹³•nɤ⁴ 绳子

砌刀　　　tɕʻyi⁴³tia⁴⁵² 瓦刀

泥板儿　　n̠i³¹pẽ⁴⁴•nɤ⁵ 泥板

铁墩儿　　tʻi¹³tyɛ⁴⁵²•nɤ² 砧子

剃脑刀　　tʻi⁴³n̠i³³tia⁴⁵² 剃刀

推儿　　　tʻuo⁴⁵²•nɤ² 推子

梳儿　　　suo⁴⁵²•nɤ² 梳子

篦儿　　　pa⁴¹•nɤ¹ 篦子

鐾刀格□□ pɤ⁴³tia⁴⁵²•kɤ²m̠¹•mẽ¹ 鐾刀布

剪刀　　　tsẽ⁴⁴tia⁴⁵² 剪子

烙铁　　　lau⁴¹tʻi¹³ 烙铁

纺棉子格车儿 pʻoŋ⁴⁴pɤ³¹•tɤ³kɤ²tɕʻiu⁴⁵²•mɤ² 纺车

织□□格车儿 tɕiɤ¹³m̠¹•mẽ¹•kɤ³tɕʻiu⁴⁵²•nɤ²
　　　　　织布机

梭儿　　　sao⁴⁵²•nɤ² 梭

5. 其他生活用品

□□　　　uaŋ⁴¹•ki¹ 东西

洗面水　　ɕi⁴⁴mẽ⁴¹sua⁴⁴ 洗脸水

面盆　　　mẽ⁴¹•pʻiɛ¹ 脸盆

面盆架儿　mẽ⁴¹•pʻiɛ¹ku⁴³•nɤ⁴ 脸盆架

洗浴盆儿　xi⁴⁴io⁴¹piɛ³¹•nɤ³ 澡盆儿

帕儿　　　pʻu⁴³•nɤ⁴ 毛巾

脚盆　　　tɕiɤɯ¹³piɛ³¹ 脚盆

抹脚帕儿　mu⁴¹tɕiɤɯ¹³pʻu⁴³⁻³³•mɤ³ 擦脚布

气灯　　　tsʻɤ⁴³tiɛ⁴⁵² 气灯

烛　　　　tɕio¹³ 蜡烛

煤油灯　　mɤ³¹iɤɯ³¹tiɛ⁴⁵² 煤油灯

灯芯　　　tiɛ⁴⁵²ɕi⁴⁵² 灯芯

灯罩儿　　tiɛ⁴⁵²tɕʻiɛ⁴³•nɤ⁴ 灯罩

盏　　　　tsẽ⁴⁴ 盏

灯草　　　tiɛ⁴⁵²tɕʻia⁴⁴ 灯草

灯油　　　tiɛ⁴⁵²iɤɯ³¹ 灯油

袋牯　　　ti⁴¹•kuo¹ 包的统称

手提袋牯 ɕiɤɯ⁴⁴ti³¹ti⁴¹•kuo¹ 手提包

钱袋牯 tsʻẽ³¹ti⁴¹•kuo¹ 钱包

抵手吧 ti⁴⁴ɕiɤɯ⁴⁴•pa⁵ 顶针儿

针嘴公 tɕi⁴⁵²tɕya⁴³•kiɛ⁴ 针尖

穿针 tɕʻyẽ⁴⁵²tɕi⁴⁵² 穿针

锥儿 tsua⁴⁵²•nɤ² 锥子

耳□挖儿 n̠iɤ³³ka³³ui¹³•nɤ⁴ 耳挖子

洗衣板儿 ɕi⁴⁴a⁴⁵²pẽ⁴⁴•nɤ⁵ 洗衣板儿

洗衣格棒棒 ɕi⁴⁴a⁴⁵²•kɤ²paŋ¹³•paŋ⁴ 棒槌

鸡毛刷儿 tsɿ⁴⁵²mia³³sua¹³•nɤ⁴ 鸡毛掸子

扇 ɕiɛ⁴³ 扇子

拄拄棍儿 tɕʻio⁴¹tɕʻio⁴¹kyɛ⁴³•nɤ⁴ 拐杖

（九）称谓

1. 一般称谓

男格　　　nu³¹⁻⁴³•kɤ⁴ 男人

女格　　　n̠io³³•tɤ³ 女人

　女子　　n̠io³³•tɤ³ 女人

毛毛哩子 mia³¹•mia³•li³•tɤ³ 婴儿

崽儿子 tsɤ⁴⁴•nɤ⁵•tɤ⁴ 小孩儿

　小儿子 ɕio³³•kɤ³•tɤ³

男小格子 nu³¹ɕio³³•kɤ³•tɤ³ 男孩儿

　男子崽儿 n̠i³¹•tɤ³tsɤ⁴⁴•nɤ⁵

　男子牯 n̠i³¹•tɤ³•ku³

女小格子 n̠io³³ɕio³³•kɤ³•tɤ³ 女孩儿

　女子崽儿 n̠io³³•tɤ³tsɤ⁴⁴•nɤ⁵

　女子牯 n̠io³³•tɤ³•ku³

后生牯 xɤɯ³³sẽ⁴⁵²•ku² 小伙子

女子 n̠io³³•tɤ³ 姑娘

老头牯 lia³³tʻẽ³¹•ku³ 老头儿

老娘牯 lia³³n̠ioŋ¹³•ku⁴ 老太婆

乡腹格人 ɕiaŋ⁴⁵²•mu²•kɤ³ŋ³¹ 乡下人

一家人　i³³ku⁴⁵²ŋ³¹ 一家子（同宗同姓的）

门后格人　miɛ³¹•xɤɯ³•kɤ³ŋ³¹ 外地人

本地人　piɛ⁴⁴ta⁴¹ŋ³¹ 本地人

自家人　tsu⁴¹ku⁴⁵²ŋ³¹ 自己人

门后人　miɛ³¹•xɤɯ³ŋ³¹ 外人

客　ɸu¹³ 客人

媒人公　mɤ³¹ŋ³¹kiɛ³ 媒人

单身公　tẽ⁴⁵²ɕio⁴⁵²⁻⁴³•kiɛ⁴ 单身汉

老女子　lia³³n̠io³³•tɤ³ 老姑娘

寡寡婆　ku⁴⁴•ku⁵•mɤ⁴ 寡妇

婊子婆　piɤɯ⁴⁴•tsʅ⁵•pu⁴ 婊子

私崽　tsʅ⁴⁵²tsɤ⁴⁴ 私生子

败家格崽　pi⁴³ku⁴⁵²•kɤ²tsɤ⁴⁴ 败家子

米儿公　mi⁴⁴⁻⁴¹•nɤ¹•kiɛ³ 乞丐
讨食格　t'ao⁴⁴iɤ⁴¹•kɤ¹

贼儿牯　ts'ɤ¹³•kɤ⁴•nu³ 强盗

贼　ts'ɤ¹³ 贼

扒子手　p'a³¹•tsʅ³ɕiɤɯ⁴⁴ 扒手

□□婆　kau⁴³•nau⁴•pu³ 不会说土话的人（一般是从外地娶进来的媳妇）

2. 职业称谓

工人　kiɛ⁴⁵²ŋ³¹ 工人

长工　ts'oŋ³¹kiɛ⁴⁵² 长工

短工　toŋ⁴⁴kiɛ⁴⁵² 短工

零工　liu³¹kiɛ⁴⁵² 零工

老板　lia³³pẽ⁴⁴ 老板

老板娘　lia³³pẽ⁴⁴nao³¹ 老板娘

穷人　tɕi³¹ŋ³¹ 穷人

头儿　tɤɯ³¹•nɤ³ 头目

伙计　ɸu⁴⁴•tsʅ⁵ 伙计

先生　sa⁴⁵²sẽ⁴⁵² 先生

徒弟　tuo³¹•ti³ 学徒

先生　sa⁴⁵²sẽ⁴⁵² 私塾老师

老师　lia³³sʅ⁴⁵²（学校）教员

学生　ɕiɤɯ⁴¹•sẽ¹ 学生

朋友　piɛ³¹iɤɯ⁴⁴ 朋友

兵　piɤɯ⁴⁵² 兵

先生　sa⁴⁵²sẽ⁴⁵² 医生

师傅　sʅ⁴⁵²•ɸu² 司机

手艺人　ɕiɤɯ⁴⁴n̠i⁴³•ŋ³¹ 手艺人

木匠公　ŋ⁴¹tɕ'iaŋ⁴³•kiɛ⁴ 木匠

瓦匠公　mu³³tɕ'iaŋ⁴³•kiɛ⁴ 瓦匠

铜匠公　tiɛ³¹tɕiaŋ⁴³•kiɛ⁴ 铜匠

铁匠公　t'i¹³tɕiaŋ⁴³•kiɛ⁴ 铁匠

补口儿格　pu⁴⁴yɛ⁴³•nɤ⁴•kɤ³ 补锅的

裁衣格师傅　tɕ'ʅ³¹a⁴⁵²•kɤ²sʅ⁴⁵²•ɸu² 裁缝

剃脑壳格师傅　t'i⁴³nia⁴⁴•kuo⁵•kɤ⁴sʅ⁴⁵²•ɸu² 理发员

屠户公　tuo³¹xoŋ³³•kɤ³ 屠户

杀猪格　ɕi¹³tɕio⁴⁵²•kiɛ²

抬轿儿格人　ti³¹tɕiɤɯ⁴¹•nɤ¹•kɤ³ŋ³¹ 轿夫

伙计　ɸu⁴⁴⁻³³•tsʅ³ 伙计

厨房师傅　tɕ'uo³¹•xoŋ³sʅ⁴⁵²•ɸu² 厨师

奶娘　n̠i³³nao³¹ 奶妈

丫头　u⁴⁵²⁻⁴⁴•tɤɯ⁵ 丫环

接生婆　tɕi¹³sẽ⁴⁵²•pu² 接生婆

和尚公　u³¹ɕiaŋ⁴³•kiɛ⁴ 和尚

司公　sa⁴⁵²⁻⁴⁴•kɤ⁵ 道士

（十）亲属

1. 长辈

白公　pu⁴¹kiɛ⁴⁵² 曾祖父

白妈	pu⁴¹ma⁴⁵² 曾祖母		娘	n̠ioŋ³³ 妻	
白母	pu⁴¹mu⁴⁴		娘牯	n̠ioŋ³¹•ku³	
公公	kiɛ⁴⁵²kiɛ⁴⁵² 祖父		小娘牯	ɕio³³n̠ioŋ³¹•ku³ 小老婆	
妈妈	ma⁴⁵²ma⁴⁵² 祖母		大哥哥	t'æ⁴³kuo⁴⁵²•kuo² 大伯子	
姥公	tɤ¹³kiɛ⁴⁵² 外祖父		小弟弟	ɕio³³ti¹³•ti⁴ 小叔子	
姥婆	tɤ¹³•pu⁴ 外祖母		姊姊	tsa⁴⁴•tsa⁵ 大姑子	
公儿	kiɛ⁴⁵²•n̠ɤ² 父亲、公公（背称）		妹妹	mɤ⁴¹•mɤ¹ 小姑子	
爹爹	tiɛ³³•tiɛ³ 父亲、公公（面称）		外家兄弟	uo⁴³ku⁴⁵²ɕiu⁴⁵²•li² 内兄弟	
娘	nao³¹ 母亲、婆婆（背称）		外家哥哥	uo⁴³ku⁴⁵²kuo⁴⁵²•kuo² 内兄	
姆母	m̩⁴⁴•mɤ⁵ 母亲、婆婆（面称）		外家弟弟	uo⁴³ku⁴⁵²ti¹³•ti⁴ 内弟	
外家爷	uo⁴³ɸu⁴⁵²[～ku⁴⁵²]iu³¹ 岳父		兄弟	ɕiu⁴⁵²•li² 弟兄	
外家娘	uo⁴³ɸu⁴⁵²[～ku⁴⁵²]nao³¹ 岳母		哥哥	kuo⁴⁵²•kuo² 哥哥	
继爷	tsɿ⁴³iu³¹ 继父		嫂嫂	ɕia⁴⁴•ɕia⁵ 嫂子	
后来爷	xɤɯ³³la³¹iu³¹		姊妹	tsa⁴⁴mɤ⁴¹ 姐妹	
继娘	tsɿ⁴³nao³¹ 继母		姊姊妹妹	tsa⁴⁴•tsa⁵mɤ⁴¹•mɤ¹	
后来娘	xɤɯ³³la³¹nao³¹		姊姊	tsa⁴⁴•tsa⁵ 姐姐	
伯爷	pɤ⁴⁴•iɛ⁵ 伯父		姊婿	tsa⁴⁴•ɕi⁵ 姐夫	
伯伯	pɤ⁴⁴•pɤ⁵ 伯母		弟弟	ti¹³•ti⁴ 弟弟	
爷爷	iɛ¹³•iɛ⁴ 叔父		弟妹嫂	li³³•mɤ³ɕia⁴⁴ 弟媳	
娘娘	n̠iaŋ¹³•n̠iaŋ⁴ 叔母		妹妹	mɤ⁴¹•mɤ¹ 妹妹	
舅舅	tɕiɤɯ³³•tɕiɤɯ³ 舅父		老表	lao⁴⁴piɤɯ⁴⁴ 表兄弟	
舅母	tɕiɤɯ³³•mɤ³ 舅母		表兄弟	piɤɯ⁴⁴ɕiu⁴⁵²•li² 表兄弟	
娘娘	n̠iaŋ³¹•n̠iaŋ³ 姑妈		表哥	piɤɯ⁴⁴kuo⁴⁵²⁻³³ 表兄	
姨娘	i³¹⁻⁴³•n̠iaŋ⁴ 姨妈		表嫂	piɤɯ⁴⁴ɕia⁴⁴ 表嫂	
姑丈	kuo⁴⁵²•ts'oŋ² 姑夫		表弟	piɤɯ⁴⁴ti¹³ 表弟	
姨丈	i³¹•ts'oŋ³ 姨夫		表姊表妹	piɤɯ⁴⁴tsa⁴⁴piɤɯ⁴⁴mɤ⁴¹ 表姊妹	
姑婆	kuo⁴⁵²⁻⁴⁴•pu⁵ 姑奶奶		表姊妹	piɤɯ⁴⁴tsa⁴⁴mɤ⁴¹	
姨婆	i³¹pu³¹⁻¹³ 姨奶奶		表姊	piɤɯ⁴⁴tsa⁴⁴ 表姐	
2. 平辈			表妹	piɤɯ⁴⁴mɤ⁴¹ 表妹	
一辈格	i⁴⁵²pɤ⁴³•kɤ⁴ 平辈		**3. 晚辈**		
两公婆	liaŋ³³kiɛ⁴⁵²pu³¹ 夫妻		后辈	xɤɯ³³pɤ⁴³ 晚辈	
郎	loŋ³¹ 夫		崽女	tsɤ⁴⁴n̠io³³ 子女	

崽　　　　tsɤ⁴⁴ 儿子

大崽　　　t'æ⁴³tsɤ⁴⁴ 大儿子

小崽　　　ɕio³³tsɤ⁴⁴ 小儿子

继着格崽　tɕi¹³•tsɿ⁴•kɤ³tsɤ⁴⁴ 养子

媳婆　　　sɤ³¹•pɤ³ 媳妇

女　　　　n̩io³³ 女儿

女婿　　　n̩io³³•ɕi³ 女婿

孙崽　　　ɕyɛ⁴⁵²tsɤ⁴⁵² 孙子

孙媳婆　　ɕyɛ⁴⁵²sɤ³¹•pɤ³ 孙媳妇

孙女　　　ɕyɛ⁴⁵²n̩io³³ 孙女

孙女婿　　ɕyɛ⁴⁵²n̩io³³•ɕi³ 孙女婿

重孙崽　　tɕ'iɛ³¹ɕyɛ⁴⁵²tsɤ⁴⁵² 重孙

重孙女　　tɕ'iɛ³¹ɕyɛ⁴⁵²n̩io³³ 重孙女

外甥　　　uo⁴¹•sẽ¹ 外孙（女之儿）

外甥女　　uo⁴¹•sẽ¹n̩io³³ 外孙女

外甥　　　uo⁴¹sẽ 外甥

侄崽　　　ɕyɛ⁴¹tsɤ⁴⁴ 侄子

侄女　　　ɕyɛ⁴¹n̩io³³ 侄女

外家侄崽　uo⁴¹ku⁴⁵²ɕyɛ⁴¹tsɤ⁴⁴ 内侄

外家侄女　uo⁴¹ku⁴⁵²ɕyɛ⁴¹n̩io³³ 内侄女

4. 其他

老姨　　　lao⁴⁴i³¹ 连襟

亲家　　　tɕ'iu⁴³•ku⁴ 亲家

　老亲　　lao³³tɕ'i¹³

亲家爷　　tɕ'iu⁴³•ku⁴iu³¹ 姻伯

　亲公爷　tɕ'iu⁴³•kiɛ⁴iu³¹

亲儿牯　　tɕ'i⁴⁵²•nɤ²•ku³ 亲戚

走亲　　　tsɤɯ⁴⁴tɕ'i⁴⁵² 走亲戚

外家　　　uo⁴³ku⁴⁵² ①娘家。②妻子
　　　　　娘家

男家　　　nu³¹ku⁴⁵² 男家

女家　　　n̩io³³ku⁴⁵² 女家

姥公□腹　tɤ¹³kiɛ⁴⁵²a¹³•pu⁴ 姥姥家

姥婆□腹　tɤ¹³•pu⁴a¹³•pu⁴

□牯人　　tɕ'iẽ⁴¹•kuaŋ¹ŋ³¹ 坏人

（十一）身体

1. 五官

脑壳　　　n̩ia⁴⁴•kuo⁵ 头

脑壳顶儿　n̩ia⁴⁴•kuo⁵tiu⁴⁴•nɤ⁵ 头顶

后脑壳　　xɤɯ³³n̩ia⁴⁴•kuo⁵ 后脑勺子

颈牯　　　tɕiu⁴⁴•kua⁵ 颈

头发　　　tɤɯ³¹ɸyɛ¹³ 头发

少白脑　　suo⁴³pu⁴¹n̩ia³³ 少白头

掉头发　　tia⁴³tɤɯ³¹ɸyɛ¹³ 掉头发

额头　　　ŋɤ⁴¹•tɤɯ¹ 额头

□□牯　　t'i⁴¹iaŋ¹³•kua⁴ 鬓角

辫头　　　pẽ⁴¹•tɤɯ¹ 辫子

髻儿　　　tɕiu⁴¹•nɤ¹ 髻

面吧　　　mẽ⁴¹•pa¹ 脸

　面　　　mẽ⁴¹

面吧颧骨　mẽ⁴¹•pa¹tɕ'io³³•kua³ 颧骨

酒凼　　　tɕiɤɯ⁴⁴taŋ⁴³ 酒窝

腮牯　　　tɕ'i⁴¹•kua¹ 腮帮子

眼球　　　n̩iɤ³³tɕiɤɯ³¹ 眼

眼球珠儿　n̩iɤ³³tɕiɤɯ³¹tɕio⁴⁵²•nɤ² 眼珠儿

白眼球珠儿　pu⁴¹n̩iɤ³³tɕiɤɯ³¹tɕio⁴⁵²•nɤ²
　　　　　白眼珠儿

黑眼球珠儿　xɤ¹³n̩iɤ³³tɕiɤɯ³¹tɕio⁴⁵²•nɤ²
　　　　　黑眼珠儿

眼球角儿　n̩iɤ³³tɕiɤɯ³¹kiɤɯ¹³•nɤ⁴ 眼角儿

眼球箍儿　n̩iɤ³³tɕiɤɯ³¹kuo⁴⁵²•nɤ² 眼圈儿

眼泪水　　nɤ³³•lɤ³（～la³）sua⁴⁴ 眼泪

眼泪屎　　nɤ³³•la³sɿ⁴⁴ 眼眵

眼球皮儿 n̠iɤ³³tɕiɤɯ³¹•pa³¹•nɤ³ 眼皮儿

单眼球皮儿 tẽ⁴⁵²n̠iɤ³³tɕiɤɯ³¹•pa³¹•nɤ³ 单眼皮儿

　单眼皮 tẽ⁴⁵²n̠iɤ³³pa³¹

双眼球皮儿 soŋ⁴⁵²n̠iɤ³³tɕiɤɯ³¹•pa³¹•nɤ³ 双眼皮儿

　双眼皮 soŋ⁴⁵²n̠iɤ³³pa³¹

眼儿毛 nɤ³³⁻⁴⁴•nɤ⁵•mia³¹ 眼睫毛

皱额头 tsɤɯ⁴³ŋɤ⁴¹•tɤɯ¹ 皱眉头

鼻头 pa⁴¹•tɤɯ¹ 鼻子

鼻 pa⁴¹ 鼻涕

干鼻 xẽ⁴³pa⁴¹ 干鼻涕

鼻头穴牯 pa⁴¹•tɤɯ¹xua¹³•kuo⁴ 鼻孔

鼻头毛 pa⁴¹•tɤɯ¹mia³¹ 鼻毛

鼻头尖尖 pa⁴¹•tɤɯ¹tsẽ⁴⁵²•tsẽ² 鼻子尖儿（鼻子顶端）

鼻头灵 pa⁴¹•tɤɯ¹liu³¹ 嗅觉好

鼻间 pa⁴¹kẽ⁴⁵² 鼻梁儿

嘴公 tɕio⁴³•kiɛ⁴ 嘴

嘴公皮儿 tɕio⁴³•kiɛ⁴pa³¹•nɤ³ 嘴唇儿

口水 k'ɤɯ⁴⁴sua⁴⁴ 唾沫

口水星儿 k'ɤɯ⁴⁴sua⁴⁴ɕiu⁴⁵²•nɤ² 唾沫星儿

口水 k'ɤɯ⁴⁴sua⁴⁴ 涎水

舌头 i⁴¹•tɤɯ¹ 舌头

大舌头 t'æ⁴³i⁴¹[～ li⁴¹]•tɤɯ¹ 大舌头

牙齿 ŋu³¹[～ ŋu⁴³]•su³ 牙

门牙齿 miɛ³¹ŋu³¹•su³ 门牙

　门牙 miɛ³¹ŋu³¹

大牙齿 t'æ⁴³ŋu³¹•su³ 大牙

牙根肉 ŋu³¹kiɛ⁴⁵²u⁴⁴ 牙床

虫婆牙齿 li³¹•pu³ŋu³¹•su³ 虫牙

虫牙 li³¹ŋu³¹

耳□ n̠iɤ³³[～ n̠ie³³]•ka³ 耳朵

耳□穴牯 n̠iɤ³³•ka³xua¹³•kuo⁴ 耳朵眼儿

耳□屎 n̠iɤ³³•ka³sŋ⁴⁴ 耳屎

聋 liɛ³¹ 耳背

下嘴巴 ɸu³³tɕio⁴³•pa⁴ 下巴

喉咙 xɤɯ³¹⁻⁴³•lɤ⁴ 喉咙

喉骨 xɤɯ³¹•kiɛ³ 喉结

胡儿 u³¹•nɤ³ 胡子

八字胡儿 pi¹³•tsi⁴u³¹•nɤ³ 八字胡子

下嘴巴胡儿 ɸu³³tɕio⁴³•pa⁴u³¹•nɤ³ 下巴鬏

2. 手、脚、胸、背

膀儿牯 pɤ¹³•kɤ⁴•nu³ 肩膀

膀儿牯骨 pɤ¹³•kɤ⁴•nu³kua¹³ 肩胛骨

连手骨 lia³¹•ɕiɤɯ⁴⁴kua¹³ 胳膊

□□骨 tɕ'iɤɯ¹³•tɤɯ⁴kua¹³ 胳膊肘儿

胁夹洞 ɕiu¹³•ku⁴•liɛ³ 膈肢窝

左手 tsao⁴⁴•ɕiɤɯ⁴⁴ 左手

右手 iɤɯ⁴¹•ɕiɤɯ⁴⁴ 右手

手巴粒粒 ɕiɤɯ⁴⁴•pu⁵•la³•la³ 手指

手巴粒粒节□ ɕiɤɯ⁴⁴•pu⁵•la³•la³tɕi¹³•ka⁴（指头）关节

手巴粒粒缝 ɕiɤɯ⁴⁴•pu⁵•la³•la³ɸyɛ⁴¹ 手指缝儿

大手巴粒粒 tu⁴¹ɕiɤɯ⁴⁴•pu⁵•la³•la³ 大拇指

二手巴粒粒 nɤ⁴¹ɕiɤɯ⁴⁴•pu⁵•la³•la³ 食指

中间手巴粒粒 tɕian⁴⁵²ɕi³³ɕiɤɯ⁴⁴•pu⁵•la³•la³ 中指

尾手巴粒粒 ma³³ɕiɤɯ⁴⁴•pu⁵•la³•la³ 小拇指

甲儿 ku¹³•nɤ⁴ 指甲

甲儿心 ku¹³•nɤ³³ɕi⁴⁵² 指甲心儿

手巴粒粒肚儿 ɕiɤɯ⁴⁴•pu⁵•la³•la³tuo³³•nɤ³

手指头肚儿

拳头牯	kʻuẽ³¹•nɤɯ³kua¹³	拳头
手掌	ɕiɤɯ⁴⁴tɕiaŋ⁴⁴	手掌
手心	ɕiɤɯ⁴⁴ɕi⁴⁵²	手心
手背背	ɕiɤɯ⁴⁴pɤ⁴¹•pɤ¹	手背
脚	tɕiɤɯ¹³	腿（整条）
大□□	tu⁴¹•ku¹•mɤ³	大腿
泥抹□儿	ɲi³¹mu³³[～pu³³]•xa³•mɤ³	小腿肚
当面骨	toŋ⁴³•mẽ⁴•kua³	胫骨
膝儿牯	sa¹³•kɤ⁴•nu³	膝盖
裤裆裆	kyɛ⁴¹•loŋ¹•loŋ¹	裆
□股	ɕi⁴³•kuo⁴	屁股
□股穴	ɕi⁴³•kuo⁴xua¹³	肛门
□股肉	ɕi⁴³•kuo⁴u⁴⁴	屁股蛋儿
屌屌	tiao⁴⁴•tiao⁵	鸡巴
屄儿	pʻi⁴³•nɤ⁴	女阴
搞屄儿	kao⁴⁴pʻi⁴³•nɤ⁴	性交
螺□骨	lao³¹•ɕiu³•kua³	脚腕子
螺□骨	lao³¹ɕiu³³•kua³	踝子骨
脚	tɕiɤɯ¹³	脚
打赤赤	ta⁴⁴tɕʻiu¹³•tɕʻiu⁴	赤脚
脚背背	tɕiɤɯ¹³pɤ⁴¹•pɤ¹	脚背
脚掌	tɕiɤɯ¹³tɕiaŋ⁴⁴	脚掌
脚掌掌	tɕiɤɯ¹³tɕiaŋ⁴⁴•tɕiaŋ⁵	
脚心	tɕiɤɯ¹³ɕi⁴⁵²	脚心
脚尖	tɕiɤɯ¹³tsẽ⁴⁵²	脚尖
脚尖尖	tɕiɤɯ¹³tsẽ⁴⁵²•tsẽ²	
脚巴粒粒	tɕiɤɯ¹³•pu⁴•la³•la³	脚趾头
脚甲儿	tɕiɤɯ¹³ku¹³•nɤ⁴	脚趾甲
后□跟	xɤɯ³³tsʻẽ³³kiɛ⁴⁵²	脚跟（儿）
脚□□	tɕiɤɯ¹³iu⁴¹•ɕio¹	脚印儿

心腹	ɕi⁴¹•pu¹	心口儿
心洞牯	ɕi⁴⁵²tiẽ³³•kuo³	胸脯
心腹洞牯	ɕi⁴⁵²•pu²tiẽ³³•kuo³	
肋扇骨	lɤ⁴³•ɕiẽ⁴kua¹³	肋骨
肋皮骨	lɤ⁴³pi³¹•ku³	
奶婆	ɲi³³•pu³	乳房
奶	ɲi³³	奶汁
肚儿	tuo³³•nɤ³	肚子
小肚儿	ɕio³³tuo³³•nɤ³	小肚子
腹脐穴	pu¹³tɕi⁴¹xua¹³	肚脐眼
腰牯	iɤɯ⁴⁵²•kua²	腰
背背骨	pɤ⁴¹•pɤ¹kua¹³	脊背
梁骨	liaŋ³¹kua¹³	脊梁骨

3. 其他

旋	tɕyẽ⁴¹	头发旋儿
双旋	soŋ⁴⁵²tɕyẽ⁴¹	双旋儿
汗毛	xoŋ⁴¹mia³¹	寒毛
汗毛穴牯	xoŋ⁴¹mia³¹xua¹³•kuo⁴	寒毛眼儿
痣	tɕiɤ⁴³	痣
骨	kua¹³	骨
骨头	kua¹³•tɤɯ⁴	
筋	tɕi⁴⁵²	筋
血	ɸui¹³	血
血管儿	ɸui¹³koŋ⁴⁴•nɤ⁵	血管
脉	mɤ⁴¹	脉
肚腹肚汉	tuo³³pu⁴³lu⁴¹•tsʻu¹	五脏
心	ɕi⁴⁵²	心
肝	koŋ⁴⁵²	肝
肺	ɸui⁴³	肺
胆	tu⁴⁴	胆
□□	mao³³•li³	脾
肚儿	tuo³³•nɤ³	胃

腰儿	iɤɯ⁴⁵²•nɤ²	肾
肚汉	lu⁴¹•tsʻu¹	肠
大肚汉	tʻæ⁴³lu⁴¹•tsʻu¹	大肠
小肚汉	ɕio³³lu⁴¹•tsʻu¹	小肠
□肚汉	tsʻuo³³lu⁴¹•tsʻu¹	盲肠

（十二）疾病、医疗

1. 一般用语

病	piɤɯ⁴¹	病
病吧咧	piɤɯ⁴¹•pa¹•liɛ³	病了
小病	ɕio³³piɤɯ⁴¹	小病
重病	tɕʻiɛ³³piɤɯ⁴¹	重病
大病	tʻæ⁴³piɤɯ⁴¹	
病轻吧咧	piɤɯ⁴¹tɕʻiu⁴⁵²•pa²•liɛ³	病轻了
病能吧咧	piɤɯ⁴¹nẽ³¹•pa⁴•liɛ³	病好了
请先生	tɕʻiu⁴⁴sa⁴⁵²sẽ⁴⁵²	请医生
整病	tɕiu⁴⁴piɤɯ⁴¹	医病
没安然	mɤ³³ŋã⁴⁵²•iã²	身上不适
眼病	ɳiɤ¹³piɤɯ⁴¹	看病
号脉	xia⁴¹⁻⁴³mɤ⁴¹	号脉
开单儿	xɤ⁴⁵²tẽ⁴⁵²•nɤ²	开药方儿
抓药	tɕia¹³iɤɯ⁴¹	抓药（中药）
买药	mi³³iɤɯ⁴¹	买药（西药）
药铺	iɤɯ⁴¹pʻu⁴³	（中）药铺
药房	iɤɯ⁴¹xoŋ³¹	药房（西药）
药罐罐	iɤɯ⁴¹kuaŋ¹³•kuaŋ⁴	药罐子
熬药	ŋia⁴⁵²iɤɯ⁴¹	煎药
膏药	kia⁴⁵²iɤɯ⁴¹	药膏
膏药	kia⁴⁵²iɤɯ⁴¹	膏药
药粉儿	iɤɯ⁴¹ɸyɛ⁴⁴•nɤ⁵	药面儿
上药	ɕiaŋ³³iɤɯ⁴¹	上药
出汗	sua¹³xoŋ⁴¹	发汗

去风	tɕʻyi⁴³⁻¹³ɸyɛ⁴⁵²	去风
退火	tʻuo⁴³ɸu⁴⁴	去火
去毒	tɕʻyi⁴³⁻¹³tuo⁴¹	去毒
打针	ta⁴⁴tɕi⁴⁵²	扎针
打火罐	ta⁴⁴ɸu⁴⁴kʻuo⁴³	拔火罐子

2. 内科

泻肚儿	ɕiu⁴³tuo³³•nɤ³	泻肚
发沸	ɸui¹³pa¹³	发烧
发烧	ɸui¹³ɕiɤɯ⁴⁵²	
发冷	ɸui¹³lu³³	发冷
起鸡肉皮儿	sɿ⁴⁴tsɿ⁴⁵²u⁴⁴pa³¹•nɤ³	起鸡皮疙瘩
伤风	xiaŋ³³ɸyɛ⁴⁵²	伤风
咳嗽	kʻɤ¹³sɤɯ⁴³	咳嗽
扯駒	tɕʻiu⁴⁴ɸyɛ⁴⁵²	哮喘
上火	xiaŋ³³ɸu⁴⁴	上火
肚儿憷	tuo³³•nɤ³tsʻa⁴¹	肚子疼
胸脯憷	ɕi⁴⁵²pu³¹ts'a⁴¹	胸口疼
脑壳晕	ɳia⁴⁴•kuo⁵ɸyɛ⁴⁵²	头晕
晕车	ɸyɛ⁴⁵²tɕʻiu⁴⁵²	晕车
晕船	ɸyɛ⁴⁵²tsʻyẽ³¹	晕船
脑壳憷	ɳia⁴⁴kʻuo³³tsʻa⁴¹	头疼
吐吧咧	tʻuo⁴³•pa⁴•liɛ³	吐了（呕吐）
打哕	ta⁴⁴yɛ⁴⁴	干哕
□头出吧咧	tsʻoŋ•tɤɯ¹ɕya¹³•pa⁴•liɛ³	脱肛
打摆儿	ta⁴⁴pi⁴⁴•nɤ⁵	发疟子
出瘌子	ɕya¹³mu³¹•tɤ³	出瘌疹
出水痘	ɕya¹³ɕya⁴⁴tɤɯ⁴¹	出水痘
出天花	ɕya¹³tʻẽ⁴⁵²ɸu⁴⁵²	出天花
痨病	lia³¹piɤɯ⁴¹	痨病

3. 外科

跌伤吧咧	tia⁴¹ɕiaŋ⁴⁵²•pa²•liɛ³	跌伤

撞伤吧咧 ts'oŋ⁴¹ɕiaŋ⁴⁵²•pa²•liɛ³ 碰伤

跌烂皮儿 tia⁴¹lẽ⁴¹pa³¹•nɤ³ 蹭破皮儿

挂吧粒口儿 kui⁴³pa³¹•la³xɤɯ⁴⁴•nɤ⁵ 刺
　　　　个口子

出血 sua¹³[～ɕya¹³]ɸui¹³ 出血

渗血 ts'ẽ⁴³ɸui¹³ 淤血

红肿 xiɛ³¹tɕi⁴⁴ 红肿

贯汁 koŋ⁴³tsŋ¹³ 溃脓

结痂儿 tsŋ¹³ku⁴⁵²•nɤ² 结痂

疤儿 pu⁴⁵²•nɤ² 疤

生疮 sẽ⁴⁵²ts'oŋ⁴⁵² 长疮

长疔 sẽ⁴⁵²tiu⁴⁵² 长疔

痔疮 tsŋ³³ts'oŋ⁴⁵² 痔疮

癣 sẽ⁴⁴ 癣

□儿 xia⁴³•nɤ⁴ 痱子

汗斑 xoŋ⁴¹pẽ⁴⁵² 汗斑

酒痣 tɕiɤɯ⁴⁴•tsŋ⁵ 粉刺

臊狐气 sua³³u³¹ts'ua⁴³ 狐臭

嘴公臭 tɕio⁴³•kiɛ⁴tɕ'iɤɯ⁴³ 口臭

大喉儿 t'æ⁴³xa⁴¹•nɤ¹ 大脖子

鼻头没灵 pa⁴¹•tɤɯ¹mɤ³³liu³¹ 鼻子不灵

齉鼻头 noŋ³³pa⁴¹•tɤɯ¹ 齉鼻儿

公鸭声气 kiɛ⁴⁵²u¹³ɕiu⁴⁵²⁻⁴⁴•sŋ⁵ 公鸭嗓儿

鼓眼球 kuo⁴⁴niɤ³³tɕiɤɯ³³ 鼓眼泡儿

4. 残疾等

羊子疯 iaŋ³¹•tɤ³ɸyɛ⁴⁵² 癫痫

抽风 tɕ'iɤɯ⁴⁵²ɸyɛ⁴⁵² 抽风

瘫吧咧 t'ã³³•pa³•liɛ³ 瘫痪

跛儿 pi⁴⁵²•nɤ² 瘸子

驼儿公 tao³¹•nɤ³•kiɛ³ 罗锅儿

聋儿 liɛ³¹•nɤ³ 聋子

哑儿 u⁴⁴•nɤ⁵ 哑巴

结儿公 tsŋ¹³•nɤ⁴•kiɛ⁵ 结巴

瞎儿 xi¹³•nɤ⁴ 瞎子

闷匠公 miɛ⁴¹tɕ'iaŋ⁴³•kiɛ⁴ 傻子

□子 puo⁴⁵²•tsŋ² 拽子

光头脑壳 kuaŋ⁴⁵²t'ɤɯ³¹nia⁴⁴kuo³³ 秃子

麻子 mu³¹•tɤ³ 麻子

麻子 mu³¹•tɤ³ 长麻子的人

六指□ lu⁴¹tɕi⁴⁴pa¹³ 六指儿

左撇拐子 tsuo⁴⁴•pɤ⁵kuai⁴⁴⁻³³•tsŋ³ 左撇子

（十三）衣服、穿戴

1. 衣

衣 a⁴⁵² 衣服

长衣□ ts'oŋ³¹a⁴⁵²•tɕ'iɤɯ² 长衫

旗袍 tsŋ³¹pia³¹ 旗袍

棉絮衣 pa³¹ɕio³³a⁴⁵² 棉衣

皮儿衣 pa³¹•nɤ³a⁴⁵² 皮袄

大衣 t'æ⁴³a⁴⁵² 大衣

短大衣 toŋ⁴⁴t'æ⁴³a⁴⁵² 短大衣

腹公衣 poŋ¹³•ki⁴[～•tɕi⁴][～•kiẽ⁴]
　　　　[～•tɕiẽ⁴]a⁴⁵² 内衣

□头□领衣 koŋ⁴¹tɤɯ³¹ɸyɛ⁴¹liu³³a⁴⁵² 针
　　　　织圆领衫

汗背心衣 xoŋ⁴¹pɤ⁴¹ɕi⁴⁵²a⁴⁵² 汗背心

□领 ɸyɛ⁴¹liu³³ 领子

领儿 liu³³•nɤ³

衣袖 a⁴⁵²•tɕ'iɤɯ² 袖子

长衣袖 ts'oŋ³¹a⁴⁵²•tɕ'iɤɯ² 长袖

短衣袖 toŋ⁴⁴a⁴⁵²•tɕ'iɤɯ² 短袖

裤 kyɛ⁴¹ 裤子

单裤 tẽ⁴⁵²kyɛ⁴¹ 单裤

腹公裤 poŋ¹³•ki⁴[～•tɕi⁴][～•kiẽ⁴]

[～·tɕiẽ⁴]kyɛ⁴¹ 内裤

短裤	toŋ⁴⁴kyɛ⁴¹	短裤
长脚裤	ts'oŋ³¹tɕiɤɯ¹³kyɛ⁴¹	连脚裤
开裆裤	tɕ'ia³³taŋ⁴⁵²kyɛ⁴¹	开裆裤
□头裤	koŋ⁴¹tɤɯ³¹kyɛ⁴¹	死裆裤
裤裆裆	kyɛ⁴¹·loŋ¹·loŋ¹	裤裆
裤腰	kyɛ⁴¹iɤɯ⁴⁵²	裤腰
裤腰带儿	kyɛ⁴¹iɤɯ⁴⁵²ti⁴³·nɤ⁴	裤腰带
裤袖	kyɛ⁴¹·tɕ'iɤɯ¹	裤腿儿
袋牯	ti⁴¹·k'uo¹	衣服上的口袋
扣儿	k'ua⁴³·nɤ⁴	纽扣
扣儿	k'ua⁴³·nɤ⁴	扣儿
襟巴	p'ẽ⁴³·pa⁴	中式的纽襟
扣儿穴牯	k'ua⁴³·nɤ⁴xua¹³·kuo⁴	扣眼儿
家织□□	ku⁴⁵²ts'oŋ³³m̩⁴¹·mẽ¹	自织的布

2. 鞋帽

鞋儿	xi³¹·nɤ³	鞋儿
拖鞋儿	t'ao⁴⁵²xi³¹·nɤ³	拖鞋
棉子鞋儿	pɤ³¹⁻⁴¹·tɤ³xi³¹·nɤ³	棉鞋
棉絮鞋子	pa³¹ɕio³³xi³¹·nɤ³	
皮儿鞋儿	pa³¹·nɤ³xi³¹·nɤ³	皮鞋
□□鞋儿	m̩⁴¹·mẽ¹xi³¹·nɤ³	布鞋
鞋儿底	xi³¹·nɤ³ti⁴⁴	鞋底儿
桶儿鞋儿	tiɛ⁴⁴·nɤ⁵xi³¹·nɤ³	雨鞋
鞋儿带儿	xi³¹·nɤ³ti⁴³·nɤ⁴	鞋带儿
袜	ui⁴¹	袜子
丝袜	sŋ⁴⁵²ui⁴¹	丝袜
长袜	ts'oŋ³¹ui⁴¹	长袜
短袜	toŋ⁴⁴ui⁴¹	短袜
□□脚	ŋã⁴⁴ŋã⁴⁴tɕiɤɯ¹³	裹脚
帽儿	mia⁴¹·nɤ¹	帽子
皮儿帽儿	pa³¹·nɤ³mia⁴¹·nɤ¹	皮帽

瓜牯帽儿	ku⁴⁵²·kua³mia⁴¹·nɤ¹	瓜皮帽
草帽儿	tɕ'ia⁴⁴mia⁴¹·nɤ¹	草帽
帽儿啄啄	mia⁴¹·nɤ¹tsua¹³·tsua⁴	帽檐儿
笠斗	la⁴¹tɤɯ⁴⁴	斗笠

3. 装饰品

手圈	ɕiɤɯ⁴⁴k'uẽ⁴⁵²	镯子
戒指	ki⁴³·tsŋ⁴	戒指
圈儿	k'uẽ⁴⁵²·nɤ²	项圈
百家锁	pu¹³ku⁴⁵²sao⁴⁴	百家锁
别针	pi⁴¹tɕi⁴⁵²	别针儿
耳□圈儿	ȵiɤ³³·ka³k'uẽ⁴⁵²·nɤ²	耳环
耳□环	ȵiɤ³³·ka³uẽ³¹	
粉	ɸyɛ⁴⁴	粉

4. 其他穿戴用品

围裙	ua³¹ki³¹	围裙
口水箍儿	k'ɤɯ⁴⁴sua⁴⁴kuo⁴⁵²·nɤ²	围嘴儿
手帕	ɕiɤɯ⁴⁴p'u⁴³	手绢儿
手套	ɕiɤɯ⁴⁴t'ia⁴³	手套
手套儿	ɕiɤɯ⁴⁴t'ia⁴³·nɤ⁴	
□□□	ɤ¹³mi⁴⁴·tsŋ⁵	眼镜
伞	sẽ⁴⁴	伞
蓑衣	sao⁴⁵²ua⁴⁵²[～ a⁴⁵²]	蓑衣
雨衣	u³³ua⁴⁵²[～ a⁴⁵²]	雨衣
手表	ɕiɤɯ⁴⁴piao⁴⁴	手表

（十四）饮食

1. 伙食

食饭	iɤ⁴¹ɸuẽ⁴¹	吃饭
食早	iɤ⁴¹tsao⁴⁴	早饭
食晡	iɤ⁴¹pu⁴⁵²	午饭
食夜	iɤ⁴¹iu⁴³	晚饭
食小晡	iɤ⁴¹ɕiɤɯ⁴⁴pu⁴⁵²	打尖（早餐到中餐之间的小吃）

食□□ iɤ⁴¹ŋuo⁴¹ɕiu¹³ 中餐到晚餐之间的点心

零碎□□ liu³³ɕio⁴³uaŋ⁴¹•ki¹ 零食

伙食 ɸu⁴⁴•sɿ⁵ 伙食

2. 米食

米饭 mi³³ɸuẽ⁴¹ 米饭

剩饭 ɕi⁴¹ɸuẽ⁴¹ 剩饭

煳吧咧 u⁴¹•pa¹•liɛ³（饭）煳了

馊吧咧 sɤɯ⁴⁵²•pa²•liɛ³（饭）馊了

□巴 lao¹³•pa⁴ 锅巴

糜饭 ma³¹ɸuẽ⁴¹ 粥

米汤 mi³³t'oŋ⁴⁵² 米汤

簸箩粽 pu³³•luo³•ts'a³ 大粽子

角公粽 kiɤɯ¹³•kiɛ⁴•ts'a³ 小粽子

3. 面食

面粉儿 mẽ⁴¹ɸyɛ⁴⁴•nɤ⁵ 面粉

面 mẽ⁴¹ 面条儿

挂面 kui⁴³mẽ⁴¹ 挂面

干切面 xẽ⁴³tɕ'i¹³mẽ⁴¹ 干切面

汤面 t'oŋ⁴⁵²mẽ⁴¹ 汤面

馒头 mẽ⁴³•t'ɤɯ⁴ 馒头

包子 piɤɯ⁴⁵²•tsɿ² 包子

元宵 uẽ³¹•sɿ³ 元宵

4. 肉、蛋类

肉片 u⁴⁴p'ian⁴³ 肉片

肉丝儿 u⁴⁴sɿ⁴⁵²•nɤ² 肉丝

肉皮儿 u⁴⁴pa³¹•nɤ³ 肉皮

猪爪儿 tɕio⁴⁵²tsao⁴⁴⁻³³•nɤ³ 猪蹄儿

猪爪儿筋 tɕio⁴⁵²tsao⁴⁴⁻³³•nɤ³tɕi⁴⁵² 蹄筋

牛舌头 ŋɤɯ³¹⁴¹[～li⁴¹]•tɤɯ¹ 牛舌头

猪舌头 tɕio⁴⁵²i⁴¹[～li⁴¹]•tɤɯ¹ 猪舌头

肚腹肚汉 tuo³³pu⁴³lu⁴¹•ts'u¹ 下水

肺 ɸui⁴³ 肺

肚汉 lu⁴¹•ts'u¹ 肠子

肋胸骨 lɤ⁴¹•ɕi¹kua¹³ 腔骨

牛肚儿 ŋɤɯ³¹tuo³³•nɤ³ 牛肚儿

猪肝 tɕio⁴⁵²koŋ⁴⁵² 肝

猪腰儿 tɕio⁴⁵²iɤɯ⁴⁵²•nɤ² 腰子

鸡杂碎 tsɿ⁴⁵²tsa¹³sui⁴³ 鸡杂儿

鸡肫儿 tsɿ⁴⁵²ki⁴³•nɤ⁴ 鸡肫

猪血 tɕio⁴⁵²ɸui¹³ 猪血

鸡血 tsɿ⁴⁵²ɸui¹³ 鸡血

炒鸡卵 ts'ao⁴⁴tsɿ⁴⁵²loŋ³³ 炒鸡蛋

饽饽蛋 pu⁴³•pu⁴loŋ³³ 荷包蛋

白肉□卵 pu⁴¹•u¹t'oŋ⁴³loŋ³³ 连壳煮的鸡蛋

蒸蛋 ts'ẽ⁴⁵²loŋ³³ 蛋羹

咸鸡蛋 ɸu³¹tsɿ⁴⁵²loŋ³³ 咸鸡蛋

咸鸭蛋 ɸu³¹u¹³loŋ³³ 咸鸭蛋

鸡蛋汤 tsɿ⁴⁵²loŋ³³t'oŋ⁴⁵² 鸡蛋汤

5. 菜

菜 tɕ'i⁴³ 菜（统称）

小菜 ɕiɤɯ⁴⁴tɕ'i⁴³ 素菜

荤菜 ɸyɛ⁴⁵²tɕ'i⁴³ 荤菜

咸菜 ɸu³¹tɕ'i⁴³ 咸菜

豆腐 tɤɯ⁴¹•ɸu¹ 豆腐

豆腐皮儿 tɤɯ⁴¹•ɸu¹pa³¹•nɤ³ 豆腐皮

干豆腐 xẽ⁴⁵²tɤɯ⁴¹•ɸu¹ 豆腐干儿

豆腐脑儿 tɤɯ⁴¹•ɸu¹nia³¹•nɤ³ 豆腐脑儿

豆浆 tɤɯ⁴¹tɕian⁴⁵² 豆浆

霉豆腐 mɤ³¹tɤɯ⁴¹•ɸu¹ 豆腐乳

粉 ɸyɛ⁴⁴ 粉丝

粉皮儿 ɸyɛ⁴⁴pa³¹•nɤ³ 粉皮

凉粉 lian³¹ɸyɛ⁴⁴ 凉粉

藕粉　　ŋɤɯ³³ɸyɛ⁴⁴ 藕粉

豆豉　　tɤɯ⁴¹‧sᶭ¹ 豆豉

6. 油、盐、作料

味道　　ua⁴¹tia⁴³ 滋味

气味　　ts‘ᶭ³³ua⁴¹ 气味

　气色　　ts‘ua⁴³‧çi⁴

猪油　　tɕio⁴⁵²iɤɯ³¹ 荤油

茶油　　ts‘u³¹iɤɯ³¹ 茶油

麻子油　　mu³¹‧tɤ³iɤɯ³¹ 脂麻油

盐　　ŋẽ³¹ 盐

粗盐　　ts‘uo⁴⁵²ŋẽ³¹ 粗盐

精盐　　tɕi⁴⁵²ŋẽ³¹ 精盐

麻子酱　　mu³¹‧tɤ³tɕiaŋ⁴⁵² 脂麻酱

辣子酱　　li⁴¹‧tɤ¹tɕiaŋ⁴³ 辣酱

醋　　ts‘uo⁴³ 醋

红糖　　xoŋ³¹toŋ³¹ 红糖

白糖　　pu⁴¹toŋ³¹ 白糖

叮叮糖　　tiŋ⁴⁵²‧tiŋ²toŋ³¹ 麦芽糖

胡椒　　xuo³¹‧tɕiɤɯ³ 胡椒粉

7. 烟、茶、酒

烟　　ŋẽ⁴⁵² 烟

烟叶儿　　ŋẽ⁴⁵²i⁴¹‧nɤ¹ 烟叶

烟丝　　ŋẽ⁴⁵²‧sᶭ² 烟丝

香烟　　çiaŋ⁴⁵²ŋẽ⁴⁵² 香烟

旱烟　　xoŋ⁴³ŋẽ⁴⁵² 旱烟

水烟袋牯　　çya⁴⁴ŋẽ⁴⁵²ti⁴¹‧kuo¹ 水烟袋

旱烟袋牯　　xoŋ⁴³ŋẽ⁴⁵²ti⁴¹‧kuo¹ 旱烟袋

烟盒儿　　ŋẽ⁴⁵²çi⁴¹‧nɤ¹ 烟盒

烟屎痂　　ŋẽ⁴⁵²sᶭ⁴⁴‧ka⁵ 烟油子

烟灰　　ŋẽ⁴⁵²xuo⁴⁵² 烟灰

火石　　ɸu⁴⁴çiu⁴¹ 火石

茶叶　　ts‘u³¹i⁴¹ 茶叶

沸水　　pa⁴³sua⁴⁴ 开水

泡茶　　p‘iɤɯ⁴³ts‘u³¹ 沏茶

空茶　　xiɛ⁴⁵²ts‘u³¹ 倒茶

白酒　　pu⁴¹tɕiɤɯ⁴⁴ 白酒

黄酒　　xoŋ³¹tɕiɤɯ⁴⁴ 黄酒

（十五）红白大事

1. 婚姻、生育

做媒　　tsɤ⁴³mɤ³¹ 做媒

媒人公　　mɤ³¹ŋ³¹‧kiɛ³ 媒人

　媒人　　mɤ³¹ŋ³¹

眼亲　　niɤ³³tɕ‘i⁴⁵² 相亲

年纪　　nẽ³¹tsᶭ⁴³ 年龄

订婚　　tiu⁴¹ɸyɛ⁴⁵² 订婚

定礼　　tiu⁴¹li⁴⁴ 定礼

抬嫁奁　　ti⁴³ku⁴³lẽ⁴ 过嫁妆

讨娘　　t‘ia⁴⁴nioŋ³¹（男子）娶亲

　娶亲　　tɕ‘yi³³tɕ‘i⁴⁵²

出嫁　　sua¹³ku⁴³（女子）出嫁

嫁女　　kua⁴³nio³³ 嫁闺女

结婚　　tɕi¹³ɸyɛ⁴⁵² 结婚

花轿儿　　ɸu⁴⁵²tɕiɤɯ⁴¹‧nɤ¹ 花轿

拜堂　　pi⁴³toŋ³¹ 拜堂

新郎公　　çi⁴⁵²loŋ³¹‧kiɛ³ 新郎

新婆娘　　sɤ⁴⁵²‧pɤ³¹nian³¹ 新娘

新房　　çi⁴⁵²xoŋ³¹ 新房

暖房　　noŋ⁴⁴xoŋ³¹ 暖房

回门　　xuo³¹miɛ³¹ 回门

嫁二嫁　　ku⁴³nɤ⁴³ku⁴³ 再醮

填房　　tẽ³¹xoŋ³¹ 填房

□吧崽咧　　p‘i³¹pa³tsɤ⁴⁴‧liɛ⁵ 怀孕了

　怀小格子咧 ɸui³¹çio³³‧kɤ³‧tɤ³‧liɛ³

□崽格娘牯 p'iɛ³¹tsɤ⁴⁴•kɤ⁵n̠ioŋ³¹•ku³ 孕妇

  □崽格娘牯 xi³³tsɤ⁴⁴•kɤ⁵n̠ioŋ³¹•ku³

生崽 sẽ⁴⁵²tsɤ⁴⁴ 生孩子

接生 tɕi¹³sẽ⁴⁵² 接生

衣盘 a⁴⁵²poŋ³¹ 胎盘

  盘儿 poŋ³¹•nɤ³

月满婆 ui¹³•mẽ⁴pu³¹ 月婆

坐月满 ts'ao³³ui¹³•mẽ⁴ 坐月子

满月 moŋ³³ui¹³ 满月

头胎 tɤɯ³¹t'i⁴⁵² 头胎

双胞胎 soŋ⁴⁵²pu⁴³t'i⁴⁵² 双胞胎

打胎 ta⁴⁴t'i⁴⁵² 打胎

食奶 iɤ⁴¹n̠i³³ 吃奶

奶脯嘴公 n̠i³³•pu³tɕio⁴³•kie⁴ 奶头

尿床 n̠iao¹³tuo³¹(小孩)尿床

2. 寿辰、丧葬

生日 sẽ⁴⁵²i⁴¹ 生日

做生日 tsɤ⁴³sẽ⁴⁵²i⁴¹ 做生日

寿命 ɕiɤɯ⁴¹miɤɯ⁴¹ 寿命

白喜事 pu⁴¹sʅ⁴⁴sʅ⁴¹ 丧事

救气 tɕiɤɯ⁴³ts'ʅ⁴³ 吊气

死吧咧 sa⁴⁴•pa⁵•lie⁵ 死了

板儿 poŋ⁴⁴•nɤ² 棺材

  老屋 lia³³uo¹³

  寿材 ɕiɤɯ⁴¹tɕ'i³¹

入殓 ŋ⁴¹lẽ⁴⁴ 入殓

守夜 ɕiɤɯ⁴⁴iu⁴³ 守灵

戴孝 ti⁴³ɕiɤɯ⁴³ 戴孝

孝子 ɕiɤɯ⁴³•tsʅ⁴ 孝子

孝孙 ɕiɤɯ⁴³ɕye⁴⁵² 孝孙

抬丧 ti³¹soŋ⁴⁵² 出殡时抬棺木

送葬 ɕie⁴³tsoŋ⁴³ 送葬

钱纸 ts'ẽ⁴¹tsʅ⁴⁴ 纸钱

祖地 tsuo⁴⁴ta⁴¹ 坟地

祖 tsuo⁴⁴ 坟墓

碑 pa⁴⁵² 碑

寻死路 ti³¹sa⁴⁴luo⁴³ 自杀

寻死路 ti³¹sa⁴⁴luo⁴³ 投水（自尽）

吊颈 tiɤɯ⁴³tɕiu⁴⁴ 上吊

尸身骨儿 sʅ⁴⁵²ɕi⁴⁵²kua¹³•nɤ⁴ 尸骨

3. 迷信

天老公 t'ẽ⁴⁵²ta³³（~la³³）kie⁴⁵² 老天爷

灶公婆 tɕia⁴³kie⁴⁵²pu¹³ 灶王爷

佛 ɸu³¹ 佛

菩萨 pu³¹•su³ 菩萨

  公公妈妈 kie⁴⁵²kie⁴⁵²•ma²•ma³

观音娘娘 koŋ⁴⁵²iẽ⁴⁵²n̠ian³¹n̠ian³¹ 观世音

  观音菩萨 koŋ⁴⁵²iẽ⁴⁵²pu³¹•su³

土地庙 t'uo⁴⁴ta⁴¹miɤɯ⁴¹ 土地庙

关帝庙 koŋ⁴⁵²ti⁴³miɤɯ⁴¹ 关帝庙

阎儿王 ŋ³¹•nɤ³uẽ³¹ 阎王

□□屋 tu⁴¹•t'i¹uo¹³ 祠堂

上□ ɕian³³•tɕi⁴³ 上供

烛 tɕio¹³ 蜡烛

蜡烛 lu⁴¹tɕio¹³

香 ɕian⁴⁵² 线香

烧香 ɕiɤɯ⁴⁵²ɕian⁴⁵² 烧香

求卦 tɕ'iɤɯ³¹kua¹³ 求签

□卦 ye⁴¹ku⁴³ 打卦

  打卦 ta⁴⁴kui⁴³

卦 ku⁴³[~kui⁴³] 珓

阴卦 i⁴⁵²ku⁴³[~kui⁴³] 阴珓

阳卦 ian³¹ku⁴³[~kui⁴³] 阳珓

庙会	miɤɯ⁴¹xuo⁴¹ 庙会	熨衣	yẽ⁴³a⁴⁵² 熨衣服
做道场	tsɤ⁴³tia⁴³ts'oŋ³¹ 做道场	烫衣	t'aŋ⁴³a⁴⁵²
念经	nẽ⁴³tɕi⁴⁵² 念经	**2. 食**	
眼风水	ȵiɤ¹³ɸyɛ⁴⁵²[～xoŋ⁴⁵²]sua⁴⁴ 看风水	烧火	ɕiɤɯ⁴⁵²ɸu⁴⁴ 生火
		煮饭	tɕio⁴⁴ɸuẽ⁴¹ 做饭
眼八字	ȵiɤ¹³pi¹³•tsɿ⁴ 算命	淘米	tia³¹mi³³ 淘米
八字先生	pi¹³•tsɿ⁴sa⁴⁵²sẽ⁴⁵² 算命先生	蒸馒头	tɕi⁴⁵²mẽ⁴³tɤɯ³¹ 蒸馒头
眼相格	ȵiɤ¹³ɕiaŋ⁴¹•kɤ¹ 看相的	择菜	ts'u⁴¹tɕ'i⁴³ 择菜
娘娘婆	niaŋ⁴¹niaŋ⁴¹•pu¹ 巫婆	煮菜	tɕio⁴⁴tɕ'i⁴³ 做菜
许愿	ɕio⁴⁴uẽ⁴¹ 许愿	打汤	tu⁴⁴t'oŋ⁴⁵² 做汤
还愿	pɤ³¹uẽ⁴¹ 还愿	饭要得咧	ɸuẽ⁴¹i⁴¹•tɤ¹•liɛ³ 饭好了

（十六）日常生活

		饭煮能吧咧	ɸuẽ⁴¹tɕio⁴⁴nẽ³¹•pa¹•liɛ³
1. 衣		生	sẽ⁴⁵²(饭)生
着衣	tsao¹³a⁴⁵² 穿衣服	开饭	xɤ⁴⁵²ɸuẽ⁴¹ 开饭
脱衣	t'ɤ¹³a⁴⁵² 脱衣服	盛饭	ɕiu³¹ɸuẽ⁴¹ 盛饭
脱鞋儿	t'ɤ¹³xi³¹•nɤ³ 脱鞋	食饭	iɤ⁴¹ɸuẽ⁴¹ 吃饭
量衣	liaŋ⁴¹a⁴⁵² 量衣服	夹菜	ki¹³tɕ'i⁴³ 搛菜
做衣	tsɤ⁴³a⁴⁵² 做衣服	□汤	uẽ⁴³t'oŋ⁴⁵² 舀汤
贴边	t'i¹³mẽ⁴⁴ 贴边	食早	iɤ⁴¹tsao⁴⁴ 吃早饭
绞边	kiɤɯ⁴⁴mẽ⁴⁵² 缲边儿	食晡	iɤ⁴¹pu⁴⁵² 吃午饭
打鞋儿底儿	tu⁴⁴xi³¹•nɤ³ti⁴⁴•nɤ⁵ 纳鞋底子	食夜	iɤ⁴¹iu⁴³ 吃晚饭
钉扣儿	tiu³³k'ɤɯ⁴³•nɤ⁴ 钉扣子	食零碎	iɤ⁴¹liu³¹•ɕio³ 吃零食
打补丁	ta⁴⁴pu⁴⁴tiu⁴⁵² 打补丁	肉没糜	u⁴⁴mɤ³³mɤ⁴⁴ 肉不烂
做被	tsɤ⁴³pa³³ 做被卧	食没摇	iɤ⁴¹mɤ³³iɤɯ³¹ 嚼不动
洗衣	ɕi⁴⁴a⁴⁵² 洗衣服	咽没下咧	kiɛ⁴¹mɤ³³ɸu³³•liɛ³(吃饭)
洗一水	ɕi⁴⁴i³³ɕya⁴⁴ 洗一水		噎住了
摆衣	pi⁴⁴a⁴⁵² 投	打隔	ta⁴⁴kɤ³³ 打隔儿
过清	ku⁴³tɕ'iu⁴⁵² 用清水漂洗	胀着吧咧	tsoŋ⁴³•tsɿ⁴•pa³•liɛ³(吃得太多了)
晒衣	ɕi⁴³a⁴⁵² 晒衣服		撑着了
晾衣	ȵiaŋ⁴¹a⁴⁵² 晾衣服	嘴公没味	tɕio⁴³•kiɛ⁴mɤ³³ua⁴¹ 嘴没味儿
浆衣	tɕiaŋ⁴¹a⁴⁵² 浆衣服	吸茶	ɕyi¹³ts'u³¹ 喝茶
		吸酒	ɕyi¹³tɕiɤɯ⁴⁴ 喝酒

吸烟　çyi¹³ŋẽ⁴⁵² 抽烟

　食烟　iɤ⁴¹ŋɛ⁴⁵²

饿吧咧　ŋao⁴¹•pa¹•liɛ³ 饿了

3. 住

起床　sŋ⁴⁴tuo³¹ 起床

洗手　çi⁴⁴çiɤɯ⁴⁴ 洗手

洗面　çi⁴⁴mẽ⁴¹ 洗脸

贯嘴　koŋ⁴³tɕio⁴³ 漱口

　漱口　su¹³k‘ɤɯ⁴⁴

梳脑壳　suo⁴⁵²n̠ia⁴⁴•k‘uo⁵ 梳头

编辫头　piɤɯ³³pẽ⁴¹•tɤɯ¹ 梳辫子

　梳辫儿　suo⁴⁵²pẽ⁴¹•nɤ¹

梳髻儿　suo⁴⁵²tɕiɤɯ⁴¹•nɤ¹ 梳髻

剪甲儿　tsẽ⁴⁴ku¹³•nɤ⁴ 剪指甲

挖耳口　ui¹³[～k‘ui¹³]n̠iɤ³³ka³³ 掏耳朵

洗浴　çi⁴¹io⁴¹ 洗澡

抹浴　mu⁴¹io⁴¹ 擦澡

屙尿　u⁴⁵²n̠iao¹³ 小便

屙口　u⁴⁵²ka⁴⁴ 大便

口凉　tɕ‘ya⁴⁵²liaŋ³¹ 乘凉

晒日头　çi⁴³nɤ⁴¹•tɤɯ¹ 晒太阳

炙火　tɕiu¹³ɸu⁴⁴ 烤火

点火　tẽ⁴⁴ɸu⁴⁴ 点灯

熄火　çiu¹³ɸu⁴⁴ 熄灯

口口　sŋ⁴³pɤ¹³ 歇歇

啄眼闭　tɕyi¹³nɤ³³•pa³ 打盹儿

打呵欠　ta⁴⁴xuo⁴⁵²⁻³³•çiẽ³ 打哈欠

苦吧咧　k‘uo⁴⁴•pa⁵•liɛ⁵ 困了

铺床　p‘u⁴⁵²tuo³¹ 铺床

睏下去　ɸyɛ⁴³ɸu³³xuo⁴³ 躺下

睏着吧咧　ɸyɛ⁴³tɕiu⁴¹•pa¹•liɛ³ 睡着了

扯炉　tɕ‘iu⁴⁴luo³¹ 打呼

睏没着　ɸyɛ⁴³mɤ³³tɕiɤɯ⁴¹ 睡不着

睏晡觉　ɸyɛ⁴³pu⁴⁵²tɕiɤɯ¹³ 睡午觉

向天睏　çiaŋ⁴³t‘ẽ⁴⁵²ɸyɛ⁴³ 仰面睡

侧起睏　tɕ‘iaŋ⁴¹•sŋ¹ɸyɛ⁴³ 侧着睡

伏起睏　p‘u¹³sŋ⁴⁴ɸyɛ⁴³ 趴着睡

扯筋　tɕ‘iu⁴⁴tɕi⁴⁵² 抽筋了

得梦　tɤ¹³miɛ⁴³ 做梦

讲梦话　ki⁴⁴miɛ⁴¹ɸu⁴³ 说梦话

开夜班　xɤ⁴⁵²iu⁴³pẽ⁴⁵² 开夜车

4. 行

下地　ɸu³³ta⁴¹ 下地

出工　çya¹³kiɛ⁴⁵² 上工

收工　çiɤɯ⁴⁵²kiɛ⁴⁵² 收工

出吧去咧　çya¹³•pa⁴xuo⁴³•liɛ⁴ 出去了

　出去吧咧　çya¹³•xuo⁴pa³³•liɛ³

归吧来咧　kua⁴⁵²•pa²la³¹•liɛ³ 回家了

　归来咧　kua⁴⁵²la³¹•liɛ³

游街　iɤɯ³¹ki⁴⁵² 逛街

（十七）讼事

打官司　tu⁴⁴koŋ⁴⁵²sŋ⁴⁵² 打官司

告状　kia⁴³ts‘oŋ⁴¹ 告状

状儿　ts‘oŋ⁴¹•nɤ¹ 状子

　状子　ts‘oŋ⁴¹•tsŋ¹

坐堂　ts‘ao³³toŋ³¹ 坐堂

退堂　t‘uo⁴³toŋ³¹ 退堂

服吧咧　ɸu⁴¹•pa¹•liɛ³ 服

没服　mɤ³³ɸu⁴¹ 不服

失错　sŋ⁴¹ts‘ao³¹ 误犯

罚钱　ɸui⁴¹ts‘ẽ³¹ 罚款

杀吧咧　çi¹³•pa⁴•liɛ³ 斩首

打口股　ta⁴⁴çi⁴³•kuo⁴ 打屁股

上铐儿	ɕiaŋ³³kʻia⁴³•nɤ⁴ 上枷	送客	ɕiɛ⁴³ɸu¹³ 送客
手铐儿	ɕiɤɯ⁴⁴kʻia⁴³•nɤ⁴ 手铐	没送咧	mɤ³³ɕiɛ⁴³•liɛ⁴ 不送了
脚铐儿	tɕiɤɯ¹³kʻia⁴³•nɤ⁴ 脚镣	多谢	tao⁴⁵²ɕiu⁴³ 谢谢
□起来	ka¹³•sʅ⁴•la³ 绑起来	摆酒	pi⁴⁴tɕiɤɯ⁴⁴ 摆酒席
关起来	kuɛ̃⁴⁵²•sʅ²•la³ 囚禁起来	做酒	tsɤ⁴³tɕiɤɯ⁴⁴
坐牢	tsʻao³³lia³¹ 坐牢	一面枱儿酒	i³³mɛ̃⁴¹ti³¹•nɤ³tɕiɤɯ⁴⁴ 一
立字	la⁴³tsʅ⁴¹ 立字据	桌酒席	
画□	ɸu⁴³ɸu¹³ 画押	请帖儿	tɕʻiu⁴⁴tʻi³¹•nɤ³ 请帖
按手墨	ŋã⁴³ɕiɤɯ⁴⁴mɤ⁴¹ 按手印	下请帖	ɸu³³tɕʻiu⁴⁴tʻi³¹ 下请帖
地租	ta⁴¹tsuo⁴⁵² 地租	下帖儿	ɸu³³ti³¹•nɤ³
地契子	ta⁴¹tsʻʅ¹³•tsʅ⁴ 地契	上菜	ɕiaŋ³³tɕʻi⁴³ 上菜
税契	ɕy⁴³tsʻʅ¹³ 税契	空酒	xiɛ⁴⁵²tɕiɤɯ⁴⁴ 斟酒
纳税	ȵi⁴⁴ɕyi⁴³ 纳税	劝酒	kʻuɛ̃⁴³tɕiɤɯ⁴⁴ 劝酒
交税	kiɤɯ⁴⁵²ɕyi⁴³	干杯	xɛ̃⁴³pɤ⁴⁵² 干杯
印	i⁴³ 印	喂□	ui⁴¹⁻⁴⁴mɤ³¹ 行酒令
章子	tɕiaŋ⁴⁵²•tsʅ²	猜□	tɕʻi⁴⁵²mɤ³¹
上位	ɕiaŋ³³ua⁴¹ 上任	仇家	ɕiɤɯ³¹ku⁴⁵² 冤家
下位	ɸu³³ua⁴¹ 卸任	插嘴公	tsʻu⁴³tɕio⁴³•kiɛ⁴ 插嘴
		插话	tsʻu⁴³ɸu⁴¹
（十八）交际		摆架儿	pi⁴⁴ku⁴³•nɤ⁴ 摆架子
		装闷匠	tsoŋ⁴⁵²miɛ⁴¹•tɕʻiaŋ¹ 装傻
来去	la³¹xuo⁴³ 来往	出洋相	ɕya¹³iaŋ³¹•ɕiaŋ³ 出洋相
走	tsɤɯ⁴⁴	出丑	ɕya¹³tɕʻiɤɯ⁴⁴ 丢人
眼人	ȵiɤ¹³ŋ³¹ 看人（看望）	捧泡泡	pɛ̃⁴⁴pʻao⁴³•pʻao⁴ 巴结
客	ɸu¹³ 客人	串门	tsʻoŋ⁴¹miɛ³¹ 串门儿
请客	tɕʻiu⁴⁴ɸu¹³ 请客	眼得起	ȵiɤ¹³•tɤ⁴sʅ⁴⁴ 看得起
招呼	tɕiɤɯ⁴⁵²•ɸu² 招待	眼没起	ȵiɤ¹³mɤ³³sʅ⁴⁴ 看不起
男客	nu³¹ɸu¹³ 男客	合伙	ɸu⁴¹ɸu⁴⁴ 合伙儿
女客	ȵio³³ɸu¹³ 女客	答应	tu¹³iɛ⁴³ 答应
送礼	ɕiɛ⁴³li⁴⁴ 送礼	不答应	mɤ³³tu¹³iɛ⁴³ 不答应
做客	tsɤ⁴³ɸu¹³ 做客		
待客	tiʻ³³ɸu¹³ 待客		
陪客	pɤ³¹ɸu¹³ 陪客		

（十九）商业、交通

1. 经商行业

牌儿　　　pi³¹•nɤ³ 招牌

开铺　　　xɤ⁴⁵²p‘u⁴³ 开铺子

　开店儿　xɤ⁴⁵²tẽ⁴¹•nɤ¹

铺面　　　p‘u⁴³mẽ⁴¹ 铺面

摆摊儿　　pi⁴⁴t‘ẽ⁴⁵²•nɤ² 摆摊子

伙铺　　　ɸu⁴⁴p‘u⁴³ 旅店

饭馆儿　　ɸuẽ⁴¹koŋ⁴⁴•nɤ⁵ 饭馆儿

□□店儿　m̩⁴¹•mẽ¹tẽ⁴¹•nɤ¹ 布店

剃脑壳格店子 t‘i⁴³n̠ia⁴⁴•kuo⁵•kɤ⁵tian¹³•tsʅ⁴
　　　　理发店

　剪头发格店子 tsẽ⁴⁴tɤɯ³¹ɸyɛ¹³•kɤ⁵tian¹³•tsʅ⁴

剃脑壳　　t‘i⁴³n̠ia⁴⁴•kuo⁵ 理发

刮面吧　　kyɛ⁴¹mẽ⁴¹•pa¹ 刮脸

刮胡儿　　kyɛ⁴¹u³¹•nɤ³ 刮胡子

肉铺　　　u⁴⁴p‘u⁴³ 肉铺

杀猪　　　çi¹³tɕio⁴⁵² 杀猪

油坊　　　iɤɯ³¹xoŋ³¹ 油坊

租屋　　　tsuo⁴⁵²uo¹³ 租房子

煤铺　　　mɤ³¹p‘u⁴³ 煤铺

2. 经营、交易

开业　　　xɤ⁴⁵²n̠iɛ⁴³ 开业

盘数　　　poŋ³¹suo⁴³ 盘点

开价　　　xɤ⁴⁵²ku⁴³ 开价

还价　　　pɤ³¹ku⁴³ 还价

便宜　　　pa³¹•ŋẽ³(价钱) 便宜

贵　　　　kua⁴³(价钱) 贵

趸　　　　tuo⁴⁴ 包圆儿

生意能　　sẽ⁴⁵²i⁴³nẽ³¹ 买卖好

生意没能　sẽ⁴⁵²i⁴³mɤ³³nẽ³¹ 买卖清淡

工钱　　　kiɛ⁴⁵²ts‘ẽ³¹ 工钱

本钱　　　piɛ⁴⁴ts‘ẽ³¹ 本钱

保本　　　pia⁴⁴piɛ⁴⁴ 保本

赚着钱　　tɕyẽ⁴³•tsʅ⁴ts‘ẽ³¹ 赚钱

亏本　　　k‘ua⁴⁵²piɛ⁴⁴ 亏本

路费　　　luo⁴¹ɸyɛ⁴³ 路费

利　　　　la⁴¹ 利息

差　　　　ts‘u⁴⁵² 差

3. 账目、度量衡

收账　　　çiɤɯ⁴⁵²tɕiaŋ⁴³ 收账

出账　　　çya¹³tɕiaŋ⁴³ 出账

欠账　　　k‘iẽ¹³tɕiaŋ⁴³ 欠账

要账　　　i⁴¹tɕiaŋ⁴³ 要账

烂账　　　lẽ⁴¹tɕiaŋ⁴³ 烂账

存款　　　tɕ‘yɛ³¹ts‘ẽ³¹ 存款

零碎钱　　liu³³çio⁴³ts‘ẽ³¹ 零钱

　零钱　　liu³³ts‘ẽ³¹

钱　　　　ts‘ẽ³¹ 钞票

毫儿　　　xia³¹•nɤ³ 硬币

铜板　　　tiɛ³¹ts‘ẽ³¹ 铜板儿

银□钱　　ŋi³¹•ɸu³ts‘ẽ³¹ 银元

一分钱　　i³³ɸyɛ⁴⁵²ts‘ẽ³¹ 一分钱

一角钱　　i³³tɕiɤɯ¹³ts‘ẽ³¹ 一角钱

一块钱　　i³³k‘ui⁴³ts‘ẽ³¹ 一块钱

十块钱　　sʅ⁴¹k‘ui⁴³ts‘ẽ³¹ 十块钱

一百块钱　i³³pu¹³k‘ui⁴³ts‘ẽ³¹ 一百块钱

一张票儿　i³³tsoŋ⁴⁵²p‘iɤɯ⁴³•nɤ⁴ 一张票子

算盘　　　soŋ⁴³pu³¹ 算盘

秤　　　　tɕ‘i⁴³ 秤

磅秤　　　pẽ⁴⁴tɕ‘i⁴³ 磅秤

秤盘儿　　tɕ‘i⁴³poŋ³¹•nɤ³ 秤盘

秤星儿　　tɕ‘i⁴³çiu⁴⁵²•nɤ² 秤星儿

秤杆儿　　tɕ'i⁴³koŋ⁴⁴•nɤ⁵ 秤杆儿
　秤□儿　tɕ'i⁴³•mɤ⁴•nɤ³
秤钩公　　tɕ'i⁴³kɤɯ⁴⁵²kyɛ⁴³ 秤钩子
秤砣　　　tɕ'i⁴³tao³¹ 秤锤
秤索儿　　tɕ'i⁴³sao¹³•nɤ⁴ 秤毫
秤起吧咧　tɕ'i⁴³sɿ⁴⁴•pa⁵•liɛ⁵ 秤尾高
秤跌起咧　tɕ'i⁴³tia⁴¹•sɿ¹•liɛ² 秤尾低
刮板　　　kyɛ⁴¹pẽ⁴⁴ 刮板

4. 交通

铁路　　　t'i¹³luo⁴¹ 铁路
铁轨　　　t'i¹³kyɛ⁴⁴ 铁轨
火车　　　ɸu⁴⁴tɕ'iu⁴⁵² 火车
火车站　　ɸu⁴⁴tɕ'iu⁴⁵²tsan¹³ 火车站
马路　　　mu³³luo⁴¹ 公路
汽车　　　ts'ɿ⁴³tɕ'iu⁴⁵² 汽车
客车　　　ɸu¹³tɕ'iu⁴⁵² 客车
货车　　　k'u⁴³tɕ'iu⁴⁵² 货车
小车儿　　ɕio⁴⁴tɕ'iu⁴⁵²•nɤ² 小轿车
摩托车　　mao³¹lao³¹tɕ'iu⁴⁵² 摩托车
三粒滚儿格车 su⁴⁵²•la²kyɛ⁴⁴•nɤ⁵•kɤ⁵tɕ'iu⁴⁵²
　　　　　三轮车
　三轮车　sã⁴⁵²lẽ³¹tɕ'iɛ⁴⁵²
大车　　　t'æ⁴³tɕ'iu⁴⁵² 大车
鸡公车　　tsɿ⁴⁵²kiɛ⁴⁵²tɕ'iu⁴⁵² 鸡公车
船　　　　tɕ'yẽ³¹ 船（总称）
篷儿　　　piɛ³¹•nɤ³ 篷
舵　　　　tao³¹ 舵
篙儿　　　kia⁴⁵²•nɤ² 篙
跳板　　　t'iɤɯ⁴⁴pẽ⁴⁴ 跳板
渔船　　　ŋuo³¹tɕ'yẽ³¹ 渔船
渡船　　　tuo⁴¹tɕ'yẽ³¹ 渡船

过渡　　　ku⁴³tuo⁴¹ 过摆渡
渡口儿　　tuo⁴¹xɤɯ⁴⁴•nɤ⁵ 渡口

（二十）文化教育

1. 学校

读书　　　tuo⁴¹ɕio⁴⁵² 上学
放学　　　poŋ⁴¹ɕiɤɯ⁴¹ 放学
私塾　　　sɿ⁴⁵²ɕio¹³ 私塾
书钱　　　ɕio⁴⁵²ts'ẽ³¹ 学费
放假　　　poŋ⁴¹tɕia⁴⁴ 放假
请假　　　tɕ'iu⁴⁴tɕia⁴⁴ 请假

2. 教室、文具

上课　　　ɕiaŋ³³k'uo¹³ 上课
下课　　　ɸu³³k'uo⁴³ 下课
讲台　　　tɕiaŋ⁴⁴t'æ³¹ 讲台
本儿　　　piɛ⁴⁴•nɤ⁵ 笔记本
铅笔　　　yẽ³¹•pi³ 铅笔
铅笔刀　　yẽ³¹•pi³tia⁴⁵² 铅笔刀
笔　　　　pa¹³ 钢笔
毛笔　　　mɤ³¹pa¹³ 毛笔
盖儿　　　kɤ⁴³•nɤ⁴ 笔帽
笔筒牯　　pa¹³tiɛ³¹•kuo³ 笔筒
砚石　　　ŋi⁴¹ɕiu⁴¹ 砚台
磨墨　　　mao³¹mɤ⁴¹ 研墨
墨盒儿　　mɤ⁴¹xi⁴¹•nɤ¹ 墨盒儿
墨水　　　mɤ⁴¹sua⁴⁴ 墨汁
□笔　　　pɤ⁴¹pa¹³ 搽 tiàn 笔
墨水　　　mɤ⁴¹sua⁴⁴ 墨水儿
书袋牯　　ɕio⁴⁵²ti⁴¹•k'uo¹ 书包
　书包　　ɕio⁴⁵²•pi²

3. 读书、识字

读书格人 tuo⁴¹ɕio⁴⁵²•kɤ²ŋ³¹ 读书人
识字格　 ɕiɤ¹³tsɿ⁴¹•kɤ¹ 识字的

黑肚儿　　xɤ¹³tuo³³•nɤ³ 不识字的

读书　　　tuo⁴¹ɕio⁴⁵² 读书

背书　　　pɤ⁴¹ɕio⁴⁵² 背书

报名　　　pia⁴³miɤɯ³¹ 报考

考场　　　k'ia⁴⁴tɕ'iaŋ³¹ 考场

入场　　　ŋ⁴¹tɕ'iaŋ³¹ 入场

考试　　　k'ia⁴⁴•sɿ¹ 考试

满分儿　　moŋ³³ɸyɛ⁴⁵²•nɤ² 满分

出榜　　　ɕya¹³pẽ⁴⁴ 发榜

头名　　　tɤɯ³¹miɤɯ³¹ 头名

尾公名　　ma³³•kiɛ³miɤɯ³¹ 末名

　尾名　　ma³³miɤɯ³¹

4. 写字

抹吧咧　　mu⁴¹•pa¹•liɛ² 涂了

　抹吧去　mu⁴¹•pa¹xuo⁴³

写白字　　ɕiu⁴⁴pu⁴¹tsɿ⁴¹ 写白字

□□字　　yɛ⁴³•kɤ⁴tsɿ⁴¹ 掉字

草稿　　　tɕ'ia⁴⁴kia⁴⁴ 草稿

起稿儿　　sɿ⁴⁴kia⁴⁴•nɤ⁵ 起稿子

一点　　　i³³tẽ⁴⁴ 一点

一□横格　i³³p'i¹³uẽ³¹•kɤ³ 一横

　一横　　i³³uẽ³¹

一□直格　i³³p'i¹³tɕiɤ⁴¹•kɤ¹ 一竖

　一竖　　i³³su¹³

一撇　　　i³³p'i¹³ 一撇

一拖　　　i³³t'ao⁴⁵² 一捺

一勾　　　i³³kɤɯ⁴⁵² 一勾

一画　　　i³³ɸu⁴¹ 一画

（二十一）文体活动

1. 游戏、玩具

□□　　　tɕi⁴³tɕio⁴¹ 玩

躲□子　　tuo⁴⁴muo⁴⁴tsɿ³ 捉迷藏

躲偋儿　tuo⁴⁴pao⁴⁴•nɤ⁵

打□　　　ta⁴⁴puo⁴⁵² 抓子儿

打飘飘　　ta⁴⁴piao⁴⁵²piao⁴⁵² 在水面上
　　　　　掷瓦片

跳间　　　t'iɤɯ⁴³kã¹³ 跳房子

跳格儿　　　t'iɤɯ⁴³kɤ¹³•nɤ⁴

扯索儿　　tɕ'iu⁴⁴sao¹³•nɤ⁴ 两人轮换
　　　　　翻动手指头上的细绳，变
　　　　　出各种花样

猜□　　　tɕ'i⁴⁵²pa³¹ 猜谜语

打摇摇　　ta⁴⁴iao³¹iao³¹ 荡秋千

吹飞飞　　ts'ua⁴⁵²ɸui⁴⁵²ɸui⁴⁵² 吹口哨

过家家　　ku⁴³ku⁴⁵²•ku² 过家家

炮仗　　　p'iɤɯ⁴³•soŋ³ 爆竹

放炮仗　　poŋ⁴¹p'iɤɯ⁴³•soŋ³ 放鞭炮

2. 体育

下棋　　　ɸu³³tsɿ³¹ 下棋

马　　　　mu³³ 马

炮　　　　p'iɤɯ⁴³ 炮

兵　　　　piɤɯ⁴⁵² 兵，卒

推卒　　　t'uo⁴⁵²tsu¹³ 拱卒

将军　　　tɕiaŋ⁴⁵²ki¹³ 将军

围棋　　　ua³¹tsɿ³¹ 围棋

黑子　　　xɤ¹³•tsɿ⁴ 黑子

白子　　　pu⁴¹•tsɿ¹ 白子

洗浴　　　ɕi⁴⁴io⁴¹ 游泳

向天洗浴　ɕiaŋ⁴³t'ẽ⁴⁵²ɕi⁴¹io⁴¹ 仰泳

□起游　　ka⁴³•sɿ⁴io⁴¹

躲汹牯　　tuo⁴⁴ma¹³•kuo⁴ 潜水

□汹子　　tɕ'io⁴³ma¹³•tsɿ⁴

打球　　　ta⁴⁴tɕiɤɯ³¹[～tɕ'iɤɯ³¹] 打球

跳远　　　t'iɤɯ⁴³uẽ³³ 跳远

跳高　　t'iɤɯ⁴³kia⁴⁵² 跳高

3. 武术、舞蹈

功夫　　kiɛ⁴⁵²ɸu⁴⁵² 功夫

翻筋斗　ɸuẽ⁴⁵²tɕi⁴⁵²[～ ki⁴⁵²]•tɤɯ² 翻跟头

耍狮儿　ɕya⁴⁴sʅ⁴⁵²•nɤ² 舞狮子

踩高脚　ts'a⁴⁴kia⁴⁵²tɕiɤɯ¹³ 高跷

4. 戏剧

大戏　　t'æ⁴³sʅ⁴³ 大戏

戏台儿　sʅ⁴³ti³¹•nɤ³ 戏台

耍把戏　ɕya⁴⁴pa⁴⁴ɕi⁴³ 耍魔术

耍龙灯　ɕya⁴⁴lian³¹•tiɛ³ 耍龙灯

讲书　　ki⁴⁴ɕio⁴⁵² 说书

花面吧　ɸu⁴⁵²mẽ⁴¹•pa¹ 花脸

丑丑　　tɕ'iɤɯ⁴⁴tɕ'iɤɯ⁴⁴ 小丑

（二十二）动作

1. 一般动作

徛　　　tsʅ³³ 站

跔　　　tɕyi⁴⁵² 蹲

跌着吧咧　tia⁴¹•tsʅ¹•pa³•liɛ³ 跌倒了

□起来　　ui¹³sʅ⁴⁴la³¹ 爬起来

　爬起来　pu³¹sʅ⁴⁴la³¹

摇脑壳　iao³¹nia⁴⁴•kuo⁵ 摇头

点脑壳　tẽ⁴⁴nia⁴⁴•kuo⁵ 点头

抬脑壳　ti³¹nia⁴⁴•kuo⁵ 抬头

脑壳低起　nia⁴⁴•kuo⁵ti⁴¹•sʅ¹ 低头

　勾起脑壳　kɤɯ⁴⁵²•sʅ²nia⁴⁴•kuo⁵

反过来　ɸuẽ⁴⁴ku⁴³la³¹ 回头

睁开眼球　tsẽ⁴⁵²k'æ⁴⁵²niɤ³³tɕiɤɯ³¹ 睁眼

鼓起眼球　kuo⁴⁴•sʅ⁵niɤ³³tɕiɤɯ³¹ 瞪眼

眯眼球　ma⁴¹niɤ³³tɕiɤɯ³¹ 闭眼

眨眼球　tsu⁴⁴niɤ³³tɕiɤɯ³¹ 眨眼

撞着　ts'oŋ⁴¹•tsʅ¹ 遇见

眼　niɤ¹³ 看

眼球乱转　niɤ³³tɕiɤɯ³¹loŋ⁴¹tɕyẽ⁴³ 眼睛乱转

流眼泪水　liɤɯ⁴⁴nɤ³³•la³sua⁴⁴ 流眼泪

嘴公丫开　tɕio⁴³•kiɛ⁴ŋa⁴⁵²•xɤ² 张嘴

嘴公眯起　tɕio⁴³•kiɛ⁴ma⁴⁵²⁻¹³•sʅ⁴ 闭嘴

举手　tɕyi⁴⁴ɕiɤɯ⁴⁴ 举手

摆手　pi⁴³ɕiɤɯ⁴⁴ 摆手

放手　poŋ⁴³ɕiɤɯ⁴⁴ 撒手

摛手　ts'ʅ⁴⁵²ɕiɤɯ⁴⁴ 伸手

　抻手　tɕ'iẽ⁴³ɕiɤɯ⁴⁴

动手　tiɛ⁴³ɕiɤɯ⁴⁴ 动手

拍手　p'ia¹³ɕiɤɯ⁴⁴ 拍手

手□到背地　ɕiɤɯ⁴⁴k'yɤ⁴¹•nɤ¹pɤ⁴¹•ti¹ 背着手儿

叉着手　ts'u⁴⁵²•tsʅ²ɕiɤɯ⁴⁴ 叉着手儿

交着手　kiɤɯ⁴⁴•tsʅ⁵ɕiɤɯ⁴⁴ 笼着手

掩着　iɛ⁴⁵²•tsʅ² 捂住

搁□　ts'ɤɯ⁴⁵²ka⁴⁴[～ sʅ⁴⁴] 把屎

搁尿　ts'ɤɯ⁴⁵²niao¹³ 把尿

□着　tiɛ⁴³•tsʅ⁴ 扶着

扣着拳儿　k'ɤɯ⁴³•tsʅ⁴sua³¹•mɤ³ 攥起拳头

跺脚　t'ao⁴³tɕiɤɯ¹³ 跺脚

　蹬脚　tẽ⁴³tɕiɤɯ¹³

踮起脚　tẽ⁴⁴sʅ¹tɕiɤɯ¹³ 踮脚

脚绞起　tɕiɤɯ¹³kao⁴³•sʅ⁴ 跷二郎腿

　绞起脚　kiɤɯ⁴⁴•sʅ¹tɕiɤɯ¹³

脚绞起　tɕiɤɯ¹³kao⁴³•sʅ⁴ 蜷腿

抖脚　lɤɯ⁴⁴tɕiɤɯ¹³ 抖腿

踢脚　t'iu¹³tɕiɤɯ¹³ 踢腿

弯起腰牯　uẽ⁴⁵²•sʅ²iɤɯ⁴⁵²•kua² 弯腰

直起腰 tɕiɤ⁴¹•sɻ¹iɤɯ⁴⁵² 伸腰

撑腰牯 ts'ẽ³³n̍ɯ⁴⁵²kua² 撑腰（支持）

捶背背 ts'ua¹³pɤ⁴¹•pɤ¹ 捶背

擤鼻 ɕyi¹³pa⁴¹ 擤（鼻涕）

吸鼻 ɕyi¹³pa⁴¹ 吸溜鼻涕

打哈□ ta⁴⁴xæ⁴⁵²•tɕ'iu² 打喷嚏

闻 miɛ³¹ 闻

嫌 ɕiẽ³¹ 嫌弃

　嫌弃 ɕiẽ³¹•sɻ³

哭 xuo¹³ 哭

□ yɛ⁴¹ 扔

　□ mẽ⁴⁴

讲 ki⁴⁴ 说

　话 k'ua¹³

□ k'ui¹³ 跑

走 tsɤɯ⁴⁴ 走

放 poŋ⁴³ 放

收拾 ɕiɤɯ⁴⁵²•sɻ² 收拾（东西）

选 suẽ⁴⁴ [～ɕyẽ⁴⁴] 选择

拈起 ɲi⁴⁵²•sɻ² 提起（东西）

捡起来 tɕ'i⁴⁴•sɻ⁵•la³ 捡起来

抹吧去 mu⁴¹•pa¹xuo⁴³ 擦掉

扔吧去 yɛ⁴¹•pa¹4xuo⁴³ 扔掉

失吧 sɻ⁴¹•pa¹ 丢失

落 lao⁴¹ 落

寻着吧咧 ti³¹•tsɻ³•pa³•liɛ³ 找着了

□ tɕiɤɯ⁴³ 藏（起来）

码起来 mu³³tɕiɤɯ⁴¹sɻ³•la³ 码起来

2. 心理活动

□得 na⁴⁵²•tɤ² 知道

懂着吧咧 toŋ⁴⁴•tsɻ⁵•pa³•liɛ³ 懂了

会着吧咧 xuo⁴¹•tsɻ¹•pa³•liɛ³ 会了

识得 ɕiɤ¹³•tɤ⁴ 认得

没识得 mɤ³³ɕiɤ¹³•tɤ⁴ 不认得

　识没得 ɕiɤ¹³mɤ³³•tɤ³

识字 ɕiɤ¹³tsɻ⁴¹ 识字

想□ sɤ⁴⁵²•ti² 想想

估计 kuo⁴⁴•tsɻ⁵ 估量

想主意 sɤ⁴⁵²tɕio⁴⁴•i⁵ 想主意

猜□ tɕ'i⁴⁵²•ti² 猜想

信 ɕi⁴³ 相信

疑 nɤ³¹ 怀疑

　疑着 nɤ³¹•tsɻ³

怯死 ɕi¹³sa⁴⁴ 害怕

吓着咧 ɸu⁴³•tsɻ⁴•liɛ³ 吓着了

　吓着吧咧 ɸu⁴³•tsɻ⁴•pa³•liɛ³

着急 tɕiɤɯ⁴³tsɻ¹³ 着急

挂牵 kui⁴³•tɕ'iẽ⁴ 牵挂

放心 poŋ⁴³ɕi⁴⁵² 放心

想着 sɤ⁴⁵²•tsɻ² 盼望

念 ɲiɛ¹³

记着 tsɻ⁴³•tsɻ⁴ 记着

　记得 tsɻ⁴³•tiɛ³

忘□吧咧 mɤ⁴³ɸu⁴•pa³•liɛ³ 忘记了

想起来了 sɤ⁴⁵²•sɻ²•la³•liɛ³ 想起来了

眼球红 ɲiɤ³³tɕiɤɯ³¹xiɛ³¹ 眼红

嫌 ɕiẽ³¹ 讨厌

偏心 p'ẽ⁴⁵²ɕi⁴⁵² 偏心

怄气 ɤɯ⁴³ts'ɻ⁴³ 怄气

怨 uẽ⁴³ 抱怨

憋气 pi¹³ts'ɻ⁴³ 憋气

生气 sẽ⁴⁵²ts'ɻ⁴³ 生气

□憷 ti⁴³ts'a⁴¹（对人）疼爱

所喜 suo⁴⁴xi⁴⁴ 喜欢

多谢	tao⁴⁵²ɕiu⁴³	感谢
娇	kiɤɯ⁴⁵²	娇惯
依着	i⁴⁵²•tsʅ²	迁就
将就	tɕiaŋ⁴⁵²tɕiɤɯ⁴¹	

3. 语言动作

讲话	ki⁴⁴ɸu⁴¹	说话
话话	k'ua¹³ɸu⁴¹	
谈白	t'ã³¹pɤ¹³	聊天
没做声	mɤ³³tɕi³³ɕiu⁴⁵²	不做声
骗	p'ẽ⁴³	骗
告诉	kuaŋ⁴³•ɕiaŋ⁴	告诉
顶嘴公	tiu⁴⁴tɕio⁴³•kiɛ⁴	顶嘴
相□	sɤ⁴⁵²ts'u⁴⁵²	吵架
打架儿	ta⁴⁴tɕ'ya³¹•nɤ³	打架
□	ts'u⁴⁵²	骂
挨□	ŋæ³¹ts'u⁴⁵²	挨骂
嘴公多	tɕio⁴³•kiɛ⁴tao⁴⁵²	叨唠
喂	ui⁴¹	喊

（二十三）位置

高头	kia⁴⁵²⁻⁴⁴•tɤɯ⁵	上面
底下	ti⁴⁴•ɸu⁵	下面
地□	ta⁴¹•ku¹	地下
地□高头	ta⁴¹•ku¹tɕia⁴⁵²tɤɯ³¹	地上
天上	t'ẽ⁴⁵²•ɕiaŋ²	天上
岭上	liu³³•ɕiaŋ³	山上
岭高头	liu³³kia⁴⁵²⁻⁴⁴•tɤɯ⁵	
路上	luo⁴¹•ɕiaŋ¹	路上
街上	ki⁴⁵²•ɕiaŋ²	街上
墙高头	tɕ'iaŋ³¹kia⁴⁵²•tɤɯ²[～kia⁴⁵²⁻⁴⁴ •tɤɯ⁵]	墙上
门高头	miɛ³¹kia⁴⁵²•tɤɯ²[～kia⁴⁵²⁻⁴⁴	

	•tɤɯ⁵]	门上
柜儿高头	ti³¹•nɤ³kia⁴⁵²•tɤɯ²[～kia⁴⁵²⁻⁴⁴	
	•tɤɯ⁵]	桌上
凳高头	tiɛ⁴³kia⁴⁵²•tɤɯ²[～kia⁴⁵²⁻⁴⁴•tɤɯ⁵]	
		椅子上
旁边	poŋ³¹•pẽ³	边儿上
边□	mẽ⁴⁵²kiẽ⁴⁵²	边上
腹公	poŋ¹³•tɕiẽ⁴[～•kiẽ⁴][～	
	•ki⁴]	里面
门后	miɤ³¹•xɤɯ³	外面
手腹公	ɕiɤɯ⁴⁴poŋ¹³•tɕiẽ⁴	手里
手高头	ɕiɤɯ⁴⁴kia⁴⁵²⁻⁴⁴•tɤɯ⁵	
心腹	ɕi⁴⁵²•pu²	心里
门后	miɤ³¹•xɤɯ³	野外
大门门后	tu⁴¹miɛ³¹miɛ³¹•xɤɯ³	大门外
门门后	miɛ³¹miɛ³¹•xɤɯ³	门儿外
墙门后	tɕ'iaŋ³¹miɛ³¹•xɤɯ³	墙外
窗儿穴门后	soŋ⁴⁵²•nɤ²xua¹³miɛ³¹•xɤɯ³	
		窗户外头
窗儿门后	soŋ⁴⁵²•nɤ²miɛ³¹•xɤɯ³	
车儿高头	tɕ'iu⁴⁵²•nɤ²kia⁴⁵²⁻⁴⁴•tɤɯ⁵	车上
车高头	tɕ'iu⁴⁵²kia⁴⁵²⁻⁴⁴•tɤɯ⁵	
车儿门后	tɕ'iu⁴⁵²•nɤ²miɛ³¹•xɤɯ³	车外
车儿头儿	tɕ'iu⁴⁵²•nɤ²tɤɯ³¹•nɤ³	车前
车儿背□	tɕ'iu⁴⁵²•nɤ²pɤ⁴¹•ti¹	车后
头儿	tɤɯ³¹•nɤ³	前边
背□	pɤ⁴¹•ti¹	后边
岭头儿	liu³³tɤɯ³¹•nɤ³	山前
山头儿	sẽ⁴⁵²tɤɯ³¹•nɤ³	
岭背□	liu³³pɤ⁴¹•ti¹	山后
山背□	sẽ⁴⁵²pɤ⁴¹•ti¹	
屋背□	uo¹³pɤ⁴¹•ti¹	房后

背背背□ pɤ⁴¹·pɤ¹pɤ⁴¹·ti¹ 背后
头前 tɤɯ³¹k'ẽ³¹ 以前
背□ pɤ⁴¹·ti¹ 以后
背□来 pɤ⁴¹·ti¹la³ 后来
　背□ pɤ⁴¹·ti¹
　背来 pɤ⁴¹la³
东 tiɛ⁴⁵² 东
西 çi⁴⁵² 西
南 nu³¹ 南
北 pɤ¹³ 北
东南 tiɛ⁴⁵²nu³¹ 东南
东北 tiɛ⁴⁵²pɤ¹³ 东北
西南 çi⁴⁵²nu³¹ 西南
西北 çi⁴⁵²pɤ¹³ 西北
路边□ luo⁴¹mẽ³³tɕiɛ⁴⁵² 路边儿
床底下 tuo³¹ti⁴⁴·ɸu⁵ 床底下
楼儿底下 lɤɯ³¹·nɤ³ti⁴⁴·ɸu⁵ 楼底下
脚底下 tɕiɤɯ¹³ti⁴⁴·ɸu⁵ 脚底下
碗底下 oŋ⁴⁴ti⁴⁴·ɸu⁵ 碗底儿
　碗□股 oŋ⁴⁴çi⁴³·kuo⁴
铛底下 ts'ẽ⁴⁵²ti⁴⁴·ɸu⁵ 锅底儿
　铛□股 ts'ẽ⁴⁵²çi⁴³·kuo⁴
缸□底下 koŋ⁴⁵²xiɛ⁴⁴ti⁴⁴·ɸu⁵ 缸底儿
旁边 poŋ³¹pẽ⁴⁵² 旁边
面□ mẽ⁴¹⁻⁴⁴·tɕiẽ[～·kiẽ⁵][～·ki⁵] 附近
眼面前 n̠iɤ³³mi⁴¹[～mẽ⁴¹]·ts'a¹ 跟前儿
么个当牯 ŋ⁴³·kɤ⁴[～·ŋɤ⁴]tuo⁴³·kuo⁴ 什么地方
左旁公 tsao³³poŋ³¹·kiɛ³ 左边
右旁公 iɤɯ⁴¹poŋ³¹·kiɛ³ 右边

往腹公走 uaŋ⁴⁴poŋ¹³·tɕiẽ⁴[～·kiẽ⁴] [～·ki⁴]tsɤɯ⁴⁴ 望里走
往门后走 uaŋ⁴⁴miɛ³¹·xɤɯ³tsɤɯ⁴⁴ 望外走
往东腹公走 uaŋ⁴⁴tiɛ⁴⁵²poŋ¹³·tɕiẽ⁴[～·kiẽ⁴] [～·ki⁴]tsɤɯ⁴⁴ 望东走
往西腹公走 uaŋ⁴⁴çi⁴⁵²poŋ¹³·tɕiẽ⁴[～·kiẽ⁴] [～·ki⁴]tsɤɯ⁴⁴ 望西走
往□腹走 uaŋ⁴⁴a¹³pu⁴tsɤɯ⁴⁴ 望回走
　往归□走 uaŋ⁴⁴kua⁴⁵²·ɸu²tsɤɯ⁴⁴
往头儿走 uaŋ⁴⁴tɤɯ³¹·nɤ³tsɤɯ⁴⁴ 望前走

（二十四）代词等

我 iu³³ 我（单数）
尔 ŋ³³ 你
他 tɤ⁴⁵² 他
我 iɤ⁴³[～io⁴³] 我们
尔 nɤ⁴³ 你们
他儿 tɤ⁴⁵²·nɤ² 他们
我格 iu³³·kɤ³ 我的
人家 ŋ³¹ku⁴⁵² 人家
人家格 ŋ³¹ku⁴⁵²·kɤ² 别人的
大□ tu⁴¹·tɕiu¹ 大家
哪只 iɛ⁴¹·ta¹ 谁
咯只 kɤ³³·ta³ 这个
那只 nɤ³³·ta³ 那个
哪只 iɛ⁴¹[～iɤ⁴¹]·ta¹ 哪个
咯些 kɤ³³·sɤ³ 这些
那些 nɤ³³·sɤ³ 那些
哪些 iɛ⁴¹[～iɤ⁴¹]·sɤ¹ 哪些
咯当 kyi⁴⁴·tɤ⁵[kɤ⁴⁴·ta⁵] 这里
彼当 pi⁴⁴·tɤ⁵ 那里

那当　nɤ³³•ta³

哪儿　iɛ⁴¹⁻¹³•nɤ⁴ 哪里

咯在　kɤ³³•ti³ 这时

那间子　nɤ³³tɕiẽ⁴⁵²•tɤ² 那时候

　那样子　nɤ³³iaŋ⁴¹•tɤ¹

哪间子　iɛ⁴¹tɕiẽ⁴⁵²•tɤ² 哪个时候

　哪样子　iɛ⁴¹iaŋ⁴¹•tɤ¹

咯样么个　kiaŋ⁴¹•ŋ̍¹[～kiaŋ⁴¹⁻¹³•ŋ̍⁴]•kɤ³ 这么(高)

咯样么个　kiaŋ¹³•ŋ̍⁴•kɤ³ 那么(高)

那么个　ŋɤ³³•ŋ̍³•kɤ³ 那么(做)

样么个　iaŋ⁴⁵²•ŋ̍²•kɤ³ 怎么(做)

样么个办　iaŋ⁴⁵²•ŋ̍²•kɤ³pẽ⁴³ 怎么办

为么个事　ua³¹[～uaŋ³¹]ŋ̍⁴³•kɤ⁴sɿ⁴¹ 为什么

么个　ŋ̍⁴³•kɤ⁴ 什么

好多　xau⁴⁴tao⁴⁵² 多少

好　xau⁴⁴ 多(久、高、大、重)

我两只　iɤ⁴³[～io⁴³]liaŋ³³•ta³ 我们俩

你两只　nɤ⁴³liaŋ³³•ta³ 你们俩

他两只　tɤ⁴⁵²liaŋ³³•ta³ 他们俩

　他儿两只　tɤ⁴⁵²•nɤ²liaŋ³³•ta³

两公婆　liaŋ³³kiɛ⁴⁵²pu³¹ 夫妻俩

两崽母儿　liaŋ³³tsɤ⁴⁴mɤ⁴⁴•nɤ⁵ 娘儿俩

　两娘子　liaŋ³³nao³¹tsɿ⁴⁴

两崽婆爷　liaŋ³³tsɤ⁴⁴pu³¹iu³¹ 爷儿俩

　两爷子　liaŋ³³iu³¹tsɿ⁴⁴

两兄嫂　liaŋ³³ɕiu⁴⁵²ɕia⁴⁴ 妯娌俩

两崽母儿　liaŋ³³tsɤ⁴⁴mɤ⁴⁴•nɤ⁵ 婆媳俩

两兄弟　liaŋ³³ɕiu⁴⁵²•li² 兄弟俩

两兄弟　liaŋ³³ɕiu⁴⁵²•li² 哥儿俩

两姊妹　liaŋ³³tsa⁴⁴mɤ⁴¹ 姐妹俩

两姊妹　liaŋ³³tsa⁴⁴mɤ⁴¹ 姐儿俩

两姊妹　liaŋ³³tsa⁴⁴mɤ⁴¹ 兄妹俩

两叔侄　liaŋ³³ɕio¹³ɕyɛ⁴¹ 叔侄俩

（二十五）形容词

能　nẽ³¹ 好

没错　mɤ³³tsʻao¹³ 不错

差没多　tsʻu⁴⁵²mɤ³³tia⁴⁵²[～tao⁴⁵²] 差不多

没样么个样　mɤ³³iaŋ⁴¹•ŋ̍¹•ŋɤ³ɕiaŋ⁴³ 不怎么样

没管事　mɤ³³koŋ⁴⁴sɿ⁴¹ 不顶事

□坏　tɕʻiao⁴³ 坏

乖　kyɛ⁴⁵² 美

丑　tɕʻiɤɯ⁴⁴ 丑

要紧　i⁴¹tɕi⁴⁴ 要紧

闹热　nao⁴¹•nẽ¹ 热闹

牢　lia³¹ 坚固

硬　ŋẽ⁴¹ 硬

软　ȵyɛ⁴⁴ 软

爽利　soŋ⁴⁴la⁴¹ 干净

龌龊　uo⁴³tsʻɤ⁴⁴ 脏

咸　ɸu³¹ 咸

淡　tu³³ 淡

香　ɕiaŋ⁴⁵² 香

臭　tɕʻiɤɯ⁴³ 臭

酸　soŋ⁴⁵² 酸

甜　tẽ³¹ 甜

苦　xuo⁴⁴ 苦

辣　li⁴¹ 辣

疏　suo⁴⁵² 稀

　稀　xi⁴⁵²

密	pa³¹ 密		短	toŋ⁴⁴ 短
肥	xua³¹ 肥		阔	xuo¹³ 宽
□	na¹³ 胖		狭	xi⁴¹ 窄
□	xuo⁴⁵² 瘦		畛	tɕi⁴⁴ 厚
精（肉）	tɕiu⁴⁵²		□	iɤ⁴⁵² 薄
安然	ŋã⁴⁵²•iã² 舒服		深	ɕi⁴⁵² 深
难受	nẽ³¹ɕiɤɯ³³ 难受		浅	ts'ẽ⁴⁴ 浅
乖	kui⁴⁵² 乖		高	kia⁴⁵² 高
□	n̠ie³³ 调皮		低	ti⁴⁵² 低
蛮要得	mẽ³¹⁴¹i¹⁴¹•tɤ¹(这小伙子) 真行		矮	i⁴⁴ 矮
没行	mɤ³³xẽ³¹(那个家伙) 不行		正	tɕiu⁴³ 正
缺德儿	tɕyi³³tɤɯ⁴⁵²•nɤ² 缺德		歪	uæ⁴⁴ 歪
灵利	liu³¹la⁴¹ 机灵		笡	tɕ'iu⁴³ 斜
能干	nẽ³¹kã⁴³ 灵巧		红	xiɛ³¹ 红
闷匠	miɛ⁴¹•tɕiaŋ¹ 脓包		朱红	tɕio⁴⁵²xiɛ³¹ 朱红
小气鬼	ɕio³³ts'ɿ⁴³kua⁴⁴ 吝啬鬼		粉红	ɸyɛ⁴⁴xiɛ³¹ 粉红
小气	ɕio³³ts'ɿ⁴³ 小气		深红	ɕi⁴⁵²xiɛ³¹ 深红
大方	tu³³ɸuẽ⁴⁵² 大方		浅红	ts'ẽ⁴⁴xiɛ³¹ 浅红
整	koŋ⁴⁴ 整		蓝	lu³¹ 蓝
□	kẽ⁴⁴		浅蓝	ts'ẽ⁴⁴lu³¹ 浅蓝
浑	ɸyɛ⁴⁵² 浑		深蓝	ɕi⁴⁵²lu³¹ 深蓝
拱	kia⁴⁴ 凸		天蓝	t'ẽ⁴⁵²lu³¹ 天蓝
凼	tã¹³ 凹		绿	lio⁴¹ 绿
凉快	liaŋ³¹•k'ui³ 凉快		草绿	tɕ'ia⁴⁴lio⁴¹ 草绿
背	pɤ⁴¹ 背静		水绿	ɕya⁴⁴lio⁴¹ 水绿
齐楚	tɕ'i³¹tɕ'iu⁴⁴ 整齐		浅绿	ts'ẽ⁴⁴lio⁴¹ 浅绿
迟	tsɿ³¹ 晚		白	pu⁴¹ 白
多	tao⁴⁵² 多		灰白	xuo⁴⁵²pu⁴¹ 灰白
少	ɕiɤɯ⁴⁴ 少		灰	xuo⁴⁵² 灰
大	t'æ⁴³ 大		黄	xoŋ³¹ 黄
小	ɕio³³ 小		深黄	ɕi⁴⁵²xoŋ³¹ 深黄
长	ts'oŋ³¹ 长		浅黄	ts'ẽ⁴⁴xoŋ³¹ 浅黄

青　　　tɕ'iu⁴⁵² 青
黑　　　xɤ¹³ 黑
斯文　　sɿ³³yɛ³¹ 斯文

（二十六）副词、介词等

□　　　　ɕiu⁴¹ 刚
正□　　　tɕiu⁴³ua⁴⁴ 刚好
　正能　　tɕiu⁴³nẽ³¹
净　　　　tɕiu⁴³ 净
有点　　　xɤɯ³³tẽ⁴⁴ 有点儿
差点格子　ts'u⁴⁵²tẽ⁴⁴•kɤ⁵•tɤ⁴ 差点儿
　差点子　ts'u⁴⁵²tẽ⁴⁴•tɤ⁵
搭　　　　tu¹³ 趁（早儿）
早黑　　　tɕia⁴⁴xɤ¹³ 早晚
眼着　　　ȵiɤ¹³•tsɿ⁴ 眼看
搭帮好　　tu¹³•mɤ⁴xia⁴⁴[～xa⁴⁴] 幸亏
当面　　　toŋ⁴⁵²mẽ⁴¹ 当面
背着　　　pa⁴³tsɿ⁴ 背地
一起　　　i³³ts'i⁴⁴ 一块儿
一只人　　i³³•ta³ŋ³¹ 一个人
顺口子　　ɕyi⁴¹•kɤ¹•tɤ³ 顺便儿
到底　　　tao⁴³ti⁴⁴ 到底
快四十　　k'ui⁴³sa⁴³sɿ⁴¹ 平四十
一起　　　i³³tsɿ⁴⁴ 一共
没要　　　mɤ³³i⁴¹ 不要
白　　　　pu⁴¹ 白
偏　　　　p'ẽ⁴⁵² 偏
乱　　　　loŋ⁴¹ 胡（说）
先　　　　sẽ⁴⁵² 先
奉　　　　piɛ⁴¹ 被
奉　　　　piɛ⁴¹ 把
　拿　　　nɤ⁴⁵²

对　　　　tuo⁴³ 对
对着　　　tuo⁴³•tsɿ⁴ 对着
到　　　　tia⁴³ 到（哪里去）
到　　　　•lɤ（扔）到
头儿　　　tɤɯ³¹•nɤ³ 头
在　　　　ti³³ 在
走　　　　tsɤɯ⁴⁴ 从
奉　　　　piɛ⁴¹ 自从
　打　　　tɤ⁴⁴
照　　　　tɕiɤɯ⁴³ 照
顺着　　　ɕyi⁴¹•tsɿ¹ 顺着
向　　　　ɕiaŋ⁴³ 朝
帮　　　　poŋ⁴⁵² 替
　替　　　ti⁴³
奉　　　　piɛ⁴¹ 给
　帮　　　poŋ⁴⁵²
奉我　　　piɛ⁴¹iu³³ 给我
跟　　　　kia⁴⁵² 和
向　　　　ɕiaŋ⁴³ 向
问　　　　miɛ⁴¹ 问
从小　　　ts'oŋ³¹³ɕio³³ 从小
走门后　　tsɤɯ⁴⁴miɛ³¹•xɤɯ³ 往外
赶　　　　koŋ⁴⁴ 赶

（二十七）量词

一面　　　i³³mẽ⁴³ 一把（椅子）
一粒　　　i³³la¹³ 一枚（奖章）
一本　　　i³³piɛ⁴⁴ 一本（书）
一头　　　i³³tɤɯ³¹ 一匹（马）
一头　　　i³³tɤɯ³¹ 一头（牛）
一封　　　i³³xoŋ⁴⁵² 一封（信）
一服　　　i³³ɸu³³ 一服（药）

一味	i³³ua⁴¹ 一味（药）		一部	i³³pu⁴¹
一条	i³³tiɤɯ³¹ 一道（河）		一间	i³³kẽ⁴⁵² 一间（屋子）
一领	i³³liu⁴⁴ 一顶（帽子）		一座	i³³ts'uo⁴¹ 一所（房子）
一块	i³³ui⁴³ 一锭（墨）		一领	i³³n̠iu⁴⁴ 一件儿（衣裳）
一朵	i³³tao⁴⁴ 一朵（花儿）		一路	i³³luo⁴¹ 一行（字）
一顿	i³³tyɛ⁴³ 一顿（饭）		一篇	i³³p'ẽ⁴⁵² 一篇（文章）
一条	i³³tiɤɯ³¹ 一条（手巾）		一张	i³³tsoŋ⁴⁵² 一页（书）
一架	i³³ku⁴³ 一辆（车）		一节	i³³tɕi¹³ 一节（文章）
一部	i³³pu⁴¹		一段	i³³toŋ⁴³ 一段（文章）
一桍	i³³k'u⁴⁵² 一枝（花儿）		一片	i³³p'ẽ⁴¹ 一片（好心）
一只	i³³tɕiu¹³ 一只（手）		一片	i³³p'ẽ⁴¹ 一片儿（肉）
一盏	i³³tsẽ⁴⁴ 一盏（灯）		一面	i³³mẽ⁴¹ 一面（旗）
一杯	i³³pɤ⁴⁵²		一层	i³³tɕ'iɛ³¹ 一层（纸）
一面	i³³mẽ⁴³ 一张（桌子）		一股	i³³kuo⁴⁴ 一股（香味儿）
一面枰儿	i³³mẽ⁴³ti³¹•nɤ³ 一桌（酒席）		一拱	i³³koŋ⁴⁴ 一座（桥）
一□	i³³tɕ'iu⁴¹ 一场（雨）		一盘	i³³poŋ³¹ 一盘（棋）
一□	i³³p'ɤ¹³		一门	i³³miɛ³¹ 一门（亲事）
一床	i³³ts'oŋ³¹ 一床（被子）		一刀	i³³tia⁴⁵² 一刀（纸）
一身	i³³ɕi⁴⁵² 一身（棉衣）		一沓	i³³ta⁴¹ 一沓儿（纸）
一架	i³³ku⁴³ 一杆（枪）		一摞	i³³tuo⁴¹
一部	i³³pu⁴¹		一桩	i³³tsoŋ⁴⁵² 一桩（事情）
一架	i³³ku⁴³ 一管（笔）		一缸	i³³k'oŋ⁴⁵² 一缸（水）
一部	i³³pu⁴¹		一碗	i³³oŋ⁴⁴ 一碗（饭）
一□	i³³mɤ⁴⁴ 一根（头发）		一杯	i³³pɤ⁴⁵² 一杯（茶）
一蔸	i³³tɤɯ⁴⁵² 一棵（树）		一扣	i³³k'iɤɯ⁴³ 一把（米）
一粒	i³³la¹³ 一颗（米）		一把	i³³pu⁴⁴ 一把儿
一粒	i³³la¹³ 一粒（米）		一包	i³³piɤɯ⁴⁵² 一包（花生）
一块	i³³ui⁴³⁻³⁴ 一块（砖）		一滚	i³³kyɛ⁴⁴ 一卷儿（纸）
一头	i³³tɤɯ³¹ 一口（猪）		一捆	i³³kyɛ⁴⁴ 一捆（行李）
一只	i³³ta³³ 一口儿（人）		一担	i³³tu⁴³ 一担（米）
一家	i³³ku⁴⁵² 一家（铺子）		一排	i³³pi³¹ 一排（桌子）
一架	i³³ku⁴³ 一架（飞机）		一挂	i³³kuo⁴³ 一挂（鞭炮）

一句	i³³tɕio⁴³ 一句（话）	一架	i³³kia⁴³（闹）一场
一只	i³³ta³³ 一位（客人）	一场	i³³tɕ'iaŋ³¹
一只	i³³tɕiu¹³ 一只（鞋）	一□	i³³k'ẽ⁴¹（见）一面
一双	i³³soŋ⁴⁵² 一双（鞋）	一面	i³³mẽ⁴¹
一对	i³³tuo⁴³ 一对（花瓶）	一座	i³³ts'uo⁴¹ 一尊（佛像）
一副	i³³ɸu⁴³ 一副（眼镜）	一只	i³³ta³³
一套	i³³t'ia⁴³ 一套（书）	一扇	i³³ɕyẽ⁴³ 一扇（门）
一样	i³³iaŋ⁴³ 一种（虫子）	一幅	i³³ɸu⁴³ 一幅（画儿）
一起	i³³ts'ɿ⁴⁴ 一伙儿（人）	一堵	i³³tuo⁴⁴ 一堵（墙）
一□	i³³p'oŋ¹³ 一群	一处	i³³tɕ'iɤɯ⁴⁴ 一处（地方）
一帮	i³³pẽ⁴⁵² 一帮（人）	一只	i³³ta³³
一批	i³³p'i⁴⁵² 一批（货）	一本	i³³piɛ⁴⁴ 一部（书）
一只	i³³ta³³ 一个	一班	i³³pẽ⁴⁵² 一班（车）
一起	i³³ts'ɿ⁴⁴ 一起	一□	i³³k'ẽ⁴¹（洗）一水（衣裳）
一菢	i³³pia⁴¹ 一窝（蜂）	一水	i³³sua⁴⁴
一抓	i³³tsua⁴⁴ 一嘟噜（葡萄）	一炉	i³³luo³¹（烧）一炉（陶器）
一拃	i³³tɕ'ia¹³ 一拃	一团	i³³toŋ³¹ 一团（泥）
一庹	i³³p'i⁴⁴ 一庹	一堆	i³³tuo⁴⁵² 一堆（雪）
一粒手巴粒粒	i³³la¹³ɕiɤɯ⁴⁴•pu⁵•la³•la³ 一指（长）	一路	i³³luo⁴¹⁻³³ 一槽（牙）
		一排	i³³pi³¹
一成	i³³tɕ'iɛ³¹ 一成儿	一架	i³³ku⁴³ 一列（火车）
一面吧	i³³mẽ⁴¹•pa¹ 一脸（土）	一部	i³³pu⁴¹
一身	i³³ɕi⁴⁵² 一身（土）	一路	i³³luo⁴¹⁻³³ 一路（汽车）
一肚儿	i³³tuo⁴³•nɤ⁴ 一肚子（气）	一团	i³³toŋ³¹ 一团（兵）
一顿	i³³tyɛ⁴³（吃）一顿	一连	i³³lẽ³¹ 一连（兵）
一□	i³³k'ẽ⁴¹（走）一趟	一排	i³³pi³¹ 一排（兵）
一□	i³³ti¹³（打）一下	一班	i³³pẽ⁴⁵² 一班（兵）
一眼	i³³nɤ³³（看）一眼	一抓	i³³tsua⁴⁴ 一撮（毛）
一口	i³³xɤɯ⁴⁴（吃）一口	一粒	i³³la¹³ 一轴儿（线）
一□	i³³ti¹³（谈）一会儿	一绺	i³³liɤɯ⁴¹ 一绺（头发）
一□	i³³tɕ'iu⁴¹（下）一阵（雨）	一把	i³³pu⁴⁴
一□	i³³p'ɤ¹³	一手	i³³ɕiɤɯ⁴⁴ 一手（好字）

一笔　i³³pa¹³ 一笔（好字）

一杯　i³³pɤ⁴⁵² 一杯（茶）

一届　i³³ki⁴³ 一届（会议）

一瓢勺　i³³pu⁴³ɕiɤɯ¹³ 一瓢（汤）

一盘　i³³poŋ³¹（下）一盘

一勺儿　i³³ɕiɤɯ⁴¹•nɤ¹ 一勺子（汤）

一箍　i³³kuo⁴⁵²（打）一圈

只把两只　ta⁴¹•pu¹liaŋ³³•ta³ 个把两个

一圈　i³³k'uẽ⁴⁵²

粒把两粒　la¹³•pu⁴liaŋ³³•la³

一粒　i³³la¹³（打）一将（麻将）

百十只格　pu¹³•sɿ⁴ta³³•tɤ³ 百把来个

一丝　i³³sɿ⁴⁵² 一丝儿（肉）

百十来只　pu¹³•sɿ⁴la³¹ta³³

一点　i³³tẽ⁴⁴ 一点儿

千数人　ts'ẽ⁴⁵²soŋ⁴³ŋ³¹ 千把人

一滴　i³³tia¹³ 一滴（雨）

千把只　ts'ẽ⁴⁵²•pu²ta³³

一盒　i³³xi⁴¹ 一盒儿

万把块钱　uẽ⁴¹•pu¹k'ui⁴³ts'ẽ³¹ 万把块钱

一盒　i³³xi⁴¹•nɤ¹ 一匣子

里把子路　la⁴⁴•pu⁵•tɤ⁴luo⁴¹ 里把路

一箱儿　i³³ɕiaŋ⁴⁵²•nɤ² 一箱子

里把二里路　la⁴⁴•pa⁵liaŋ³³la⁴⁴luo⁴¹ 里把二里路

一架儿　i³³ku⁴³•nɤ⁴ 一架子

亩把二亩地　ma³³•pu³liaŋ³³ma³³ta⁴¹ 亩把二亩

一抽柜　i³³tɕ'iɤɯ⁴⁵²k'ua⁴³ 一抽屉

一箩　i³³liɛ³¹ 一筐子

（二十八）附加成分

一筐儿　i³³xuaŋ⁴⁵²⁻³³•nɤ³ 一篮子（梨）

□_极咧　pa¹³•liɛ⁴（好）极了

一篓儿　i³³lɤ⁴⁴•nɤ⁵ 一篓子（炭）

得紧　•tɤ³tɕi⁴⁴（好）得很

一炉儿　i³³luo³¹•nɤ³ 一炉子（灰）

要命　i³¹miɤɯ⁴¹（气得）要命

一包　i³³piɤ⁴⁵² 一包（书）

没行　mɤ³³xẽ³¹ 不行

一袋牯　i³³ti⁴¹•kuo¹ 一口袋

死吧咧　sa⁴⁴•pa⁵•liɛ⁴（饿）死了

一池儿　i³³tsɿ³¹•nɤ³ 一池子（水）

没得咧　mɤ³³•tɤ³•liɛ⁴（吃）不了

一缸□　i³³koŋ⁴⁵²xiɛ⁴⁴ 一缸（金鱼）

得紧咧　•tɤ³tɕi⁴⁴•liɛ⁵（饿）得慌

一瓶　i³³p'iẽ³¹ 一瓶子（醋）

食法　iɤ⁴¹•ɸui¹ 吃头儿

一罐　i³³kuaŋ¹³ 一罐子

食□　iɤ⁴¹•tɕ'iu¹

一□儿　i³³ɕio⁴³•nɤ⁴ 一坛子（酒）

吸法　ɕyi¹³•ɸui⁴ 喝头儿

一桶　i³³t'iɛ⁴⁴ 一桶（汽油）

吸□　ɕyi¹³•tɕ'iu⁴

一盆　i³³piɛ³¹ 一盆

眼法　ȵiɤ¹³•ɸui⁴ 看头儿

一壶　i³³xuo³¹ 一壶（茶）

眼□　ȵiɤ¹³•tɕ'iu⁴

一□儿　i³³yɤ⁴³•nɤ⁴ 一锅（饭）

搞法　kao⁴⁴•ɸui⁵ 干头儿

一盘　i³³poŋ³¹ 一盘（水果）

搞□　kao⁴⁴•tɕ'iu⁴

一碟儿　i³³ti⁴¹•nɤ¹ 一碟儿

一碗　i³³oŋ⁴⁴ 一碗（饭）

做法	tsɤ⁴³•ɸui⁴ 做头儿	初四	tsʻuo⁴⁵²sa⁴³ 初四
做□	tsɤ⁴³•tɕʻiu⁴	初五	tsʻuo⁴⁵²ŋ³³ 初五
心思	ɕi⁴⁵²•sʅ² 奔头儿	初六	tsʻuo⁴⁵²liɤɯ⁴¹ 初六
苦	kʻuo⁴⁴ 苦头儿	初七	tsʻuo⁴⁵²tsʻa¹³ 初七
甜	tẽ³¹ 甜头儿	初八	tsʻuo⁴⁵²pi¹³ 初八
梆	poŋ⁴⁵² 梆（硬）	初九	tsʻuo⁴⁵²tɕiɤɯ⁴⁴ 初九
捞	lao⁴⁵² 很（轻）	初十	tsʻuo⁴⁵²sʅ⁴¹ 初十
溜	liɤɯ⁴⁵² 溜（滑）	老大	lao⁴⁴tu⁴³[～ta¹³] 老大
死□	sa⁴⁴ɕi⁴¹ 死	老二	lao⁴⁴nɤ⁴¹[～ɤ¹³] 老二
崭	tsẽ⁴⁴ 崭（新）	老三	lao⁴⁴su⁴⁵² 老三
焦	tɕiɤɯ⁴⁵² 焦（干）	老四	lao⁴⁴sa⁴³ 老四
咧	•liɛ 了 语气词	老五	lao⁴⁴ŋ³³ 老五
吧	•pa 了 动态助词	老六	lao⁴⁴liɤɯ⁴¹ 老六
着	•tsʅ 着	老七	lao⁴⁴tsʻa¹³ 老七
得	•tɤ 得	老八	lao⁴⁴pi¹³ 老八
格	•kɤ 的	老九	lao⁴⁴tɕiɤɯ⁴⁴ 老九
		老十	lao⁴⁴sʅ⁴¹ 老十
		大哥	tʻæ⁴³•kuo⁴ 大哥
（二十九）数字等		二哥	ɤ¹³•kɤ⁴ 二哥
一号	i³³xia⁴¹ 一号（日期）	老满	lao⁴⁴moŋ⁴⁴ 老末儿
二号	nɤ⁴¹xia⁴¹ 二号	一粒	i³³la¹³ 一个
两号	liaŋ³³xia⁴¹	两粒	liaŋ³³la¹³ 两个
三号	su⁴⁵²xia⁴¹ 三号	三粒	su⁴⁵²la¹³ 三个
四号	sa⁴³xia⁴¹ 四号	四粒	sa⁴³la¹³ 四个
五号	ŋ³³xia⁴¹ 五号	五粒	ŋ³³la¹³ 五个
六号	liɤɯ⁴¹xia⁴¹ 六号	六粒	liɤɯ⁴¹la¹³ 六个
七号	tsʻa¹³xia⁴¹ 七号	七粒	tsʻa¹³la¹³ 七个
八号	pi¹³xia⁴¹ 八号	八粒	pi¹³la¹³ 八个
九号	tɕiɤɯ⁴⁴xia⁴¹ 九号	九粒	tɕiɤɯ⁴⁴la¹³ 九个
十号	sʅ⁴¹xia⁴¹ 十号	十粒	sʅ⁴¹la¹³ 十个
初一	tsʻuo⁴⁵²i¹³ 初一	第一	ti¹³i¹³ 第一
初二	tsʻuo⁴⁵²nɤ⁴¹ 初二	第二	ti¹³nɤ⁴¹ 第二
初三	tsʻuo⁴⁵²su⁴⁵² 初三		

第三	ti¹³su⁴⁵² 第三		三十一	su⁴⁵²ɕiɤ¹³i¹³ 三十一
第四	ti¹³sa⁴³ 第四		四十	sa⁴³•sɿ⁴ 四十
第五	ti¹³ŋ³³ 第五		四十一	sa⁴³ɕiɤ¹³i¹³ 四十一
第六	ti¹³liɤɯ⁴¹ 第六		五十	ŋ³³•sɿ³ 五十
第七	ti¹³tsʻa¹³ 第七		五十一	ŋ³³ɕiɤ¹³i¹³ 五十一
第八	ti¹³pi¹³ 第八		六十	liɤɯ⁴¹•sɿ¹ 六十
第九	ti¹³tɕiɤɯ⁴⁴ 第九		六十一	liɤɯ⁴¹ɕiɤ¹³i¹³ 六十一
第十	ti¹³sɿ⁴¹ 第十		七十	tsʻa¹³•sɿ⁴ 七十
第一只	ti¹³i¹³ta³³ 第一个		七十一	tsʻa¹³ɕiɤ¹³i¹³ 七十一
第二只	ti¹³nɤ⁴¹ta³³ 第二个		八十	pi¹³•sɿ¹ 八十
第三只	ti¹³su⁴⁵²ta³³ 第三个		八十一	pi¹³ɕiɤ¹³i¹³ 八十一
第四只	ti¹³sa⁴³ta³³ 第四个		九十	tɕiɤɯ⁴⁴•sɿ⁵ 九十
第五只	ti¹³ŋ³³ta³³ 第五个		九十一	tɕiɤɯ⁴⁴ɕiɤ¹³i¹³ 九十一
第六只	ti¹³liɤɯ⁴¹ta³³ 第六个		一百	i³³pu¹³ 一百
第七只	ti¹³tsʻa¹³ta³³ 第七个		一千	i³³tsʻẽ⁴⁵² 一千
第八只	ti¹³pi¹³ta³³ 第八个		一百一十	i³³pu¹³i¹³•sɿ⁴ 一百一十
第九只	ti¹³tɕiɤɯ⁴⁴ta³³ 第九个		一百一十粒	i³³pu¹³i¹³•sɿ⁴la¹³ 一百一十个
第十只	ti¹³sɿ⁴¹ta³³ 第十个		一百一十一	i³³pu¹³i¹³ɕiɤ¹³i¹³ 一百一十一
一	i¹³ 一		一百一十二	i³³pu¹³i¹³ɕiɤ¹³[～•sɿ⁴]nɤ⁴¹ 一百一十二
两	liaŋ³³ 二		一百二十	i³³pu¹³ŋ¹[～mɤ⁴¹]•sɿ¹ 一百二十
三	su⁴⁵² 三		一百三十	i³³pu¹³su⁴⁵²•sɿ² 一百三十
四	sa⁴³ 四		一百五十	i³³pu¹³ŋ³³sɿ⁴¹ 一百五十
五	ŋ³³ 五		一百五十粒	i³³pu¹³ŋ³³sɿ⁴¹la¹³ 一百五十个
六	liɤɯ⁴¹ 六		两百五十	liaŋ³³pu¹³ŋ³³sɿ⁴¹ 二百五十
七	tsʻa¹³ 七		两百五十粒	liaŋ³³pu¹³ŋ³³sɿ⁴¹la¹³ 二百五十个
八	pi¹³ 八		三百一十	su⁴⁵²pu¹³i¹³•sɿ⁴ 三百一十
九	tɕiɤɯ⁴⁴ 九		三百三十	su⁴⁵²pu¹³su⁴⁵²•sɿ² 三百三十
十	sɿ⁴¹ 十		三百六十	su⁴⁵²pu¹³liɤɯ⁴¹•sɿ¹ 三百六十
十一	ɕiɤ¹³i¹³ 十一		三百八十	su⁴⁵²pu¹³pi¹³•sɿ⁴ 三百八十
二十	ŋ⁴¹•sɿ¹ 二十		一千一百	i³³tsʻẽ⁴⁵²i³³pu¹³ 一千一百
二十一	ŋ⁴¹ɕiɤ¹³i¹³ 二十一		一千一百粒	i³³tsʻẽ⁴⁵²i³³pu¹³la¹³ 一千一百个
三十	su⁴⁵²•sɿ² 三十			

一千九百 i³³ts'ẽ⁴⁵²tɕiɤɯu⁴⁴pu¹³ 一千九百
（一千九）

　一千九 i³³ts'ẽ⁴⁵²tɕiɤɯu⁴⁴

一千九百粒 i³³ts'ẽ⁴⁵²tɕiɤɯu⁴⁴pu¹³la¹³ 一千九百个

三千　　 su⁴⁵²ts'ẽ⁴⁵² 三千

五千　　 ŋ³³ts'ẽ⁴⁵² 五千

八千　　 pi¹³ts'ẽ⁴⁵² 八千

一万　　 i³³uẽ⁴¹ 一万

一万两千 i³³uẽ⁴¹liaŋ³³ts'ẽ⁴⁵² 一万二千

一万两千粒 i³³uẽ⁴¹liaŋ³³ts'ẽ⁴⁵²la¹³ 一万二千个

三万五千 su⁴⁵²uẽ⁴¹ŋ³³ts'ẽ⁴⁵² 三万五千

三万五千粒 su⁴⁵²uẽ⁴¹ŋ³³ts'ẽ⁴⁵²la¹³ 三万五千个

两斤　　 liaŋ³³tɕi⁴⁵² 二斤（两斤）

两两　　 liaŋ³³liaŋ³³ 二两

两钱　　 liaŋ³³tsẽ³¹ 二钱（两钱）

两分　　 liaŋ³³ɸyɛ⁴⁵² 二分（两分）

两厘　　 liaŋ³³la³¹ 二厘（两厘）

两丈　　 liaŋ³³ts'oŋ⁴³ 两丈（二丈）

两尺　　 liaŋ³³tɕ'iu¹³ 二尺（两尺）

两寸　　 liaŋ³³tɕ'yɛ⁴³ 二寸（两寸）

两里　　 liaŋ³³la³³ 二里（两里）

两担　　 liaŋ³³tu⁴³ 两担（二担）

两斗　　 liaŋ³³tɤɯu⁴⁴ 二斗（两斗）

两升　　 liaŋ³³ɕi⁴⁵² 二升（两升）

两合　　 liaŋ³³kia¹³ 二合（两合）

两亩　　 liaŋ³³ma³³ 二亩（两亩）

几粒　　 tsๅ⁴⁴la¹³ 几个

好多粒 xau⁴⁴tao⁴⁵²la¹³ 好多个

好几粒 xau⁴⁴tsๅ⁴⁴la¹³ 好几个

能点点 nẽ³¹tẽ⁴⁴tẽ⁴⁴ 好一些

能一点 nẽ³¹i³³tẽ⁴⁴

　大一点 t'æ⁴³i³³tẽ⁴⁴ 大一些

　大点点 t'æ⁴³tẽ⁴⁴tẽ⁴⁴

一点格子 i³³tẽ⁴⁴•kɤ⁵•tɤ⁴ 一点儿

一点点 i³³tẽ⁴⁴tẽ⁴⁴ 一点点

大点格子 t'æ⁴³tẽ⁴⁴•kɤ⁵•tɤ⁴ 大点儿

　大点子 t'æ⁴³tẽ⁴⁴•tɤ⁵

十几粒 ɕiɤ¹³tsๅ⁴⁴la¹³ 十多个

一百多粒 i³³pu¹³tau⁴⁵²la¹³ 一百多个

数十粒 suo⁴¹sๅ⁴¹la¹³ 十来个

千数粒 ts'ẽ⁴⁵²suo⁴³la¹³ 千数个

百十粒 pu¹³•sๅ⁴la¹³ 百把个

半粒　　 poŋ⁴³la¹³ 半个

一半　　 i³³poŋ⁴³ 一半

两半　　 liaŋ³³poŋ⁴³ 两半儿

多半点 tao⁴⁵²poŋ⁴³tẽ⁴⁴ 多半儿

一半多 i³³poŋ⁴³tao⁴⁵² 一大半儿

一粒半 i³³la¹³poŋ⁴³ 一个半

…上下 ɕiaŋ³³ɸu³³ …上下

一来一去 i³³la³¹i³³xuo⁴³ 一来二去

清清白白 tɕ'iu⁴⁵²•tɕ'iu²pu⁴¹•pu¹ 一清二白

爽爽利利 soŋ⁴⁴•soŋ⁵la⁴¹•la¹ 一干二净

一刀两断 i³³tia³³liaŋ³³toŋ⁴¹ 一刀两断

三年两年 su⁴⁵²⁻⁴⁴•nẽ⁵liaŋ³³•nẽ³ 三年两年

三工两工 su⁴⁵²⁻⁴⁴•kiɛ⁵liaŋ³³•kiɛ³ 三天两头

三工两夜 su⁴⁵.²•kiɛ⁵liaŋ³³•iu³ 三天两夜

（三十）地名

道州　　 tia⁴³tɕiɤɯu⁴⁵² 道县

双牌　　　soŋ⁴⁵²pi³¹ 双牌

理家坪　　la³¹•ku³piɤɯ³¹ 理家坪

坦田　　　t'u⁴⁴•tẽ⁵ 坦田

长沙　　　ts'oŋ³¹su⁴⁵² 长沙

株洲　　　tɕio⁴⁵²tɕiɤɯ⁴⁵² 株洲

梅花闹子 mɤ³¹•u³nau⁴³•tsʅ⁴ 梅花

祁阳　　　tsʅ³¹iaŋ³¹ 祁阳县

江西　　　ki⁴⁵²ɕi⁴⁵² 江西

上海　　　ɕiaŋ⁴¹xɤ⁴⁴ 上海

第四章 理家坪土话语法

说明：

（1）句法及语法例句部分的例句，先用国际音标标注土话的发音，然后用汉字记写土话，说法与普通话差异大的，在土话说法后用下标的汉字注明普通话的说法或者解释。例如：

kɤ³³•ta³ŋ³¹sʅ³³lia³³sʅ⁴⁵².

咯只人是老师。_{这个人是老师。}

（2）方言中不能说的例词例句，在前面用星号"*"标记。例如：

*kɤ³³ŋ³¹sʅ³³lia³³sʅ⁴⁵².

* 咯人是老师。

（3）如果需要介绍语法例句的背景，在例句前把相关背景用括号括起来。如：

（他农大毕业回家乡创业，有没有得到什么扶持？）

村里奉一块地种西瓜。_{村里给一块地种西瓜。}

括号中的"他农大毕业回家乡创业，有没有得到什么扶持？"就是下一句语法例句的语言背景。

一、理家坪土话的词法

（一）理家坪土话词的构造

理家坪土话词语的构造方式与普通话相同。

1. 单纯词

理家坪土话中的单纯词主要是单音节的词，为生活常用词。有些单音节词是和普通话相同，如：天 t'ẽ⁴⁵²、地 ta⁴¹、雨 u³³、风 ɸuɛ⁴⁵²、鸡 tsʅ⁴⁵²、鸭 u¹³、鱼 ŋuo³¹、灶 tɕia⁴³、脚 tɕiɤɯ¹³、多 tao⁴⁵²、少 ɕiɤɯ⁴⁴、路 luo⁴¹ 等；有些和普通话的不同，在今天的普通话中不单独成词，也不作为构词语素使用，如第三章第一节中所述；有些单音节单纯词在普通话中用双音节词表示，如：雹 p'ixɯ⁴³（雹子）、屋 uo¹³（房屋）、被 pa³³（被子）、樵 tɕ'ixɯ³¹（柴草）、尺 tɕ'iu¹³（尺子）、烛 tɕio¹³（蜡烛）、扇 ɕiẽ⁴³（扇子）、崽 tsɤ⁴⁴（儿子）、女 ȵio³³（女儿）、衣 a⁴⁵²（衣服）等。

而一些普通话中的单音节单纯词，在理家坪土话中对应的是合成词。如：云儿 yi³¹•nɤ³（云）、树儿 ɕio⁴¹•nɤ¹（树）等。详见下文。

2.合成词

（1）复合词

理家坪土话复合词总体构造方式和普通话相同，有联合式、偏正式、主谓式、动宾式、后补式、重叠式等。与普通话的差别表现在具体词语的构造方式有些不同。一些词与普通话的完全相同，如：白菜 pu⁴¹tɕ'i⁴³、萝卜 lao³¹•pu³、晴天 tɕ'iu³¹t'ẽ⁴⁵²、汽油 sɿ³³ixɯ³¹、立春 la⁴³tɕ'yi⁴⁵²等，这些词多是书面用语词，数量不太多。理家坪土话复合词多数和普通话词不同，差异表现在同样意义的词，在构词语素或者结构方式的选择上不同。

①构词语素完全不同

方言词	读音	普通话词	方言词	读音	普通话词
刮虫	kui¹³li³¹	打闪	偷油婆	t'xɯ⁴⁵²ixɯ³¹•pu³	蟑螂
狗皮蛇	kxɯ⁴⁴•pi⁵ɕiu³¹	蜥蜴	头眠	txɯ³¹kuẽ⁴³	枕头
檐老鼠	ŋẽ³¹lia³³ɕio³³	蝙蝠	眠凳	ɸuɛ⁴³tiɛ⁴³	躺椅
鼻螺螺	pa⁴¹•lao¹•lao¹	蛞蝓	手圈	ɕixɯ⁴⁴k'uẽ⁴⁵²	镯子
滚屎虫	kuɛ⁴⁴•sɿ⁵li³¹	蜣螂	失错	sɿ⁴¹ts'ao¹³	误犯
黑墨痂	xɤ¹³mɤ⁴¹⁻⁴⁴•ka⁵	锅烟子	依着	i⁴⁵²•tsɿ²	迁就
捧泡泡	pẽ⁴⁴p'ao⁴³•p'ao⁴³	巴结	谈白	t'ã³¹pɤ¹³	聊天
迟禾	tsɿ³¹u³¹	晚稻	相口	sɤ⁴⁵²ts'u⁴⁵²	吵架

②构词语素部分相同

A 构词方式相同

方言词	读音	普通话词	方言词	读音	普通话词
雷公雨	luo³¹kiɛ⁴⁵²u³³	雷阵雨	旧年	tɕixɯ⁴¹nẽ³¹	去年
尾公伏	ma³³•kiɛ³ɸu⁴¹	末伏	天色	t'ẽ⁴⁵²•sɤ²	天气
沸水	pa⁴³sua⁴⁴	开水	口巴	lao¹³•pa⁴	锅巴
先头	sẽ⁴⁵²txɯ³¹	先前	烟屎痂	ŋẽ⁴⁵²sɿ⁴⁴•ka⁵	烟油子
背来	pɤ⁴¹⁻⁴³la³¹	后来	空茶	xiɛ⁴¹ts'u³¹	倒茶
蒔秧	ɕix⁴³iãŋ⁴⁵²	插秧	生崽	sẽ⁴⁵²tsɤ⁴⁴	生孩子

下肥	ɸu³³ɸui³¹	施肥	阴卦	i⁴⁵²ku⁴³	阴玟
眼八字	ȵiɤ¹³pi¹³•tsʅ⁴	算命	日头花	nɤ⁴¹•tɤɯ¹ɸu⁴⁵²	向日葵
着衣	tsao¹³a⁴⁵²	穿衣服	狗狗凳	kɤɯ⁴⁴•kɤɯ⁵tiɛ⁴³	矮小的板凳儿
煮菜	tɕio⁴⁴tɕʻi⁴³	做菜	狗头碗	kɤɯ⁴⁴tʻɤɯ³¹oŋ⁴⁴	海碗
打汤	tu⁴⁴tʻoŋ⁴⁵²	做汤	针嘴公	tɕi⁴⁵²tɕya⁴⁴•kiɛ⁵	针尖
食零碎	iɤ⁴¹liu³¹•ɕio³	吃零食	酒凼	tɕiɤɯ⁴⁴taŋ⁴³	酒窝
罚钱	ɸui⁴¹tsʻẽ³¹	罚款			

B 构词方式不同

方言词	读音	普通话词	方言词	读音	普通话词
井穴	tɕiu⁴⁴xua¹³	水井	苗□鱼	mɤɯ³³•suo³ŋuo³¹	鱼苗儿
担□	toŋ⁴³•mɤ⁴	扁担	头眠	tɤɯ³¹kuẽ⁴³	枕头
黄蓣片	xoŋ³¹mi⁴¹•pʻa¹	蓣黄	干豆腐	xẽ⁴⁵²tɤɯ⁴¹•ɸu¹	豆腐干儿
青蓣片	tɕiu⁴⁵²mi⁴¹•pʻa¹	蓣青	所喜	suo⁴⁴xi⁴⁴	喜欢

③构词语素完全相同，语素顺序不同（详见第三章）

方言词	读音	普通话词	方言词	读音	普通话词
笠斗	la⁴¹tɤɯ⁴⁴	斗笠	钱纸	tsʻẽ⁴¹tsʅ⁴⁴	纸钱
鸡公	tsʅ⁴⁵²kiɛ⁴⁵²	公鸡	闹热	nao⁴¹nẽ⁴³	热闹

（2）派生词

理家坪土话中有大量的派生词，其派生方式和普通话相同，有前附加式、后附加式。

①前附加式

由"前缀＋词根"构成，理家坪土话中的前缀数量很少，常见的有"第、老、初"等，如"第一 ti¹³i¹³、第二 ti¹³nɤ⁴¹、老虎 luo³³xuo⁴⁴、老鼠 lia³³suo⁴⁴、老师 lia³³sʅ⁴⁵²、老姨 lao⁴⁴i³¹、初一 tsʻuo⁴⁵²i¹³、初二 tsʻuo⁴⁵²nɤ⁴¹、初三 tsʻuo⁴⁵²su⁴⁵²"，与普通话的相同。

②后附加式

由"词根＋后缀"构成，理家坪土话中的后缀数量比较多，有"儿、子、牯、公、婆、头、法、□［•tɕʻiu］"等。如：

词根＋"儿"缀	沙儿 su⁴⁵²•nɤ²	茄儿 tɕiɤɯ³¹•nɤ³	谷儿 kuo¹³•nɤ⁴	鸟儿 ȵiɤɯ⁴⁴•nɤ⁵
词根＋"子"缀	辣子 li⁴¹•tɤ¹	蚊子 ma¹³•tɤ⁴	闹子 nao⁴³•tsʅ⁴	日子 ŋ⁴¹•tsʅ¹
词根＋"牯"缀	石头 ɕiu⁴¹•kua¹	瓜牯 ku⁴⁵²•kua²	穴牯 xua¹³•kuo⁴	袋牯 ti⁴¹•kuo¹

词根 +"公"缀	媒人 mɤ³¹ŋ³¹kiɛ³	虾公 ɸu⁴⁴·kiɛ⁵	嘴公 tɕio⁴³·kiɛ⁴	犁把公 li³¹pu⁴³·kiɛ⁴
词根 +"婆"缀	接生婆 tɕi¹³sẽ⁴⁵²·pu²	夹儿婆 ki¹³·nɤ⁴·pu³	虱婆 sa¹³·pu⁴	屋雀婆 u³³tɕiɤɯ⁴¹·pu⁴
词根 +"头"缀	日头 nɤ⁴¹·tɤɯ¹	锄头 tsʻuo³¹·tɤɯ³	斧头 pu¹³·tɤɯ⁴	木头 ŋ⁴¹·tɤɯ¹
词根 +"法"缀	食法 iɤ¹³·ɸui¹	吸法 ɕyi¹³·ɸui⁴	眼 nɨɤ¹³·ɸui⁴	搞法 kao⁴⁴·ɸui⁵
词根 +"□"缀	食□ iɤ⁴¹·tɕʻiu¹	吸□ ɕyi¹³·tɕʻiu⁴	眼□ nɨɤ¹³·tɕʻiu⁴	搞□ kao⁴⁴·tɕʻiu⁵

（二）理家坪土话的词缀

　　理家坪土话中常见的词缀主要有"第、老、初、儿、子、牯、公、婆、头、法、□[·tɕʻiu]、格"等，其中"第、老、初"为前缀，主要用于表序数的词，"子、头、法、□[·tɕʻiu]"主要用于表事物的词，"婆"用于表人或者表动物的词，"儿、牯、公"既可以用于表人的词、也可用于表示动物及其他事物的词。后缀都读轻声，调值随前一个音节的声调而变化，下文总体介绍时，音标都不注声调，具体词语中才标调值。

　　1. 理家坪土话中的常用词缀
　　（1）儿

　　"儿"是理家坪方言中分布最多的一个后缀，一般表示小称。理家坪土话中的词缀"儿"一般读 [·nɤ]，个别情况读 [·na]，读 [·na] 音的可以自由变读为 [·nɤ]。多数与普通话的词缀"子"相当，个别与普通话中的词缀"儿"相当，还有一些普通话中不带词缀的，在理家坪土话中也带上词缀"儿"。

　　①与普通话中的词缀"子"相当

方言词	读音	普通话词	方言词	读音	普通话词
沙儿	su⁴⁵²·nɤ²	沙子	狮儿	sʅ⁴⁵²·nɤ²	狮子
筛儿	xi⁴⁵²·nɤ²	筛子	猴儿	xɤɯ³¹·nɤ³	猴子
茄儿	tɕiɤɯ³¹·nɤ³	茄子	担儿	tu⁴³·nɤ⁴	担子
椑儿	pa⁴¹·nɤ¹	柿子	稗儿	pi⁴¹·nɤ¹	稗子
李儿	la³³·nɤ³	李子	镜儿	tɕiu⁴³·nɤ⁴	镜子
兔儿	tʻuo⁴³·nɤ⁴	兔子	箱儿	ɕiãŋ⁴⁵²·nɤ²	箱子
橘儿	kua¹³·nɤ⁴	橘子	架儿	ku⁴³·nɤ⁴	架子
橙儿	tsʻẽ³¹·nɤ³	橙子	铲儿	tsʻẽ⁴⁴·nɤ⁵	铲子
帐儿	tɕiãŋ⁴³·nɤ⁴	帐子	碟儿	ti⁴¹·nɤ¹	碟子
毯儿	tʻu⁴⁴·nɤ⁵	毯子	筷儿	kʻui⁴³·nɤ⁴	筷子
里儿	la³³·nɤ³	里子	杯儿	pɤ⁴⁵²·nɤ²	杯子

盘儿	poŋ³¹•nɤ³	盘子	钳儿	ki¹³•nɤ⁴	钳子
□儿	çio⁴³•nɤ⁴	坛子	梳儿	suo⁴⁵²•nɤ²	梳子
筷儿	k'ui⁴³•nɤ⁴	筷子	帕儿	p'u⁴³•nɤ⁴	毛巾
杯儿	pɤ⁴⁵²•nɤ²	杯子	锥儿	tsua⁴⁵²•nɤ²	锥子
盘儿	poŋ³¹•nɤ³	盘子	肚儿	tuo³³•nɤ³	肚子
□儿	çio⁴³•nɤ⁴	坛子	踔儿	pi⁴⁵²•nɤ²	瘸子
罐儿	kuaŋ⁴³•nɤ⁴	罐子	聋儿	liɛ³¹•nɤ³	聋子
凿儿	ts'ao⁴¹•nɤ¹	凿子	瞎儿	xi¹³•nɤ⁴	瞎子
钉儿	tiu⁴⁵²•nɤ²	钉子	牌儿	pi³¹•nɤ³	招牌

②与普通话的词缀"儿"相当

方言词	读音	普通话词	方言词	读音	普通话词
枣儿	tçia⁴⁴•nɤ⁵	枣儿	雨点儿	u³³tɛ̃⁴⁴•nɤ⁵	雨点儿
尖儿	tsɛ̃⁴⁵²•nɤ²	尖儿	开单儿	xɤ⁴⁵²tɛ̃⁴⁵²•nɤ²	开药方儿
鸟儿	ȵiɤɯ⁴⁴•nɤ⁵	鸟儿	饭馆儿	ɸuɛ̃⁴¹koŋ⁴⁴•nɤ⁵	饭馆儿
鞋儿	xi³¹•nɤ³	鞋儿	秤盘儿	tç'i⁴³poŋ³¹•nɤ³	秤盘儿
笋皮儿	çyi⁴⁴pa³¹•nɤ³	笋皮儿	洗浴盆儿	xi⁴⁴io⁴¹pie³¹•nɤ³	澡盆儿
崽儿子	tsɤ⁴⁴•nɤ⁵•tɤ⁴	小孩儿	荞麦菀儿	tçiɤɯ³¹•mu³tɤɯ⁴⁵²•nɤ²	麦茬儿
烟盒儿	ŋɛ̃⁴⁵²çi⁴¹•nɤ¹	烟盒儿	洗衣板儿	çi⁴⁴a⁴⁵²pɛ̃⁴⁴•nɤ⁵	洗衣板儿
铛盖儿	ts'ɛ̃⁴⁵²kɤ⁴³•nɤ⁴	锅盖儿	鸡毛刷儿	tsɿ⁴⁵²mia³³sua¹³•nɤ⁴	鸡毛掸子
秤杆儿	tç'i⁴³koŋ⁴⁴•nɤ⁵	秤杆儿			

③普通话中不带词缀

方言词	读音	普通话词	方言词	读音	普通话词
星儿	çiu⁴⁵²•nɤ²	星星	鹰儿	ŋi⁴⁵²•nɤ²	老鹰
云儿	yi³¹•nɤ³	云	谷儿	kuo¹³•nɤ⁴	稻谷
洲儿	tçiɤɯ⁴⁵²•nɤ²	洲	蚁儿	nɤ³³•na³	蚂蚁
砖儿	tçyɛ̃⁴⁵²•nɤ²	砖	壶儿	xuo³¹•nɤ³	壶
树儿	çio⁴¹•nɤ¹	树	泥抹□儿	ȵi³¹mu³³•xa³•nɤ³	小腿肚
桃儿	tia³¹•nɤ³	桃	疤儿	pu⁴⁵²•nɤ²	疤
梨儿	la³¹•nɤ³	梨	哑儿	u⁴⁴•nɤ⁵	哑巴
撮儿	ts'ao¹³•nɤ⁴	撮箕	毫儿	xia³¹•nɤ³	硬币
豹儿	piɤɯ⁴³•nɤ⁴	豹	头儿	tɤɯ³¹•nɤ³	前边
菌儿	ki⁴³•nɤ⁴	蘑菇			

（2）子

理家坪土话中的词缀"子"有两个读音，一个读 [•tɤ]，另一个读 [•tsʅ]，其中 [•tɤ] 音为白读层的音，韵母 [ɤ] 有时弱化为央元音 [ə]，[•tsʅ] 是文读层的音，声调都是轻声，调值随前一个音节的声调而变化。这个词缀的构词能力不是很强，有些词还可以用同样的词根语素加"儿 [•nɤ]"构成同义词，我们认为这是个后起的词缀。

①子 [•tɤ]

方言词	读音	普通话词	方言词	读音	普通话词
稗子	pi⁴¹•tɤ¹	稗子	女子	ȵio³³•tɤ³	女人
棉子	pɤ³¹⁻⁴¹•tɤ¹	棉花	崽儿子	tsɤ⁴⁴•nɤ⁵•tɤ⁴	小孩儿
麻子	mu³¹•tɤ³	脂麻（芝麻）	瘌子	mu³¹•tɤ³	瘌疹
辣子	li⁴¹•tɤ¹	辣椒	羊子疯	iãŋ³¹•tɤ³ɸuɛ⁴⁵²	癫痫
蚊子	ma¹³•tɤ⁴	蚊子 / 苍蝇	里把子路	la⁴⁴•pu⁵•tɤ⁴luo⁴¹	里把路
桐子	tiɛ³¹•tɤ³	桐子			

②子 [tsʅ]

方言词	读音	普通话词	方言词	读音	普通话词
闹子	nao⁴³•tsʅ⁴	集市	猴子螳螳	xɤɯ³¹•tsʅ³t'aŋ³¹•t'aŋ³	螳螂
日子	ŋ⁴¹•tsʅ¹	日子	嬲子婆	piɤɯ⁴⁴•tsʅ⁵•pu⁴	嬲子
瓶子	p'iɛ³¹•tsʅ³	瓶子	扒子手	p'a³¹•tsʅ³ɕiɤɯ⁴⁴	扒手
虾公子	ɸu⁴⁴•kiɛ⁵tsʅ⁴⁴	虾子	左撇拐子	tsuo⁴⁴•pɤ³kuai⁴⁴⁻³³•tsʅ³	左撇子
蝈儿子	kui¹³•nɤ⁴tsʅ⁴⁴	蝌蚪	包子	piɤɯ⁴⁵²•tsʅ²	包子
蟋子崽儿	tɕia⁴¹•tsʅ¹tsɤ⁴⁴•nɤ⁵	蟋蟀	状子	ts'oŋ⁴¹•tsʅ¹	状子

（3）牯

理家坪土话中的词缀"牯"有三个读音，一个读 [•kuo]，一个读 [•kua]，还有一个读 [•ku]，在词语中都是读轻声。"牯"作为后缀可作为表人词语的后缀，也可以做表事物的词语的后缀。在很多方言中，"牯"作为表雄性动物语素构词，而在理家坪土话中，"牯"没有表性别的功能。

通过观察我们发现，理家坪土话中用"牯"构成词语所表示的事物有个共同特征，表面都不平，轮廓线向某个方向弯曲，或者向外凸出，或者向内凹陷，如"石头、瓜子、拳头"等事物有向外凸出的特点，这些词语中的"牯"读音为 [•kua]，"水渠、坑、眼儿"等事物有向内凹陷的特征，这些词语中的"牯"读音为 [•kuo]，读音为 [•ku] 的，没有明确凸出方向。

我们认为，这或许原来是两个不同的词缀，前者音 [•kua]，表往外凸出，记作"骨、鼓、牯"或许都可以，后者音 [•kuo]，表凹陷，记作"窟"，二者都是后缀，意义日渐模糊，在少数词中，两个词缀有合并为一个词缀的现象，读 [•ku]。我们在这儿就把这三个不同读音的后缀作为一个处理。

①牯（骨）[•kua]

方言词	读音	普通话词	方言词	读音	普通话词
石牯	çiu^{41}•kua^1	石头	颈牯	tçiu^{44}•kua^5	颈
瓜牯	ku^{452}•kua^2	瓜子儿	□□牯	t'i^{41}iãŋ^{13}•kua^4	鬓角
拳头牯	k'uẽ^{31}•nɤɯ^{3}kua^{13}	拳头	面吧颧骨	mẽ^{41}•pa^{1}tç'io^{33}•kua^3	颧骨
腰牯	iɤɯ^{452}•kua^2	腰	腮牯	tç'i^{41}•kua^1	腮帮子

②牯（窟）[•kuo]

方言词	读音	普通话词	方言词	读音	普通话词
水渠牯	çya^{44}tçyi^{31}•kuo^3	水渠	鱼鳔牯	ŋuo^{31}p'iɤɯ$^{43-33}$•kuo^3	鱼鳔儿
小水渠牯	çio^{33}çya^{44}tçyi^{31}•kuo^3	小水沟	洞牯	tiɛ^{41}•kuo^1	坑
水穴牯	çya^{44}xua^{13}•kuo^4	水坑	穴牯	xua^{13}•kuo^4	眼儿
河滩牯	xi^{452}tiɛ^{31}•kuo^3	河滩	袋牯	ti^{41}•kuo^1	袋子
当牯	tuo^{43}•kuo^4	地方	笔筒牯	pa^{13}tiɛ^{31}•kuo^3	笔筒
墨斗牯	mɤ^{41}tiɛ^{33}•kuo^3	墨斗	躲汹牯	tuo^{44}ma^{13}•kuo^4	潜水

③牯 [•ku]

方言词	读音	普通话词	方言词	读音	普通话词
眼牯	iẽ^{44}•ku^5	窟窿	贼儿牯	ts'ɤ^{13}•kɤ^4•nu^3	强盗
娘牯	ȵioŋ^{31}•ku^3	老婆	膀儿牯	pɤ^{13}•kɤ^4•nu^3	肩膀
亲儿牯	tç'i^{452}•nɤ^2•ku^3	亲戚	膝儿牯	sa^{13}•kɤ^4•nu^3	膝盖
老头牯	lia^{33}t'ẽ^{31}•ku^3	老头儿			

（4）公

词缀"公"有两个读音，两个都是轻声，一个读 [•kiɛ]，另一个读 [•kuɛ]，第二个是音变现象，详见第二章的讨论。

"公"在意义上主要用来表示人或者少数动物类及某些事物，表人一般用来称呼从事某一职业或者具有某个特征的一类男性，表动物一般表身体某处具有尖、长特征的某类动物，不一定是雄性，表其他事物也一般该事物某个结构也具有尖、长特征。我们认为，这都是从表男性人的意义逐渐产生出来的用法。有些人不一定是男性，这是社会发展的原因，从事某些职业的人不一定是男性，而该词语已经固定为称呼某个职业的人，失去了性别义。

①公 [·kiɛ]

方言词	读音	普通话词	方言词	读音	普通话词
单身公	tẽ⁴⁵²çio⁴⁵²⁻⁴³·kiɛ⁴	单身汉	媒人公	mɤ³¹ŋ³¹·kiɛ³	媒人
木匠公	ŋ̍⁴¹tɕ'iãŋ⁴³·kiɛ⁴	木匠	新郎公	çi⁴⁵²loŋ³¹·kiɛ³	新郎
瓦匠公	mu³³tɕ'iãŋ⁴³·kiɛ⁴	瓦匠	天老公	t'ẽ⁴⁵²ta³³·kiɛ³	老天爷
铜匠公	tiɛ³¹tɕ'iãŋ⁴³·kiɛ⁴	铜匠	雷公	luo³¹·kiɛ³	雷
铁匠公	t'i¹³tɕ'iãŋ⁴³·kiɛ⁴	铁匠	虾公	ɸu⁴⁴·kiɛ⁵	虾
屠户公	tuo³¹xoŋ³³·kiɛ³	屠户	屋雀公	u³³çio⁴¹·kiɛ¹	喜鹊
和尚公	u³¹çiãŋ⁴³·kiɛ⁴	和尚	翻□公	ɸuẽ⁴⁵²mu⁴³·kiɛ⁴	蚯蚓
司公	sa⁴⁵²⁻⁴⁴·kiɛ⁵	道士	嘴公	tɕio⁴³·kiɛ⁴	嘴
驼儿公	tao³¹·nɤ³·kiɛ³	罗锅儿	尾公	ma³³·kiɛ³	尾巴
结儿公	tsɿ¹³·nɤ⁴·kiɛ⁵	结巴	磨把公	mao⁴¹pu⁴³·kiɛ⁴	磨把儿
闷匠公	miɛ⁴¹tɕ'iãŋ⁴³·kiɛ⁴	傻子	犁把公	li³¹pu⁴³·kiɛ⁴	犁把
左旁公	tsao³³poŋ³¹·kiɛ³	左边	豆公	tɤɯ⁴¹·kiɛ¹	豇豆
右旁公	iɤɯ⁴¹poŋ³¹·kiɛ³	右边			

②公 [·kuɛ]

方言词	读音	普通话词
鱼钩公	ŋuo³¹kɤɯ⁴⁵²·kuɛ²	钓鱼钩儿
帐钩公	tɕiãŋ⁴³kɤɯ⁴⁵²·kuɛ²	帐钩

（5）婆

词缀"婆"也有两个读音，一个读 [·pu]，另一个读 [·mɤ]，在词语中两个读音的声调都是轻声，调值随前音节的声调的调值变化。这词缀用于表示人或者动物，用于表示人时，一般表示女性或者从事某些一般由女性做的工作的人。用于表示动物时，一般用来表示某类动物，该类动物一般具有腹部大，性别特征非专业人士不容易分辨的特征。

①婆 [·pu]

方言词	读音	普通话词
月满婆	ui¹³·mẽ⁴pu³¹	月婆
□□婆	kau⁴³·nau⁴·pu³	不会说土话的人
婊子婆	piɤɯ⁴⁴·tsɿ⁵·pu⁴	婊子

接生婆	tɕi¹³sẽ⁴⁵²•pu²	接生婆
灶公婆	tɕia⁴³kiɛ⁴⁵²pu¹³	灶王爷
屋雀婆	u³³tɕiɤɯ⁴¹•pu¹	麻雀
夹儿婆	ki¹³•nɤ⁴•pu³	蝎子
毛毛虫婆	mia³³•mia³li³¹•pu³	毛虫
肉虫婆	u⁴⁴li³¹•pu³	肉虫
虱婆	sa¹³•pu⁴	虱子
臭虫婆	tɕʻiɤɯ⁴³li³¹•pu³	臭虫
偷油婆	tʻɤɯ⁴⁵²iɤɯ³¹•pu³	蟑螂
羊公婆	iãŋ³¹•kiɛ³pu³¹⁻¹³	蜻蜓

②婆 [•mɤ]

方言词	读音	普通话词
萤火婆婆	i³¹ɸu⁴⁴mɤ³¹•mɤ³	萤火虫
飞婆婆	ɸuɛ⁴⁵²mɤ³¹•mɤ³	灯蛾
寡寡婆	ku⁴⁴•ku⁵•mɤ⁴	寡妇

（6）头

词缀"头"读音一般为 [•tɤɯ]，轻声，只有在"馒头"一词中读
[tʻɤɯ]，馒头不是南方的主要食品，这是个从官话方言中借入的词语，因
而读音不同。词缀"头"与词根组合构成名词，"头"缀词所表事物较多，
意义有表示类似圆球形、块状的事物，或者表示"上面"。如：

方言词	读音	普通话词	方言词	读音	普通话词
日头	nɤ⁴¹•tɤɯ¹	太阳	辫头	pẽ⁴¹•tɤɯ¹	辫子
锄头	tsʻuo³¹•tɤɯ³	锄	鼻头	pa⁴¹•tɤɯ¹	鼻子
斧头	pu¹³•tɤɯ⁴	斧子	舌头	i⁴¹•tɤɯ¹	舌头
榫头	ɕye⁴⁴•tɤɯ⁵	榫头	骨头	kua¹³•tɤɯ⁴	骨
木头	ŋ⁴¹•tɤɯ¹	木头	馒头	mẽ⁴³•tʻɤɯ⁴	馒头
丫头	u⁴⁵²⁻⁴⁴•tɤɯ⁵	丫环	高头	kia⁴⁵²⁻⁴⁴•tɤɯ⁵	上面
额头	ŋɤ⁴¹•tɤɯ¹	额	拳头牯	kʻuẽ³¹•nɤɯ³kua¹³	拳头

（7）法、□ [•tɕʻiu]

附加在动词性词根后，构成名词，表示进行动词性词根表示的动作的
价值，只能做"有、没"等动词的宾语。其中的动词性词根是开放的，单
音节形式的动词性语素基本可以组成"V＋法／□ [•tɕʻiu]"结构的名词。

"法"和"□[•tɕ'iu]"可以自由替换，词义不发生改变。如：

方言词	读音	普通话词	方言词	读音	普通话词
食法	iɤ⁴¹•ɸui¹	吃头儿	眼□	n̠iɤ¹³•tɕ'iu⁴	
食□	iɤ⁴¹•tɕ'iu¹		搞法	kao⁴⁴•ɸui⁵	干头儿
吸法	ɕyi¹³•ɸui⁴	喝头儿	搞□	kao⁴⁴•tɕ'iu⁵	
吸□	ɕyi¹³•tɕ'iu⁴		做法	tsɤ⁴³•ɸui⁴	做头儿
眼法	n̠iɤ¹³•ɸui⁴	看头儿	做□	tsɤ⁴³•tɕ'iu⁴	

（8）格 [•kɤ]

方言词	读音	普通话词
日头地格	nɤ⁴¹•tɯu¹ta⁴¹•kɤ¹	太阳地儿
凳背格	tiɛ⁴³piɛ⁴¹•kɤ¹	椅子背儿
男小格子	nu³¹ɕio³³•kɤ³•tɤ³	男孩儿
女小格子	n̠io³³ɕiɤɯ⁴⁴•kɤ³•tɤ³	女孩儿
怀小格子	ɸui³¹ɕio³³•kɤ³•tɤ³•liɛ³	怀孕
点格子	tẽ⁴⁴•kɤ⁵•tɤ⁴	一点儿

2. 理家坪土话词缀的复杂性

理家坪土话词缀除了以上情况外，还有其他一些复杂情况，表现出复杂性的特点。其复杂性主要体现在：

（1）词缀的多重性

理家坪土话的派生词，有些带有多层词缀，有些同时加"儿"和"子"，有些同时加"子"和"手"，有些同时加"公"和"婆"等，这些词缀在词语中处于不同的层级中，离词根最远的词缀处于最外最大的层次。如：

方言词	读音	普通话词	方言词	读音	普通话词
驼儿公	tao³¹•nɤ³•kiɛ³	罗锅儿	蝈儿子	kui¹³•nɤ⁴•tsʅ⁴	蝌蚪
结儿公	tsʅ¹³•nɤ⁴•kiɛ⁵	结巴	夹儿婆	ki¹³•nɤ⁴•pu³	蝎子
米儿公	mi⁴⁴⁻⁴¹•nɤ¹•kiɛ³	乞丐	羊公婆	iãŋ³¹•kiɛ³pu³¹⁻¹³	蜻蜓
贼儿牯	ts'ɤ¹³•kɤ⁴•nu³	强盗	灶公婆	tɕia⁴³kiɛ⁴⁵²pu¹³	灶王爷
膀儿牯	pɤ¹³•kɤ⁴•nu³	肩膀	婊子婆	piɤɯ⁴⁴•tsʅ⁵•pu⁴	婊子
膝儿牯	sa¹³•kɤ⁴•nu³	膝盖	扒子手	p'a³¹•tsʅ³ɕiɤɯ⁴⁴	扒手
亲儿牯	tɕ'i⁴⁵²•nɤ²•ku³	亲戚	拳头牯	k'uẽ³¹•mɤɯ³kua¹³	拳头
崽儿子	tsɤ⁴⁴•nɤ⁵•tɤ⁴	小孩儿	虾公子	ɸu⁴⁴•kiɛ⁵tsʅ⁴⁴	虾子

（2）词缀的多样性

理家坪土话的派生词，有些词根，可以与不同的词缀构成派生词，而所表示的意义相同。如：

方言词	读音	普通话词	方言词	读音	普通话词
状儿	ts'oŋ⁴¹•nɤ¹	状子	稗子	pi⁴¹·tɤ¹	
状子	ts'oŋ⁴¹·tsɿ		蚊儿	miɛ³¹•nɤ³	蚊子 / 苍蝇
稗儿	pi⁴¹·nɤ¹	稗子	蚊子	ma¹³•tɤ⁴	

（三）理家坪土话的词类

1. 代词

（1）人称代词

理家坪土话的人称代词分为第一人称代词、第二人称代词、第三人称代词，没有格的区别，这些方面和普通话的人称代词一样。理家坪土话人称代词的单数形式分别是"我、尔、他"，而在人称代词复数的表示方面，与普通话相比就有很大差别，理家坪土话中的第一二人称代词用音变这一内部屈折的手段来表示复数，第三人称用加后缀"- 儿"这一派生法来表示复数。

人称	单数	复数
第一人称	我 iu³³	我 iɤ⁴³
		我 io⁴³
第二人称	尔 ŋ³³	尔 nɤ⁴³
第三人称	他 tɤ⁴⁵²	他儿 tɤ⁴⁵²•nɤ²

（2）指示代词

理家坪土话指代人、事物以及时间、处所的代词的基本形式有三个：咯 kɤ³³、那 nɤ³³、彼 pi⁴⁴。其中"咯 kɤ³³"表示近指，"那 nɤ³³、彼 pi⁴⁴"表示远指，没有中指代词，其中"彼 pi⁴⁴"仅用于代处所的远指代词。指代谓词时，在代名词的代词基本形式后加相关语素"样"。代副词表方式时，远指、近指不分，一般都用近指代词，兼表远近指，近年来有都用远指代词的用法。具体代词见下表，有些指示代词，一般为老年人所用的，表中注明"（老）"，一般为青年人所用的，表中注明"（新）"。

所代对象类		近指	远指
代名词	一般名词	咯这 kɤ³³	那 nɤ³³
	时间名词	咯在子这时候 kɤ³³ti¹³•tɤ⁴（老） 咯在这时 kɤ³³ti¹³（新） 咯间子这时候 kɤ³³tɕiẽ⁴⁵²•tɤ²（新）	那在子那时候 nɤ³³ti¹³•tɤ⁴（老） 那间子那时候 nɤ³³tɕiẽ⁴⁵²•tɤ² （新）
	处所名词	咯当这里 kɤ³³ta⁴¹（老） kyi⁴⁴•tɤ⁵（新）	那当那里 nɤ³³ta⁴¹（老） 彼当那里 pi⁴⁴•tɤ⁵（新）
代谓词		咯样这样 kɤ³³iãŋ⁴¹	那样 nɤ³³iãŋ⁴¹
代副词		咯样么个这样 kiãŋ⁴¹•ŋ¹•kɤ³ kiãŋ⁴¹⁻¹³•ŋ⁴•kɤ⁴ iãŋ⁴¹•ŋ¹•kɤ³ 那个那样 nɤ³³•kɤ³（新）	咯样么个那样 kiãŋ⁴¹•ŋ¹•kɤ³ kiãŋ⁴¹⁻¹³•ŋ⁴•kɤ⁴ 那么个那么 ŋɤ³³•ŋ³•kɤ³ 那个这样 nɤ³³•kɤ³（新）

指代人和事物时，代词一般不单用，如果是单数，都要在基本形式后加上相应的量词，共同做名词的修饰成分，而不是代词单独做名词修饰成分，代词也不能单独充当主语或者宾语。也就是说，理家坪土话指代人或物的人称代词，其实只有指的作用，而无代的功能，个别指量结构有代的功能，可以做主语、宾语。如：

①a. 咯只人是老师。这个人是老师。

　　kɤ³³•ta³ŋ³¹sɿ³³lia³³sɿ⁴⁵².

　b.* 咯人是老师。

　　*kɤ³³ŋ³¹sɿ³³lia³³sɿ⁴⁵².

　c. 咯只是老师。这个是老师。

　　kɤ³³•ta³sɿ³³lia³³sɿ⁴⁵².

②a. 咯领衣蛮乖。这件衣服很漂亮。

　　kɤ³³n̨iu⁴³a⁴⁵²mẽ³¹kui⁴⁵².

　b.* 咯衣蛮乖。

　　*kɤ³³a⁴⁵²mẽ³¹kui⁴⁵².

　c.* 咯领蛮乖。这件很漂亮。

　　*kɤ³³n̨iu⁴³mẽ³¹kui⁴⁵².

③a. 那头牛是我格。那头牛是我的。

　　nɤ³³tɤɯ³¹ŋɤɯ³¹sɿ³³iu³³•kɤ³.

b.* 那牛是我格。

　　*nɤ³³ŋɤɯ³¹sʅ³³iu³³•kɤ³.

c.* 那头是我格。

　　*nɤ³³tɤɯ³¹sʅ³³iu³³•kɤ³.

　　如果是复数或者不确定量，就在代词基本形式后加"些［sɤ⁴⁵²］"或者"点［tẽ⁴⁴］"等不定量词，然后再修饰名词，或者直接做主语、宾语。当一个句子中出现两个代词时，指量结构后一定要加名词。如：

④ a. 咯些桃儿是□买格。 <small>这些桃子是刚买的。</small>

　　kɤ³³sɤ⁴⁵²tia³¹•nɤ³sʅ³³ɕiu⁴¹mi³³•kɤ³.

　b. 咯些是□买格。

　　kɤ³³sɤ⁴⁵²sʅ³³ɕiu⁴¹mi³³•kɤ³.

⑤ a. 那些杯儿是新格。

　　nɤ³³sɤ⁴⁵²pɤ⁴⁵²•nɤ²sʅ³³ɕi⁴⁵²•kɤ³.

　b. 那些是新格。

　　nɤ³³sɤ⁴⁵²sʅ³³ɕi⁴⁵²•kɤ³.

⑥ a. 咯点东西是咯些人格。 <small>这点东西是这些人的。</small>

　　kɤ³³tẽ⁴⁴uaŋ⁴¹•ki¹sʅ³³kɤ³³sɤ⁴⁵²ŋ̍³¹•kɤ³.

　b.* 咯点是咯些人格。

　　*kɤ³³tẽ⁴⁴sʅ³³kɤ³³sɤ⁴⁵²ŋ̍³¹•kɤ³.

　c.* 咯点东西是咯些格。

　　*kɤ³³tẽ⁴⁴uaŋ⁴¹•ki¹sʅ³³kɤ³³sɤ⁴⁵²•kɤ³.

　d.* 咯点是咯些格。

　　*kɤ³³tẽ⁴⁴sʅ³³kɤ³³sɤ⁴⁵²•kɤ³.

　　指代时间时，一般是在基本形式后加"在子［ti¹³•tɤ⁴］、在［ti¹³］、间子［tɕiẽ⁴⁵²•tɤ²］"。如：

　　"这时候买不到菜了。"可以说

⑦ a. 咯在子买没到菜了。

　　kɤ³³ti¹³•tɤ⁴mi³³ mɤ³³tia⁴³tɕ'i⁴³•liɛ⁴.

　b. 咯在买没到菜了。

　　kɤ³³ti¹³mi³³ mɤ³³tia⁴³tɕ'i⁴³•liɛ⁴.

　c. 咯间子买没到菜了。

　　kɤ³³tɕiẽ⁴⁵²•tɤ²mi³³ mɤ³³tia⁴³tɕ'i⁴³•liɛ⁴.

（3）疑问代词

所代对象类

代名词	一般名词	代人	iɛ⁴¹（哪）
		事物	iɛ⁴¹（哪）
		事物	ŋ⁴³•ŋɤ⁴（么个_{什么}）
	时间名词		iɛ⁴¹iaŋ⁴¹•tɤ¹（哪间子_{哪会儿}）
	处所名词		iɛ⁴¹nɤ¹³（哪儿）

$代名词 \begin{cases} 一般名词 \begin{cases} 代人 & i\varepsilon^{41}（哪）\\ 事物 & i\varepsilon^{41}（哪）\\ 事物 & \eta^{43}•\eta\gamma^{4}（么个_{什么}）\end{cases}\\ 时间名词 \quad i\varepsilon^{41}ia\eta^{41}•t\gamma^{1}（哪间子_{哪会儿}）\\ 处所名词 \quad i\varepsilon^{41}n\gamma^{13}（哪儿）\end{cases}$

代谓词　　　　　　　iaŋ⁴⁵²•ŋ²（样么_{怎么}）

　　　　　　　　　　iaŋ⁴⁵²•ŋ²•kɤ³（样么个_{怎么样}）

代数词　　　　　　　xau⁴⁴tao⁴⁵²（好多_{多少}）

代副词　　　　　　　xau⁴⁴（好_多）

在普通话中，代词的语法功能和所代替、所指示的语言单位的语法功能大致相当。如可以说："这是小明的。""你去那儿。"在理家坪土话中，代词的语法功能也基本与所代替、所指示的语言单位的语法功能大致相当。有所不同的是，指代一般名词的单音节指示代词、疑问代词，无论是代替还是指示，后面必须要加跟代替或者指示名词搭配的量词，共同形成指量结构，才能具有所代替、所指示的语言单位的语法功能。而双音节的代词则没有这个限制。如：

句子意义　　　　　土话表达

这是什么？　　　　咯些是么个？ kɤ³³sɤ¹³sᵢ³³ ŋ⁴³ŋɤ³³.

这衣服是他的。　　咯领衣是他格。kɤ³³liu³³a⁴⁵²sᵢ³³tɤ⁴⁵²kɤ

哪是你的？　　　　哪只是尔格？ iɛ⁴¹ta sᵢ³³ ŋ³³kɤ.

你选谁？　　　　　尔选哪只？ ŋ³³çyẽ⁴⁴ iɛ⁴¹ta？

什么事？　　　　　么个事？ ŋ⁴³ŋɤ³³ sᵢ⁴¹？

2. 数词

理家坪土话的数词和普通话的基本一样，有基数词和序数词，基数词有确数和概数之分。理家坪土话的数词也有一些不同于普通话或者其他方言的地方，这主要表现在以下三个方面：1. 数词的音变。2. 概数的表示。3. 数词的省略。

（1）数词的音变

理家坪土话中的数词，除了"零、两、九、百、千、万"只有一个读音以外，其余的数字"一、二、三、四、五、六、七、八、十"等，都有两个或者两个以上的音，其中数词"二、四、八"的变化最多。理家坪土话中的常用数词及读音分别为：

数词	读音1	读音2	读音3
零	lie^{31}		
一	i^{13}	i^{33}	
二	nɤ^{41}	ŋ^{41}	ɤ^{13}
两	liaŋ^{33}		
三	su^{452}	sã^{33}	
四	sa^{43}	sʅ^{43}	sʅ^{13}
五	ŋ^{33}	u^{44}	
六	liɤɯ^{41}	lu^{33}	
七	ts'a^{13}	tɕ'i^{33}	
八	pi^{13}	pa^{13}	pa^{33}
九	tɕiɤɯ^{44}		
十	sʅ^{41}	ɕiɤ^{13}	
百	pu^{13}		
千	ts'ẽ^{452}		
万	uẽ^{41}		

上表中各个数词的读音1为最常用的读音。当以上数词出现在单纯基数词、复合基数词的末尾或者除前缀"老-"以外的序数词末尾时，都读读音1。当数词为小于十的序数词，且前缀为"老-"或者后缀为"-号"时，"一"的读音为读音1[i^{13}]，"二"的读音为读音1[nɤ^{41}]和读音3[ɤ^{13}]，其余各数词的每个读音都可以，以读音1为常见，年轻人逐渐使用读音2和读音3。大于十的序数词，除了"二、十"以外，其余读读音1.

基数词	读音1	序数词	读音1	序数词	读音1	读音2	读音3
一	i^{13}	初一	ts'uo^{452}i^{13}	老一	lao^{44}i^{13}		
二	nɤ^{41}	初二	ts'uo^{452}nɤ^{41}	老二	lao^{44}nɤ^{41}		lao^{44}ɤ^{13} (新)
三	su^{452}	初三	ts'uo^{452}su^{452}	老三	lao^{44}su^{452}	lao^{44}sã^{33} (新)	
四	sa^{43}	初四	ts'uo^{452}sa^{43}	老四	lao^{44}sa^{43}	lao^{44}sʅ^{43} (新)	lao^{44}sʅ^{13} (新)
五	ŋ^{33}	初五	ts'uo^{452}ŋ^{33}	老五	lao^{44}ŋ^{33}	lao^{44}u^{44} (新)	

基数词	读音1	序数词	读音1	序数词	读音1	读音2	读音3
六	liɤu^{41}	初六	tsʻuo^{452}liɤu^{41}	老六	lao^{44}liɤu^{41}	lao^{44}lu^{41}（新）	
七	tsʻa^{13}	初七	tsʻuo^{452}tsʻa^{13}	老七	lao^{44}tsʻa^{13}	lao^{44}tɕʻi^{33}（新）	
八	pi^{13}	初八	tsʻuo^{452}pi^{13}	老八	lao^{44}pi^{13}	lao^{44}pa^{13}（新）	lao^{44}pa^{33}（新）

“两、二、六、十”的音变：

如果后面加量词或者“十”以外的位数词，用“两”表示而不用“二”，由“两＋量”构成数量结构或者“两百、两千”等构成系位结构，当量词为“两”时，也用数词“两”，形成数量短语“两两”，数数时，“二”和“两”都可以。“二”在位数词“十”的前面时，其发音为 [ŋ^{41}]，其他情况上文讨论过，读 [nɤ^{41}] 或者 [ɤ^{13}]。“六”一般情况发 [liɤu^{41}]，只有在“六指口$_{六指儿}$ [lu^{41}tɕi^{44}pa^{13}]”“老六 [lao^{44}lu^{41}]”中发 [lu^{41}]。“十”在作为位数词时，当其后还有个位数时，其发音为 [ɕiɤ^{13}]，如：“一百一十一”和“一百一十”中的两个“十”的发音不同，前者为 [ɕiɤ^{13}]，后者为 [sɿ^{41}]。

数词	用法	读音	数词	用法	读音
二	二十	ŋ^{41}·sɿ^1	十	十	sɿ^{41}
	二十二	ŋ^{41}ɕiɤ^{13}nɤ^{41}		十一	ɕiɤ^{13}i^{13}
两	两百	liaŋ^{33}pu^{13}		二十	ŋ^{41}·sɿ^1
	两百二十	liaŋ^{33}pu^{13}ŋ^{41}·sɿ^1		二十一	ŋ^{41}ɕiɤ^{13}i^{13}
	两两	liaŋ^{33}liaŋ^{33}		三十	su^{452}·sɿ^2
六	六指口$_{六指儿}$	lu^{41}tɕi^{44}pa^{13}		三十一	su^{452}ɕiɤ^{13}i^{13}
	老六	lao^{44}lu^{41}			
		lao^{44}liɤu^{41}			

（2）概数的表示

概数的表示在普通话或者其他汉语方言中，一般可用“把、来、左右”表示，也可以用相邻的数字连着说的形式。在理家坪土话中，概数也可用“把、来、左右”表示，也可以用相邻的数字连着说，如：“斤把、十二三斤”，理家坪土话在概数的表示方面还有着自己的特点：（1）不相邻的数字连用表示概数。这表现在“将近三十”可以表示为“一三十”。（2）将近百或者千的概数表示，不用“把”，而用相邻位数词连用的方法表示，并且大的位数词在前，小的在后。具体举例如下：

意义	理家坪土话
将近三十	一三十（岁）i³³su⁴⁵²•sʅ²（ɕyi⁴³）
将近三十	二三十（岁）n̩⁴¹su⁴⁵²•sʅ²（ɕyi⁴³）
将近四十	三四十（岁）su⁴⁵²sa⁴³•sʅ⁴
将近二十	一二十（岁）i³³n̩⁴¹•sʅ¹（ɕyi⁴³）
十二斤左右	十一二斤 ɕiɤ¹³i¹³nɤ⁴¹tɕi⁴⁵²
	十二三斤 ɕiɤ¹³nɤ⁴¹su⁴⁵²tɕi⁴⁵²
将近一百斤（不足一百）	百十斤 pu¹³•sʅ⁴tɕi⁴⁵²
将近一千（不足一千）	千百斤 tsʻẽ⁴⁵²pu¹³tɕi⁴⁵²
十至十一斤	数十斤 suo⁴⁴•sʅ⁴tɕi⁴⁵²

（3）数词的省略

①"一"的省略

数词"一"在最高位数词"十、百、千"的前头可以省略，而在最高位数为"万"时就很少省略，位数再往上，也就是数字太大就不能省了。"一"在非最高位数前时，不能省略，如"三百一十"，不能省略为"三百十"。"一"后加量词组成数量短语，后接中心成分时，"一"都可以省略，后不接中心成分时，一般不能省略。数词"一"在和动量词组合时，也常常省略。（加疑问号？表示一般不说，偶尔也可以说。）

原型表述	省略形式
一百多 i³³pu¹³tao⁴⁵²	百多 pu¹³tao⁴⁵²
一百一十 i³³pu¹³i³³sʅ⁴¹	百一十 pu¹³i³³sʅ⁴¹
一千两百 i³³tsʻẽ⁴⁵²liãŋ³³pu¹³	千二百 tsʻẽ⁴⁵²liãŋ³³pu¹³
一万五千 i³³uẽ⁴¹n̩³³tsʻẽ⁴⁵²	？万五千 uẽ⁴¹n̩³³tsʻẽ⁴⁵²
眼一□看一下 n̩iɛ¹³i³³ti³	眼□ n̩iɛ¹³ti³
买一斤 mi³³i³³tɕi⁴⁵²	＊买斤 mi³³tɕi⁴⁵²
买一斤酒 mi³³i³³tɕi⁴⁵²tɕiɤɯ⁴⁴	买斤酒 mi³³tɕi⁴⁵²tɕiɤɯ⁴⁴
一块钱一斤 i³³kʻui⁴³tsʻẽ³¹i³³tɕi⁴⁵²	＊块钱斤 kʻui⁴³tsʻẽ³¹tɕi⁴⁵²
	＊块钱一斤 kʻui⁴³tsʻẽ³¹i³³tɕi⁴⁵²
一块钱一斤橘子 i³³kʻui⁴³tsʻẽ³¹i³³tɕi⁴⁵²kua¹³•nɤ⁴	块钱斤橘子 kʻui⁴³tsʻẽ³¹tɕi⁴⁵²kua¹³•nɤ⁴

有一工算一工_{有一天算一天} xɤɯ³³i³³kiɛ⁴⁵²soŋ⁴³i³³kiɛ⁴⁵²	有工算工 xɤɯ³³kiɛ⁴⁵²soŋ⁴³kiɛ⁴⁵²
一间屋也没有_{一间房子也没有} i³³kẽ⁴⁵²uo¹³i³³mɤ³³tɤ¹³	间屋也没有 kẽ⁴⁵²uo¹³i³³mɤ³³tɤ¹³

②位数词的省略

大于一百的复合数词的最后是位数词时，可以省略该位数词。如"一百二十"，可以省略为"一百二"，"一万三千"可以省略为"一万三"。最末位的位数词和最高位的数词"一"不能同时省略，如"一百二十"不能省略为"百二"。当复合数词后面带上单位后，该位数词就不能省略。如"一百二十斤"就不能省略为"一百二斤"。

原型表述	省略形式
一百二十 i³³pu¹³n̩⁴¹·sɿ¹	一百二 i³³pu¹³n̩⁴¹
	* 百二 pu¹³n̩⁴¹
一百二十斤 i³³pu¹³n̩⁴¹·sɿ¹tɕi⁴⁵²	* 一百二斤 i³³pu¹³n̩⁴¹tɕi⁴⁵²
一万三千 i³³uẽ⁴¹su⁴⁵²ts'ẽ⁴⁵²	一万三 i³³uẽ⁴¹su⁴⁵²
	* 万三 uẽ⁴¹su⁴⁵²

3. 量词

理家坪土话的量词大多和普通话一样，如"本、包、床、间、座、封"等，这些量词搭配对象比较固定，使用范围都不是很大。理家坪土话使用范围较大的量词是"粒 [la¹³]、只 [ta/tɕiu¹³]、面 [mẽ⁴¹]、头 [tɤɯ³¹]、架 [ku⁴³]、部 [pu⁴¹]、把 [pu⁴⁴]、□ [mɤ⁴⁴]"等，其所修饰的名词与普通话相应量词有很大差异，还有些量词使用范围不大，然而与普通话有很大的差别。

（1）粒 [la¹³]

"粒"在普通话中也是一个常用的量词，用于描述细小颗粒状之物。如：一粒米、一粒瓜子、一粒沙子、一粒盐等。而理家坪土话中除了和普通话一样可以用于描述细小颗粒状之物之外，还可以用来描述其他形状的物体，相当于普通话的"粒、颗、个、条、块、张"等。以下分别例举：

①量词义：粒、颗　名词语义特征：颗粒状

一粒米（盐、药、瓜牯_{瓜子}、沙儿_{沙子}、豆儿_{豆子}、星儿_{星星}、扣儿_{扣子}）

②量词义：个　名词语义特征：圆球体

一粒西瓜（蒜、卵_蛋、球、北瓜_{南瓜}、脑壳、苹果、茄儿_{茄子}、桃儿_{桃子}）

③量词义：个　名词语义特征：矮且宽圆面柱体

一粒饼（车轮、磨儿_{石磨}）

④量词义：条　名词语义特征：长且近似柱形

一粒线轴（黄瓜、尾巴）

④量词义：个、道、张、块等　名词语义特征：不规则形状

一粒口儿_{口子}（字、奖状、手巴粒粒_{手指}、洞牯_洞、石牯_{石头}、鼻头_{鼻子}）

除了描述具体事物以外，量词"粒 la¹³"还可以描述抽象事物。如：

⑥量词义：个　名词语义特征：抽象事物

一粒办法（选择、道理、主意）

（2）只［ta⁴⁴/tɕiu¹³］

理家坪土话中的量词"只［ta⁴⁴/tɕiu¹³］"和普通话中的量词"个、只"的用法相似。"只［ta⁴⁴/tɕiu¹³］"有两个不同的发音，在称量不同的事物时，所选择的发音不同，其中发音为［tɕiu¹³］的量词"只"除可用来称量"手、脚"以外只能称量具有盛载功能的事物，而发音为［ta⁴⁴］的量词"只"使用范围最广，理家坪土话中凡是其他形状不定，不好归类的事物都可以用量词"只［ta⁴⁴］"来称量。如：

①只［tɕiu¹³］量词义：只　名词语义特征：具有装载功能

一只桶（碗、铛_{炒菜的锅子}、口儿_{煮饭的锅子}、杯儿_{杯子}、盆儿_{盆子}、冰箱、衣柜、簸箕、撮儿_{撮箕}、鞋儿_{鞋子}）

②只［tɕiu¹³］量词义：只　名词语义特征：不规则形状

一只手（脚）

③只［ta⁴⁴］量词义：个　名词语义特征：其他

一只人（客、店子、学校、东西、佛像、当牯_{地方}、消息、主意）

（3）面［mẽ⁴¹］

与普通话的量词"张"相似，用来描述有宽而平的表面的事物。

一面枱儿_{桌子}（凳_{凳子}、椅子、旗子、板儿_{板子}、玻璃、窗帘、瓷砖）

（4）头［tʶu³¹］

现代汉语中量词"头"由名词"头"虚化而来。肉眼能见的有生命的动物都有头，但有些动物的头很大，容易引起人们注意，如"牛、羊"等，而有些动物的头太小，人们根本不会关注，如"虱子、跳蚤"等。因此，头大的动物，人们就容易用"头"来称量该动物，而头小的动物，就往往用其他量词来称量了。所以，普通话中的量词"头"用来描述的动物并不多，

只有"马、牛、羊、骡"等,其他如"鸡、鸭、鱼、蚂蚁"等动物就不用"头"做量词。在理家坪土话中,量词"头"可以用来称量所有动物。如:

①家畜

一头牛(羊、猪、猫、狗)

②家禽

一头鸡(鸭、鹅)

③其他动物

一头蚊儿_{蚊子}(鱼、蛇、鸟儿、蜜蜂、蚂蟥、老鼠、兔儿_{兔子}、老虎、毛毛虫婆_{毛毛虫})

(5)架 [ku⁴³] / 部 [pu⁴¹]

理家坪土话中凡是带有机械或者电子等较为复杂装置的器具,都用"架 [ku⁴³]"或者"部 [pu⁴¹]"这两个量词来称量,这两个量词可以自由替换。

一架 / 部车儿_{车子}(枪、电视、飞机、火车)

(6)把 [pu⁴⁴]

具有"用手抓握"这一语义特征的词语,用量词"把 [pu⁴⁴]"称量,这与普通话中的量词"把"基本相当。

一把(尺、刀、锁、锯、伞、扇、斧头、剪刀、扫管_{扫把}、梳儿_{梳子}、算盘、铲儿_{铲子}、牙刷)

(7)□ [mɤ⁴⁴]

形态较显长条的事物,在理家坪土话中都用量词"□ [mɤ⁴⁴]"来称量。理家坪土话中的量词"□ [mɤ⁴⁴]"与汉语普通话中的量词"根、棵"的用法相似。如:

①量词义:根　名词语义特征:形态较细长

一□ [mɤ⁴⁴] 扁担(甘蔗、筷儿_{筷子}、管儿_{管子}、笔、骨头、蜡烛、肠子、索儿_{绳子}、棍儿_{棍子}、树桠儿_{树枝}、火柴、鼻_{鼻涕}、尾巴、香蕉、腰带、毛、头发、毛线、铁丝)

②量词义:棵　名词语义特征:形态偏长的植物

一□ [mɤ⁴⁴] 树(草、葱、秧苗、竹子)

形态偏长的植物还可以用量词"蔸"来称量。

(8)领 [liu⁴⁴]

理家坪土话中的量词"领 [liu⁴⁴]"用来描述衣着类事物,如:

一领衣（帽子、裤子）

（9）□ [p'oŋ¹³]

理家坪土话中的量词"□ [p'oŋ¹³]"用来描述一群人或者鸡、鸭、牛、羊等动物，如：

一□ [p'oŋ¹³] 人（鸡、鸭、牛、羊）

4. 副词

（1）紧 [tɕi⁴⁴]

程度副词，相当于普通话的"很"，只能用于"形容词 + 得 + 紧"结构中，充当补语。如：

饿得紧。_{饿得很。} ŋao⁴¹•tɤ¹tɕi⁴⁴.

能得紧。_{好得很。} nẽ³¹•tɤ³tɕi⁴⁴.

快得紧。_{快得很。} k'ui⁴³•tɤ⁴tɕi⁴⁴.

（2）蛮 [mẽ³¹]

程度副词，相当于普通话的"很"，用在形容词、心理活动动词前，充当状语。

□腹收拾得蛮爽利。_{家里收拾得很整齐。} a¹³•pu⁴ɕiɤɯ⁴⁵²•sʮ²•tɤ³mẽ³¹soŋ⁴⁴la⁴¹.

桃儿蛮便宜。_{桃子很便宜。} tia³¹•nɤ³mẽ³¹pa³¹•ŋẽ³.

字写得蛮能_{字写得很好。} tsʮ⁴¹ɕiu⁴⁴•tɤ⁵mẽ³¹nẽ³¹.

（3）好

程度副词，用在形容词前，表示程度深，并带感叹语气。

天好热。_{天很热。} t'ẽ⁴⁵²xia⁴⁴nɤ⁴¹.

好可惜。_{很可惜。} xia⁴⁴k'uo⁴⁴ɕi⁴³.

5. 介词

（1）走 [tsɤɯ⁴⁴]

理家坪土话中的"走"有两种基本用法，一个是动词"走"，另一个是介词"走"。动词"走"的用法与普通话及当地西南官话的动词"走"相同，表示行走之意。如"顺着马路走，要走一点钟。"介词"走"的用法有多种意义：

1）引进位移动作的起点，相当于介词"从"。如：

①尔走哪儿来？_{你从哪儿来？}

ŋ̍³³tsɤɯ⁴⁴iɛ⁴¹⁻¹³•nɤ⁴la³¹？

②张三昨口走北京归吧来咧。 张三昨天从北京回来了。

tsoŋ⁴⁵²sã⁴⁵²tsʻæ⁴¹io¹³tsɤɯ⁴⁴pɤ¹³tɕiɛ̃⁴⁵²kua⁴⁵²•paˀ²la³¹•liɛ³.

③我走板桥到坦田，走吧一点钟。 我从板桥到坦田，走了一个小时。

iu³³tsɤɯ⁴⁴pẽ⁴⁴tɕiɤɯ³¹tia⁴³tʻu⁴⁴•tẽ⁵, tsɤɯ⁴⁴•paⁱⁱi⁵³³tẽ⁴⁴tɕi⁴⁵².

2）引进位移动作的终点，相当于介词"到"。如：

④尔走哪儿去？ 你到哪儿去？

ŋ̍³³tsɤɯ⁴⁴iɛ⁴¹⁻¹³•nɤ⁴xuo⁴³？

⑤走舅舅口腹去。 到舅舅家去。

tsɤɯ⁴⁴tɕiɤɯ³³tɕiɤɯ³³a¹³•puⁱxuo⁴³.

3）引进位移动作经由方向或者处所，相当于介词"从"。如：

⑥我走小路走近一点。 我从小路走近一点。

iu³³tsɤɯ⁴⁴ɕio³³luo⁴¹tsɤɯ⁴⁴tɕi³³iⁱtẽ⁴⁴.

⑦走东边走近蛮多。 走东边走近很多。

tsɤɯ⁴⁴tiɛ⁴⁵²pẽ⁴⁵²tsɤɯ⁴⁴tɕi³³mẽ³¹tao⁴⁵².

⑧尔走哪条路归去？ 你走哪条路回去？

ŋ̍³³tsɤɯ⁴⁴iɛ⁴¹⁻¹³tiɤɯ³¹luo⁴¹kua⁴⁵²xuo⁴³？

（2）奉［piɛ⁴¹］

理家坪土话中的"奉"也有两种基本用法，一个是动词"奉"，另一个是介词"奉"。动词"奉"的用法与普通话及当地西南官话的动词"给"相同，表示"给予"之意。介词"奉"的用法有多种意义：

1）表处置，相当于普通话中的介词"把"。如：

①牛奉草食吧咧。 牛把草吃了。

ŋɤɯ³¹piɛ⁴¹tɕʻia⁴⁴iɤ⁴¹•paⁱ•liɛ³.

②尔奉枪儿搬吧出去。 你把桌子搬出去。

ŋ̍³³piɛ⁴¹ti³¹•nɤ³poŋ⁴⁵²•paˀ²ɕya¹³xuo⁴³.

2）表被动，相当于普通话的介词"被"。

③草奉牛食吧咧。 草被牛吃了。

ʨʻia⁴⁴piɛ⁴¹ŋɤɯ³¹iɤ⁴¹•paⁱ•liɛ³.

④他奉我吓吧一跳。 他被我吓了一跳。

tɤ⁴⁵²piɛ⁴¹iu³³ɸu⁴³•paⁱi³³tʻiɤɯ⁴³.

⑤他奉狗咬吧咧。 他被狗咬了。

tɤ⁴⁵²piɛ⁴¹kɤɯ⁴⁴ɲiɤɯ³³•paⁱ•liɛ³.

3）引进交付对象，常与动词结合，相当于普通话中的介词"给"。如：

⑥讲奉尔听。 _{讲给你听。}

ki⁴⁴piɛ⁴¹ŋ³³t'iu⁴³.

⑦租吧奉人家。 _{租给别人。}

tsuo⁴⁵²·pa²piɛ⁴¹ŋ³¹ku⁴⁵².

⑧输吧奉他咧。 _{输给他了。}

ɕio⁴⁵²·pa²piɛ⁴¹tɤ⁴⁵²·liɛ²

（3）拿〔nɤ⁴⁵²〕

理家坪土话中"拿"有两个用法，一个是动词"拿"，另一个是介词"拿"。介词"拿"引进处置对象，相当于普通话中的介词"把"。如：

①他拿我吓了一跳。

tɤ⁴⁵²nɤ⁴⁵²iu³³ɸu⁴³·pa⁴ˌ³³t'iɤɯ⁴³.

②他拿我□吧一顿。 _{他把我骂了一顿。}

tɤ⁴⁵²nɤ⁴⁵²iu³³ts'u⁴⁵²·pa²ˌ³³tyɛ⁴³.

③他拿帕儿拿奉我。

tɤ⁴⁵²nɤ⁴⁵²p'u⁴³•nɤ⁴nɤ⁴⁴piɛ⁴¹iu³³.

（4）跟〔kiɛ⁴⁵²〕

1）引进动作行为的服务对象，相当于普通话中的介词"给、为、替"。如：

①他没得跟尔买。 _{他没有给你买。}

tɤ⁴⁵²ma³³•tɤ³kiɛ⁴⁵²ŋ³³mi³³.

②跟尔写封信。 _{给你写封信。}

kiɛ⁴⁵²ŋ³³ɕiu⁴⁴xoŋ⁴⁵²ɕi⁴³.

③尔跟我讲清。 _{你给我说清楚。}

ŋ³³kiɛ⁴⁵²iu³³ki⁴⁴tɕ'iu⁴⁵².

④尔跟我空一杯水奉他。 _{你替我倒杯水给他。}

ŋ³³kiɛ⁴⁵²iu³³xiɛ⁴⁵²ˌi³³pɤ⁴⁵²sua⁴⁴piɛ⁴¹tɤ⁴⁵².

2）引进共同或者协同完成动作行为的另一方，相当于普通话中的介词"跟"。如：

⑤他儿没跟我讲话。 _{他们不跟我说话。}

tɤ⁴⁵²•nɤ²mɤ³³kiɛ⁴⁵²iu³³ki⁴⁴ɸu⁴³.

⑥跟我眠。 _{跟我睡。}

kiɛ^{452}iu^{33}ɸyɛ^{43}.

⑦跟他吸酒。_{跟他喝酒。}

kiɛ^{452}tɤ^{452}çyi^{13}tɕiɤɯ^{44}.

6.助词

（1）结构助词"格［•kɤ］"与"得［•tɤ］"

"格［•kɤ］"附着在词或者词组后面，表示前面的词或者词组是修饰成分，相当于普通话的"的"和"地"。如：

他格车儿。_{他的车子。}tɤ^{452}•kɤ^{2}tɕ'iu^{452}•nɤ^2.

没停格话。_{不停地说。}mɤ^{33}t'iŋ^{31}•kɤ^{3}k'ua^{13}.

"得［•tɤ］"附着在动词或者形容词之后，表示其后面的成分是补语，相当于普通话的"得"。如：

拿得起。nɤ^{452}•tɤ^{2}sŋ^{44}.

打得赢。ta^{44}•tɤ^{5}n̦iu^{31}.

饿得紧。_{饿得很。}ŋao^{41}•tɤ^{1}tɕi^{44}.

（2）动态助词"着［•tsŋ］""吧［•pa］"和"过［•ku^{43}］"

附着在动词的后面，表示动作行为的状态。

"着［•tsŋ］"表示动作行为的进行或者持续，相当于普通话中的"着"。如：

戴着一顶帽儿。ti^{43}•tsŋ^4 i^{33}tiu^{44}mia^{41}•nɤ^1.

"吧［•pa］"附着在动词的后面，表示动作行为的完成，相当于普通话中的"了"。如：

洗吧面。_{洗了脸。}çi^{44}•pa^{5}mẽ^{41}.

"过［•ku］"表示动作行为经历态，相当于普通话中的"过"。如：

我去过道州。_{我去过道县。}iu^{33}xuo^{43}•ku^{4}tia^{43}tɕiɤɯ^{452}.

二、理家坪土话的句法

（一）"奉［piɛ^{41}］"字句

"把"字句在普通话中及汉语方言中是极其常见的句型。在普通话及其他汉语方言中，"把"字句多数情况是表示对事物进行处置。与普通话及其他汉语方言中的"把"字句相比，理家坪土话中的"奉"字句较有特色。理家坪土话中的"奉"字句不仅表示处置，还可以表示被动和给予。

表示处置这一功能与普通话的"把"字句一样，表示被动和给予的作用，与普通话有很大不同。

1. 理家坪土话中"奉"字句的构成

理家坪土话中"奉"字句的构成有两种基本结构：

（1）NP1＋ 奉 ＋NP2＋VP

如：

①草奉牛食吧咧。 草被牛吃了。

tɕ'ia⁴⁴pie⁴¹ŋɤɯ³¹iɤ⁴¹•pa¹•liɛ³.

②牛奉草食吧咧。 牛把草吃了。

ŋɤɯ³¹pie⁴¹tɕ'ia⁴⁴iɤ⁴¹•pa¹•liɛ³.

③他奉老师□骂吧一顿。 他被老师骂了一顿。

tɤ⁴⁵²pie⁴¹lia³³sʅ⁴⁵²ts'u⁴⁵²•pa²i³³tye⁴³.

④老三奉那头鸡食吧咧。 老三把那只鸡吃了。

lao⁴⁴su⁴⁵²pie⁴¹nɤ³³tɤɯ³¹tsʅ⁴⁵²iɤ⁴¹•pa¹•liɛ³.

⑤他奉牛牵吧走咧。 他把牛牵走了。

tɤ⁴⁵²pie⁴¹ŋɤɯ³¹tɕ'iẽ⁴⁵²•pa²tsɤɯ⁴⁴•liɛ⁵.

⑥牛奉他牵吧走咧。 牛被他牵走了。

ŋɤɯ³¹pie⁴¹tɤ⁴⁵²tɕ'iẽ⁴⁵²•pa²tsɤɯ⁴⁴•liɛ⁵.

⑦那头小鸡奉咪吆食吧咧。 那只小鸡被猫吃了。

nɤ³³tɤɯ³¹ɕio³³tsʅ⁴⁵²pie⁴¹mi⁴⁵²•iao²iɤ⁴¹•pa¹•liɛ³.

⑧小妹妹奉咯点能木头烧吧一半咧。 小妹妹把这些好木头烧了一半了。

ɕio³³mɤ⁴¹•mɤ¹pie⁴¹kɤ³³tẽ⁴⁴nẽ³¹ŋ̍⁴¹•tɤɯ¹ɕiɤɯ⁴⁵²•pa²i³³poŋ⁴³•liɛ⁴.

⑨哥哥奉老弟食糖。 哥哥给弟弟吃糖。

kuo⁴⁵²•kuo²pie⁴¹lao⁴⁴li³³iɤ⁴¹toŋ³¹.

（2）NP1＋ 奉 ＋NP2＋ NP3

如：

①我奉他一本书。 我给他一本书。

iu³³pie⁴¹tɤ⁴⁵²i³³pie⁴⁴ɕio⁴⁵².

②哥哥奉老弟一包糖。 哥哥给弟弟一包糖。

kuo⁴⁵²•kuo²pie⁴¹lao⁴⁴li³³i³³piɤɯ⁴⁵²toŋ³¹.

③尔奉我一碗水。 你给我一碗水。

ŋ̍³³pie⁴¹iu³³i³³oŋ⁴⁴sua⁴⁴.

2. 理家坪土话中"奉"字句的语义

（1）表示给予义，使对方得到某些东西。其语义相当于普通话中的动词"给"。

基本使用格式就是上文的"NP1＋奉＋NP2＋NP3"结构。相当于普通话中的"给"类双宾句。

NP1 为可以发出动作的名词、名词短语、代词，NP2 为可以有接收动作的名词、名词短语、代词，NP3 为给予之物。

普通话中的动词"给"字句有时 NP1、NP2、NP3 都可以省略，只留下"给"字形成独词句，或者"给"加上句末语气词成句。理家坪土话中，NP1、NP2、NP3 也可以省略，形成几个变化结构：

A.NP1＋奉＋NP2

尔现在就奉我。你现在就给我。

ŋ̍³³xæ⁴³•ti³tɕiɤɯ⁴¹piɛ⁴¹iu³³.

B. 奉＋NP2＋NP3

奉我一碗水。给我一碗水。

piɛ⁴¹iu³³•i³³oŋ⁴⁴sua⁴⁴.

C.NP1＋奉＋NP3

尔奉一点，他奉一点，就有吧咧。你给点，他给点，就足够了。

ŋ̍³³piɛ⁴¹i³³tẽ⁴⁴,tɤ⁴⁵²piɛ⁴¹i³³tẽ⁴⁴,tɕiɤɯ⁴¹xɤɯ³³•pa³•liɛ³.

D. 奉＋NP3

没要多咧，少奉一点。不要多了，少给一点。

mɤ³³i⁴¹tao⁴⁵²•liɛ³,ɕiɤɯ⁴⁴piɛ⁴¹i³³tẽ⁴⁴.

E. 奉＋NP2

奉我。给我。

piɛ⁴¹iu³³.

NP3 后面有时也还可以增加一个 VP 成分。形成一个较复杂的双宾兼语结构"NP1＋奉＋NP2＋NP3＋VP"，VP 可以是动宾结构、动补结构等动词的复杂形式，也可以是简单动词。如：

①尔奉他只瓶子打油。你给他只瓶子买油。

　　ŋ̍³³piɛ⁴¹tɤ⁴⁵²tɕiu¹³p'iẽ³¹•tsʅ³ta⁴⁴iɤɯ³¹.

②尔奉小王一本书眼。你给小王一本书看。

　　ŋ̍³³piɛ⁴¹ɕio³³uaŋ³¹i³³piɛ⁴⁴ɕio⁴⁵²n̩iɤ¹³.

③我奉他一块地种西瓜。 我给他一块地种西瓜。

iu³³pieᵘ⁴¹tʋ⁴⁵²i³³k'ui⁴³ta⁴¹tɕiaŋ⁴³ɕi⁴⁵²ku⁴⁵².

这种复杂结构在一定语境中也可以省略 NP1、NP2 或 NP3。如完整结构"村里奉他一块地种西瓜。 村里给他一块地种西瓜。"

可以有以下省略形式：

F.NP1＋ 奉 ＋ NP3＋VP

（他农大毕业回家乡创业，有没有得到什么扶持？）

村腹奉一块地种西瓜。 村里给一块地种西瓜。

tɕ'yε⁴⁵²·pu²pieᵘ⁴¹i³³k'ui⁴³ta⁴¹tɕiaŋ⁴³ɕi⁴⁵²ku⁴⁵².

G. 奉 ＋NP2＋ NP3＋VP

（他农大毕业回家乡创业，村里给什么扶持？）

奉他一块地种西瓜。 给他一块地种西瓜。

pieᵘ⁴¹tʋ⁴⁵²i³³k'ui⁴³ta⁴¹tɕiaŋ⁴³ɕi⁴⁵²ku⁴⁵².

H. 奉 ＋ NP3＋VP

（他农大毕业回家乡创业，村里给什么扶持？）

奉一块地种西瓜。 给他一块地种西瓜。

pieᵘ⁴¹i³³k'ui⁴³ta⁴¹tɕiaŋ⁴³ɕi⁴⁵²ku⁴⁵².

I. 奉 ＋NP2 ＋VP

（咯块地村里打算用来种什么？）

奉他种西瓜。 给他种西瓜。

pieᵘ⁴¹tʋ⁴⁵²tɕiaŋ⁴³ɕi⁴⁵²ku⁴⁵².

J.NP1＋ 奉 ＋NP2 ＋VP

（哪个把他咯块地种西瓜？）

村腹奉他种西瓜。 村里给他种西瓜。

tɕ'yε⁴⁵²·pu²pieᵘ⁴¹tʋ⁴⁵²tɕiaŋ⁴³ɕi⁴⁵²ku⁴⁵².

（2）表示使役义，引出施事，相当于普通话中的介词"叫""让"。

基本使用结构"NP1＋ 奉 ＋NP2＋VP"。

NP1 为发出使役动作的名词、名词短语、代词，NP2 为接收使役动作，然后发出 VP 动作的名词、名词短语、代词，VP 可以是动宾结构、动补结构等动词的复杂形式，也可以是简单动词。

①哥哥奉老弟食糖。 哥哥给弟弟吃糖。

kuo⁴⁵²·kuo²pieᵘ⁴¹lao⁴⁴li³³iʋ⁴¹toŋ³¹.

②他格公公没奉他食饭。他爷爷不给他食饭。

　　tɤ⁴⁵²·kɤ²kiɛ⁴⁵²kiɛ⁴⁵²mɤ³³piɛ⁴¹tɤ⁴⁵²iɤ⁴¹ɸuɛ̃⁴¹.

　　这种用法的"奉"，既有使役义，同时还有给予义。这种用法的"奉"可能是上文所说的"NP1＋奉＋NP2＋NP3＋VP"结构的变换形式，"NP1＋奉＋NP2＋NP3＋VP"结构中的"NP3"是"奉"的直接宾语，有些情况下也是后面动词"V"的受事宾语，当"NP3"是后面动词"V"的受事宾语的时候，这个"NP3"就可以移到"V"的后面去。如"尔奉小王一本书眼。"中的"书"，一方面是"奉"的直接宾语，同时也是后面动词"眼看"的对象，这时的"书"就可以移动到动词"眼看"的后面去，从而原结构变为"尔奉小王眼一本书。"。

　　（3）引进交付对象，常与动词结合，形成"V＋奉＋NP"格式，相当于普通话中做补语的动词"给"，在这种结构中，"V"后一般要加动态助词"吧"。如：

①送吧奉尔食。送给你吃。

　　ɕiɛ⁴³·pa⁴piɛ⁴¹ŋ³³iɤ⁴¹.

②租吧奉人家。租给别人。

　　tsuo⁴⁵²·pa²piɛ⁴¹ŋ³¹ku⁴⁵².

③输吧奉他咧。输给他了。

　　ɕio⁴⁵²·pa²piɛ⁴¹tɤ⁴⁵²·liɛ².

　　（4）表处置，相当于普通话中的介词"把"。

　　基本使用结构"NP1＋奉＋NP2＋VP"。

　　其中NP1、NP2都为名词性成分，包括名词、名词短语、代词，VP为复杂谓词性结构，后接动态助词和语气词。基本构成要求和普通话的"把"字句相同。如：

①牛奉草食吧咧。牛把草吃了。

　　ŋɤɯ³¹piɛ⁴¹tɕ'ia⁴⁴iɤ⁴¹·pa¹·liɛ³.

②快点奉门关吧起来。快点把门关上。

　　k'ui⁴³tẽ⁴⁴piɛ⁴¹miɛ³¹kuẽ⁴⁵²·pa²·sŋ⁴·la³.

　　（5）表被动，相当于普通话的介词"被"。

　　基本使用结构"NP1＋奉＋NP2＋VP"。

　　其中NP1、NP2都为名词性成分，包括名词、名词短语、代词，VP为复杂谓词性结构，后接动态助词和语气词。这些和普通话的"被"字句相同。

如：

①草奉牛食吧咧。 _{草被牛吃了。}

tɕʻia⁴⁴piɛ⁴¹ŋɤɯ³¹iɤ⁴¹•pa¹•liɛ³.

②他奉我吓吧一跳。 _{他被我吓了一跳。}

tɤ⁴⁵²piɛ⁴¹iu³³ɸu⁴³•paʻi³³tʻiɤɯ⁴³.

③他奉狗咬吧咧。 _{他被狗咬了。}

tɤ⁴⁵²piɛ⁴¹kɤɯ⁴⁴n̩iɤɯ³³•pa¹•liɛ³.

3. 同一表层结构下的处置和被动

表处置和表被动的基本结构相同，都是"NP1＋ 奉 ＋NP2＋VP"。如：

①牛奉草食吧咧。 _{牛把草吃了。}

ŋɤɯ³¹piɛ⁴¹tɕʻia⁴⁴iɤ⁴¹•pa¹•liɛ³.

②草奉牛食吧咧。 _{草被牛吃了。}

tɕʻia⁴⁴piɛ⁴¹ŋɤɯ³¹iɤ⁴¹•pa¹•liɛ³.

③尔奉柏儿搬吧出去。 _{你把桌子搬出去。}

ŋ̍³³piɛ⁴¹ti³¹•nɤ³poŋ⁴⁵²•pa²ɕya¹³xuo⁴³.

④那头小鸡奉咪吆食吧咧。 _{那只小鸡被猫吃了。}

nɤ³³tɤɯ³¹ɕio³³tsʅ⁴⁵²piɛ⁴¹mi⁴⁵²•iao²iɤ⁴¹•pa¹•liɛ³.

⑤我奉他吓吧一跳。 _{我被他吓了一跳。}

iu³³piɛ⁴¹tɤ⁴⁵²ɸu⁴³•paʻi³³tʻiɤɯ⁴³.

⑥他奉老师□_骂吧一顿。 _{他被老师骂了一顿。}

tɤ⁴⁵²piɛ⁴¹lia³³sʅ⁴⁵²tsʻu⁴⁵²•pa²i³³tyɛ⁴³.

其中例（1）（3）是表处置，例（2）（4）表被动。那么，在哪种情况下"NP1＋ 奉 ＋NP2＋VP"结构表示处置，在哪种情况下"NP1＋ 奉 ＋NP2＋VP"表示被动呢？例（5）的" 我奉他吓吧一跳。"究竟是" 我吓了他"还是"他吓了我"？"他奉老师□_骂吧一顿。"是"他骂老师"还是"老师骂他 "？

以上结构不管是处置还是被动，其中 NP1 和 NP2 中必须有一个能发出 V 的动作。NP1 和 NP2 中必须有一个能承受 V 的动作。那么，如何判断是处置还是被动呢？

（1）NP1 和 NP2 只有一个能发出 V 的动作时。

当NP1 和 NP2 只有一个能发出 V 的动作时，如" 牛奉草食吧咧。""草奉牛食吧咧。"这两句能发出动作"食"的只能是"牛",所以不管"牛"是处于"奉"前还是"奉"的后面,都只能是施事,同样,"草"也只能是受事。因此,当"牛"处于"奉"前时,"奉"表示处置义,当"牛"处于"奉"后时,"奉"表示被动。

（2）NP1 和 NP2 都可能发出 V 的动作时。

当 NP1 和 NP2 都能发出 V 的动作时,如"我奉他吓吧一跳。""他奉老师□骂吧一顿。"究竟哪个是施事哪个是受事呢?先看下面例句:

①a. 他奉老师□骂吧一顿。 _{他被老师骂了一顿。}

$tɤ^{452}piɛ^{41}lia^{33}sɿ^{452}ts'u^{452}•pa^2i^{33}tyɛ^{43}$.

  b. 老师奉他□骂吧一顿。 _{老师被他骂了一顿。}

$lia^{33}sɿ^{452}piɛ^{41}tɤ^{452}ts'u^{452}•pa^2i^{33}tyɛ^{43}$.

②a. 那头小鸡奉咪吆食吧咧。 _{那只小鸡被猫吃了。}

$mɤ^{33}tɤɯ^{31}ɕio^{33}tsɿ^{452}piɛ^{41}mi^{452}•iao^2iɤ^{41}•pa^1•liɛ^3$.

  b. 那头咪吆奉小鸡食吧咧。 _{那只猫被小鸡吃了。}

$mɤ^{33}tɤɯ^{31}mi^{452}•iao^2piɛ^{41}ɕio^{33}tsɿ^{452}iɤ^{41}•pa^1•liɛ^3$.

③a. 我奉他吓吧一跳。

$iu^{33}piɛ^{41}tɤ^{452}ɸu^{43}•pa^4i^{33}t'iɤɯ^{43}$.

③b. 他奉我吓吧一跳。 _{他被我吓了一跳。}

$tɤ^{452}piɛ^{41}iu^{33}ɸu^{43}•pa^4i^{33}t'iɤɯ^{43}$.

这些例句中的 NP1 和 NP2 都能发出 V 的动作,通过观察我们可以看到,在这种格式中,NP1 总是受事,而 NP2 总是施事。也就是说这种格式中的"奉"只表示被动。

NP1 和 NP2 都可能发出 V 的动作,要让 NP1 成为动作发出者的处置式,该方言中用另一个介词"拿 nɤ^{452}"来表示,如:

④老师拿他□骂吧一顿。 _{老师把他骂了一顿。}

$lia^{33}sɿ^{452}nɤ^{452}tɤ^{452}ts'u^{452}•pa^2i^{33}tyɛ^{43}$.

⑤老三拿小王打吧一顿。 _{张三把小王打了。}

$lao^{44}su^{452}nɤ^{452}ɕio^{33}uaŋ^{31}ta^{44}•pa^2i^{33}tyɛ^{43}$.

（二）疑问句

理家坪土话中的疑问句有四类:是非疑问句、特指疑问句、选择疑问句、正反问句。这类别和普通话的相同。其中特指疑问句、选择疑问句两类问句的提问手段和普通话对应类型疑问句的提问手段相同，是非问句、正反问句的提问手段具有特点。

1. 是非问句

理家坪土话的是非问句有两种提问手段，一种与普通话是非问句的相同，句法结构像陈述句，在句末带上语气词"吗"或者不带语气词"吗"，句末句调上升。另一种提问手段就是在主语后、谓语前加一疑问标记"□[kɤ⁴⁴]"或者"□□[kɤ⁴⁴·liɛ⁵]"，其本字待考，句末不带语气词，句调不上升，与陈述句的句调相同。这两种是非问可以任意变换，没有条件限制，"□[kɤ⁴⁴]"类提问更常见。

普通话语义	"吗"类	"□[kɤ⁴⁴]"类
你来吗？	ŋ³³la³¹·ma³? 尔来吗？	ŋ³³kɤ⁴⁴la³¹? 尔□来？
你有哥哥吗？	ŋ³³xɤɯ³³kuo⁴⁵²·kuo²·ma³? 尔有哥哥吗？	ŋ³³kɤ⁴⁴xɤɯ³³kuo⁴⁵²·kuo²? 尔□有哥哥？
这里是坦田吗？	kyi⁴⁴·tɤ⁵sʅ³³t'u⁴⁴·tẽ⁵·ma³? 咯当是坦田吗？	kyi⁴⁴·tɤ⁵kɤ⁴⁴sʅ³³t'u⁴⁴·tẽ⁵? 咯当□是坦田？
你提得起吗？	ŋ³³ti³¹·tɤ³sʅ⁴⁴·ma³? 尔提得起吗？	ŋ³³kɤ⁴⁴ti³¹·tɤ³sʅ⁴⁴? 尔□提得起？
你买票吗？	ŋ³³mi³³p'iɤɯ⁴³·ma³? 尔买票吗？	ŋ³³kɤ⁴⁴·liɛ⁵mi³³p'iɤɯ⁴³? 尔□□买票？
你把菜洗完了吗？	ŋ³³piɛ⁴¹tɕ'i⁴³ɕi⁴⁴pa¹³·pa⁴·liɛ³·ma³? 尔奉菜洗毕吧咧吗？	ŋ³³kɤ⁴⁴·liɛ⁵piɛ⁴¹tɕ'i⁴³ɕi⁴⁴pa¹³? 尔□□把菜洗完？

2. 正反问句

理家坪土话的正反问句有两类：一类是一般的正反问，用"V没V"格式提问，另一类是求证问，用附加的形式提问。求证问的附加格式是先把一个陈述句说出，再附加提问形式。附加的提问形式有两种：一是后加"是没是、行没行、好没好"等，另一种附加的是"□[kɤ⁴⁴]＋V（是、行、好、对）"，其中"□[kɤ⁴⁴]"与是非问句中的疑问标记一样。不过，理家坪土话的正反问句比较少，一般不常用，这类问句常用是非问的形式来表达。如：

普通话语义	"V 没 V" 类	附加 "□kɤ⁴⁴+V" 类	是非问句 "□kɤ⁴⁴" 类
他是不是道县人？ 他是道县人，是不是？	tɤ⁴⁵²sɿ³³•mɤ⁴sɿ³³ tia⁴³tɕiɤɯ⁴⁵²•kɤ²ŋ³¹？他是没是道州格人？	tɤ⁴⁵²sɿ³³tia⁴³tɕiɤɯ⁴⁵²•kɤ²ŋ³¹，kɤ⁴⁴sɿ³³？他是道州格人，□是？	tɤ⁴⁵²kɤ⁴⁴sɿ³³tia⁴³tɕiɤɯ⁴⁵²•kɤ²ŋ³¹？他□是道州格人？
你认不认识他？ 你认识他，是不是？	ŋ³³ɕiɤ¹³•mɤ⁴ɕiɤ¹³•tɤ⁴tɤ⁴⁵²？尔认没认得他？	ŋ³³ɕiɤ¹³•tɤ⁴tɤ⁴⁵²，kɤ⁴⁴sɿ³³？尔认得他，□是？	ŋ³³kɤ⁴⁴ɕiɤ¹³•tɤ⁴tɤ⁴⁵²？尔□认得他？
你来不来？	ŋ³³la³¹•mɤ⁴la³¹？尔来没来？		ŋ³³kɤ⁴⁴la³¹？尔□来？
他的身体好了，能不能去？	tɤ⁴⁵²•kɤ²sẽ⁴⁵²t'i⁴⁴nẽ³¹•pa⁵•liɛ³，k'uo⁴⁴•mɤ⁵k'uo⁴⁴•i⁵xuo⁴³？他格身体能吧咧，可没可以去？	tɤ⁴⁵²•kɤ²sẽ⁴⁵²t'i⁴⁴nẽ³¹•pa⁵•liɛ³k'uo⁴⁴•i⁵xuo⁴³，kɤ⁴⁴sɿ³³？他格身体能吧咧可以去，□是？	tɤ⁴⁵²•kɤ²sẽ⁴⁵²t'i⁴⁴nẽ³¹•pa⁵•liɛ³，kɤ⁴⁴k'uo⁴⁴•i⁵xuo⁴³？他格身体能吧咧，□可以去？

（三）"V+ 动词补语" 结构

理家坪土话中，动词后面也可以带上补语，表示结果、数量、情态、趋向等，这和普通话一样。有特色的是，理家坪土话的部分动词后带动词补语表示趋向或者结果时，在动词和补语之间一般需要加助词"吧"，形成"V+ 吧 + 动词补语"结构。如：

①老三奉他请吧走咧。 老三被他请走了。

　　lao⁴⁴su⁴⁵²piɛ⁴¹tɤ⁴⁵²tɕ'iu⁴⁴•pa⁵tsɤɯ⁴⁴•liɛ⁵.

②我格鸡婆奉人家偷吧走咧。 我的母鸡被别人偷走了。

　　iu³³•kɤ³tsɿ⁴⁵²pu³¹piɛ⁴¹ŋ³¹ku⁴⁵²t'ɤɯ⁴⁵²•pa²tsɤɯ⁴⁴•liɛ⁵.

③大床奉老三占吧去咧。 大床被老三占去了。

　　t'æ⁴³tuo³¹piɛ⁴¹lao⁴⁴su⁴⁵²tɕiɛ⁴³•pa⁴xuo⁴³•liɛ⁴.

④头发翘吧起来咧。 头发翘起来了。

　　tɤɯ³¹ɸyɛ¹³k'iɤɯ⁴³•pa⁵sɿ⁴⁴la³¹•liɛ³.

⑤他哭吧起来咧。 _{他哭起来了。}

tɤ⁴⁵²xuo¹³•pa⁴sʅ⁴⁴la³¹•liɛ³.

⑥鸟儿飞吧起来咧。 _{鸟飞起来了。}

ȵiɤɯ⁴⁴•nɤ⁵ɸyɛ⁴⁵²•pa²sʅ⁴⁴la³¹•liɛ³.

具有这一特色的动词主要有"送、搬、牵、飞、偷、收、抓、租、翘、哭"等，补语一般为"来、去、起来、出来、出去、回来、回去、下来、下去、走、奉"。动词具体概括为三类：

（1）可控位移动词

送、搬、牵、飞、偷、收、抓、租、借、输、坐

（2）不可控位移动词

滚、流

（3）非位移动词

翘、哭、包、占

补语动词总体特点是动词具有位移性，非位移类动词补语不能进入这一格式，如"V+断、哭、死、见、毕、倒"等之间就不能加助词"吧"。补语动词具体有两类：

（1）趋向补语

来、去、起来、出来、出去、回来、回去、下来、下去

（2）结果补语

走、奉

（四）"V（一）□［ti¹³］" 与短时态

理家坪土话的动词一般不能重叠，不能用"VV"格式表示短时态，普通话中的"V一V""VV"格式在理家坪土话中都不存在。表示短时态，理家坪土话主要用"V（一）□［ti¹³］"格式。如：

洗（一）□菜 _{洗洗菜}ɕi⁴⁴（i³³）ti¹³tɕʻi⁴³

想□ _{想想}sɤ⁴⁴ti¹³

尔去眼（一）□ _{尔去看看}ŋ³³xuo⁴³ȵiɤ¹³（i³³）ti¹³

三、理家坪土话的语法例句

（一）语法例句之一

1.iɛ⁴¹ •ta¹ •liɛ³? iu³³ sɿ³³ lia³³ su⁴⁵².

哪　只　咧？我　是　老　三。　谁啊？我是老三。

2.lia³³ sa⁴³ •liɛ⁴? tɤ⁴⁵² tɕiu⁴⁵² •a² kiɛ⁴⁵² i¹³ ta³³ piɛ³¹ iɤɯ⁴⁴ ti³³ k'ua¹³ ɸu⁴¹.

老　四　咧？他　正　啊跟　一　只　朋　友　在　话　话。

　　老四呢？他正在跟一个朋友说着话呢。

3. tɤ⁴⁵² xæ³¹ mɤ³³ •tɤ³ ki⁴⁴ uẽ³¹ •a³?

　他　还　没　得　讲　完　啊？　他还没有讲完吗？

tɤ⁴⁵² xæ³¹ mɤ³³ •tɤ³ ki⁴⁴ pa¹³ •ma⁴?

　他　还　没　得　讲　毕　吗？　他还没有讲完吗？

tɤ⁴⁵² kɤ⁴⁴ xæ³¹ mɤ³³ ki⁴⁴ uẽ³¹?

　他　□　还　没　讲　完？　他还没有讲完吗？

4.xæ³¹ mɤ³³ •tɤ³, tu³³ kæ⁴³ tsæ¹³ i³³ ti¹³ •nɤ⁴ tɕiɤɯ⁴¹ ki⁴⁴ uẽ³¹ •pa³ •liɛ³.

　还　没　得，大　概　再　一　□　儿　就　讲　完　吧　咧。

　　还没有。大约再有一会就说完了。

5.tɤ⁴⁵² ki⁴⁴ ma⁴⁴ ɕiaŋ³³ tɕiɤɯ⁴¹ tsɤɯ⁴⁴, iaŋ⁴⁵² •ŋ̍² •kɤ³ kɤ⁴³ tɤ⁴⁵²•nɤ²

　他　讲　马　上　就　走，　样　么　个　咯　□　儿

kiɛ⁴⁵² •liɛ² xæ³¹ ti³³ a¹³ •pu⁴ •liɛ³ ?

　工　咧　还　在　□　腹　呢？　他说马上就走，怎么这半天了还在家里呢？

6.ŋ³³ tia⁴³ iɛ⁴¹⁻¹³ •nɤ⁴ xuo⁴³ ? iu³³ tia⁴³ ki⁴⁵² •ɕiaŋ² xuo⁴³.

　尔　到　哪　儿　去？　我　到　街　上　去。你到哪儿去？我到城里去。

7.ti³³ pi⁴⁴ •tɤ⁵, mɤ³³ ti³³ kyi⁴⁴ •tɤ⁵.

　在　彼　当，没　在　咯　当。　在那儿，不在这儿。

8.mɤ³³ sɿ³³ ŋɤ³³ •ŋ̍⁴ •kɤ³ tsɤ⁴³, sɿ³³ i⁴¹ kian¹³ •ŋ̍⁴ •kɤ³ tsɤ⁴³.

　没　是　那　么　个　做，是　要　咯　样　么　个　做。　不是那么做，是要这么做。

9.t'ɤ⁴³ tao⁴⁵² •liɛ², i⁴¹ mɤ³³ uẽ³¹ ŋɤ³³ •ŋ̍⁴ •kɤ³ tao⁴⁵², tsɿ⁴⁴ i⁴¹ kian¹³ •ŋ̍⁴ •kɤ³

　太　多　了，用　没　完　那　么　个　多，　只　要　咯　样　么　个

tao⁴⁵² tɕiɤɯ⁴¹ xɤɯ³³ •pa³ •liɛ.

　多　就　有　吧　咧。　太多了，用不着那么多，只要这么多就够了。

10.kɤ³³ •ta³ t'æ⁴³, mɤ³³ •ta³ ɕio³³, kɤ³³ lian³³ •ta³ iɛ⁴¹ •ta¹ nẽ³¹ tẽ⁴⁴ •mɤ⁵ •liɛ³ ?

　咯　只　大，　那　只　小，　咯　两　只　哪　只　能　点　儿　呢？

　　这个大，那个小，这两个哪一个好一点儿呢？

11.kɤ³³ •ta³ pi⁴⁴ nɤ³³ •ta³ nẽ³¹.

　咯　只　比　那　只　能。　这个比那个好。

12. kɤ³³ •sɤ³ uo¹³ mɤ³³ •tɤ³ nɤ³³ •sɤ³ uo¹³ nẽ³¹.

　　咯　些　屋　没　得　那　些　屋　能。　这些房子不如那些房子好。

13. kɤ³³ tɕio⁴³ ɸu⁴¹ i⁴¹ tia⁴³ tɕiɤɯ⁴⁵² ɸu⁴¹ iaŋ⁴⁵² •ŋ² •kɤ³ ki⁴⁴ ?

　　咯　句　话　用　道　州　话　样　么　个　讲？　这句话用道县话怎么说？

14. tɤ⁴⁵² tsɹ⁴⁵²⁻⁴⁴ nẽ³¹⁻⁵⁵ xau⁴⁴ t'æ⁴³ •liɛ⁴ ?

　　他　今　年　好　大　咧？　他今年多大岁数？

15. tu³³ kæ⁴³ xɤɯ³³ su⁴⁵² •sɹ² la³¹ ɕyi⁴³.

　　大　概　有　三　十　来　岁。　大概有三十来岁吧。

16. kɤ³³ •ta³ uaŋ⁴¹ •ki¹ xɤɯ³³ xau⁴⁴ tɕ'iɛ³³ •liɛ³ ?

　　咯　只　□　□　有　好　重　咧？　这个东西有多重呢？

17. xɤɯ³³ ŋ³³ •sɹ³ tao⁴⁵² tɕi⁴⁵² •liɛ².

　　有　五　十　多　斤　咧。　有五十多斤重呢。

18. nɤ⁴⁵² •tɤ² iɤɯ³¹•ma³ ?

　　拿　得　摇　吗？　拿得动吗？

　　kɤ⁴⁴ nɤ⁴⁵² •tɤ² iɤɯ³¹ ?

　　□　拿　得　摇？　拿得动吗？

19. iu³³ nɤ⁴⁵² •tɤ² iɤɯ³¹, tɤ⁴⁵² nɤ⁴⁵² mɤ³³ iɤɯ³¹.

　　我　拿　得　摇，　他　拿　没　摇。　我拿得动，他拿不动。

20. toŋ⁴⁵² tɕi⁴⁵² mɤ³³ tɕ'iu⁴⁵² •liɛ², tɕ'iɛ³³ •tɤ³ lẽ³¹ iu³³ i³³ nɤ⁴⁵² mɤ³³ iɤɯ³¹•liɛ³.

　　当　真　没　轻　咧，　重　得　连　我　也　拿　没　摇　咧。

　　　真不轻，重得连我都拿不动了。

21. ŋ³³ ki⁴⁴•tɤ⁵ mẽ³¹ nẽ³¹, ŋ³³ xæ³¹ na⁴⁵² •tɤ² ki⁴⁴ tẽ⁴⁴ ŋ⁴³ •kɤ⁵•liɛ³ ?

　　尔　讲　得　蛮　能，　尔　还　□　得　讲　点　么　个　咧？

　　　你说得很好，你还会说点儿什么呢？

22. iu³³ tɕio⁴³ •kiɛ⁴ tɕ'yi⁴⁴, iu³³ ki⁴⁴ mɤ³³ ku⁴³ tɤ⁴⁵².

　　我　嘴　公　蠢，　我　讲　没　过　他。　我嘴笨，我说不过他。

　　iu³³ tɕio⁴³ •kiɛ⁴ mɤ³ uo⁴¹ k'ua¹³, iu³³ ki⁴⁴ mɤ³³ n̠iu³¹ tɤ⁴⁵².

　　我　嘴　公　没　会　话，　我　讲　没　赢　他。　我嘴笨，我说不过他。

23. ki⁴⁴ •pa⁵ i³³ mẽ⁴³, i⁴¹ ki⁴⁴ •pa⁵ i³³ mẽ⁴³.

　　讲　吧　一　遍，　又　讲　吧　一　遍。　说了一遍，又说了一遍。

24. tɕ'iu⁴⁴ ŋ³³ tsæ¹³ ki⁴⁴ i³³ mẽ⁴³.

　　请　尔　再　讲　一　遍。　请你再说一遍。

25.mɤ³³ tɕia⁴⁴ •liɛ⁵, kʻui⁴³ xuo⁴³ •pa³.

　　没　早　咧，　快　去　吧。不早了，快去吧。

26.xæ⁴³ •ti³ xæ³¹ tɕia⁴⁴ •liɛ⁵, tiɛ⁴⁴ i³³ ti¹³ tsæ¹³ xuo⁴³ •pa³.

　　现　在　还　早　咧，　等　一　口　再　去　吧。现在还早呢，等一会再去吧。

27.iɤ⁴¹ •pa¹ ɸuẽ⁴¹ tsæ¹³ xuo⁴³ xia⁴⁴ ma³ ?

　　食　吧　饭　再　去　好　吗？吃了饭再去好吗？

28.mẽ⁴¹ i³³ •kɤ³ •ti³ iɤ⁴¹, mɤ³³ i⁴¹ tɕiɤɯ⁴³ tsʅ¹³.

　　慢　一　口口　食，　没　要　着　急。慢慢儿地吃啊，不要着急。

29.tsʻao³³ •tsʅ³ iɤ⁴¹ pi⁴⁴ tsʅ³³ •tsʅ³ iɤ⁴¹ nẽ³¹.

　　坐　着　食　比　倚　着　食　能。坐着吃比站着吃好些。

30.tɤ⁴⁵² iɤ⁴¹ •pa¹ ɸuẽ⁴¹ •liɛ¹, ŋ³³ iɤ⁴¹•pa¹ •liɛ³ ɸuẽ⁴¹ mɤ³³ •tɤ³ ?

　　他　食　吧　饭　咧，尔　食　吧　咧　饭　没　得？他吃了饭了，你吃了

饭没有呢?

31.tɤ⁴⁵² xuo⁴³ ku⁴³ ɕiaŋ⁴¹ xɤ⁴⁴, iu³³ mɤ³³ •tɤ³ xuo⁴³ ku⁴³.

　　他　去　过　上　海，　我　没　得　去　过。他去过上海，我没有去过。

32.la³¹ miɛ³¹ ti¹³ kɤ³³ tao⁴⁴ ɸu⁴⁵² ɕiaŋ⁴⁵² •mɤ² ɕiaŋ⁴⁵².

　　来　闻　口　咯　朵　花　香　　没　香。来闻闻这朵花香不香。

33.piɛ⁴¹ iu³³ i³³ piɛ⁴⁴ ɕio⁴⁵².

　　奉　我　一　本　书。给我一本书。

34.iu³³ tɕi⁴⁵² •kɤ² ma³³ •tɤ³ ɕio⁴⁵² •liɛ².

　　我　真　格　没　得　书　　咧。我真的没有书了。

35.ŋ̍³³ kuaŋ⁴³ •ɕiaŋ⁴ tɤ⁴⁵².

　　尔　告　诉　他。你告诉他。

36.xau⁴⁴ tẽ⁴⁴ •kɤ⁵ tsɤɯ⁴⁴, mɤ³³ i⁴¹ kʻui¹³.

　　好　点　格　走，　没　要　口。好好儿地走，不要跑。

37.mɤ³³ i⁴¹ tia⁴¹ •pa¹ ɸu³³ •xuo³ pu³¹ i³³ pu³¹ mɤ³³ ɕiaŋ³³ •la³.

　　没要　跌　吧　下　去　爬　也　爬　没　上　来。小心跌下去爬也爬不上来。

38.sa⁴⁵² sẽ⁴⁵² ui⁴¹ ŋ̍³³ tao⁴⁵² ɸyɛ⁴³ •ti⁴ kiɤɯ¹³.

　　先　生　喂　尔　多　瞓　口　觉。医生叫你多睡一睡。

39.iɤ⁴¹ ŋẽ⁴⁵² ɕyi¹³ tsʻu³¹ tɕi¹ i⁴¹ mɤ³³ •tɤ³.

　　抽　烟　喝　茶　尽　要　没　得。抽烟或者喝茶都不可以。

40.ŋẽ⁴⁵² i³³ xau⁴⁴, tsʻu³¹ i³³ xau⁴⁴, iu³³ tɕi³³ •ti³ mɤ³³ suo⁴⁴ xi⁴⁴.

烟 也 好， 茶 也 好， 我 尽 都 没 所 喜。 烟也好，茶也好，

我都不喜欢。

41.mɤ³³ koŋ⁴⁴ ŋ̍³³ xuo⁴³ mɤ³³ xuo⁴³, ɸuẽ⁴⁴ tsẽ⁴³ iu³³ sɿ³³ i⁴¹ xuo⁴³ •kɤ⁴.

没 管 尔 去 没 去， 反 正 我 是 要 去 格。

不管你去不去，反正我是要去的。

42.iu³³ i³³ tiŋ¹³ i⁴¹ xuo⁴³.

我 一 定 要 去。 我非去不可。

43.ŋ̍³³ sɿ³³ iɛ⁴¹ i³³ nẽ³¹ la³¹ •kɤ³?

尔 是 哪 一 年 来 格？ 你是哪一年来的？

44.iu³³ sɿ³³ tsʻẽ³¹⁻⁴¹ nẽ³¹⁻¹³ tia⁴³ •kɤ⁴ pɤ¹³ tɕi⁴⁵².

我 是 前 年 到 格 北京。 我是前年到的北京。

45.tsẽ⁴⁵²•ŋɤ² kiɛ⁴⁵² xɤ⁴⁵²xuo⁴¹ iɛ⁴¹•ta¹ •kɤ⁴ tɕio⁴⁴ ɕi³³ ?

今 儿 工 开 会 哪 只 格 主 席？ 今天开会谁的主席？

46.ŋ̍³³ i⁴¹ tɕʻiu⁴⁴ iu³³ •kɤ³ ɸu¹³.

尔 要 请 我 格 客。 你得请我的客。

47.pẽ⁴⁵² tsɤɯ⁴⁴ pẽ⁴⁵² ki⁴⁴.

边 走 边 讲。 一边走，一边讲。

48.ui⁴¹ tsɤɯ⁴⁴ ui⁴¹ uẽ³³, ui⁴¹ kʻua¹³ ui⁴¹ tao⁴⁵².

越 走 越 远， 越 话 越 多。 越走越远，越说越多。

49.piɛ⁴¹ nɤ³³ •ta³ uaŋ⁴¹ •ki¹ nɤ⁴⁵²•pa² •piɛ⁵ iu³³.

奉 那 只 □ □ 拿 吧 奉 我。 把那个东西拿给我。

50.xɤɯ³³ tẽ⁴⁴ tuo⁴³ •kuo⁴ tɕiaŋ⁴⁵² tʻæ¹³ iaŋ³¹ ui⁴¹ nɤ⁴¹ •tɤɯ¹.

有 点 当 牯 将 太 阳 喂 日 头。 有些地方把太阳叫日头。

51.ŋ̍³³ kua⁴³ ɕiu⁴³ ？ iu³³ ɕiu⁴³ uaŋ³¹.

尔 贵 姓？ 我 姓 王。 你贵姓？我姓王。

52.ŋ̍³³ ɕiu⁴³ uaŋ³¹, iu³³ i³³ ɕiu⁴³ uaŋ³¹, io⁴³ liaŋ³³ •ta³ ŋ̍³¹ tɕi³³ •ti³ ɕiu⁴³ uaŋ³¹.

尔 姓 王， 我 也 姓 王， 我 两 只 人 尽 都 姓 王。

你姓王，我也姓王，咱们两个人都姓王。

53.ŋ̍³³ sẽ⁴⁵² xuo⁴³•pa⁴, io⁴³ tiɛ⁴⁴•ti⁵•nɤ³ tsæ¹³ xuo⁴³.

尔 先 去 吧， 我 等 □ 儿 再 去。 你先去吧，我们等一会再去。

（二）语法例句之二

1.“奉”字句

（1）被动义

① oŋ⁴⁴ piɛ⁴¹ tɤ⁴⁵² ta⁴⁴ •pa⁵ •liɛ².

　碗　奉　他　打　吧　咧。<small>碗叫他给打了。</small>

② iu³³ •kɤ³ tsʅ⁴⁵² piɛ⁴¹ ŋ³¹ ku⁴⁵² t'ɤɯ⁴⁵² •pa² tsɤɯ⁴⁴ •liɛ⁵.

　我　格　鸡　奉　人家　　偷　吧　走　咧。<small>我的鸡被别人偷走了。</small>

③ tɤ⁴⁵² •kɤ² tɕ'iu⁴⁵² •nɤ² piɛ⁴¹ ŋ³¹ ku⁴⁵² ts'ao³³ •pa³ tsɤɯ⁴⁴ •liɛ⁵.

　他　格　车　儿　奉　人家　　坐　吧　走　咧。<small>他的车子被别人骑</small>

<small>走了。</small>

④ kɤ³³ •tɕiu³ tuo³¹ piɛ⁴¹ ɕio³³ iaŋ³¹ tɕiɛ⁴³ •pa⁴ xuo⁴³ ɸyɛ⁴³ xuo⁴³ •liɛ⁴.

　咯　只　床　奉　小　杨　占　吧　去　睡　去　咧。<small>这张床被小杨</small>

<small>占去睡了。</small>

（2）处置义

⑤ tɤ⁴⁵² piɛ⁴¹ ŋɤɯ³¹ tɕ'iẽ⁴⁵² •pa² tsɤɯ⁴⁴ •liɛ⁵.

　他　奉　牛　牵　吧　走　咧。<small>他把牛牵走了。</small>

⑥ iu³³ piɛ⁴¹ nɤ³³ tɤɯ³¹ tsʅ⁴⁵² iɤ⁴¹ •pa¹ •liɛ².

　我　奉　那　头　鸡　食　吧　咧。<small>我把那只鸡吃了。</small>

⑦ ŋ̩³³ piɛ⁴¹ piɛ⁴⁴ •nɤ⁵ nɤ⁴⁵² •piɛ² tɤ⁴⁵².

　尔　奉　本　儿　拿　奉　他。<small>你把本子拿给他。</small>

⑧ tɤ⁴⁵² piɛ⁴¹ ti³¹ •nɤ³ poŋ⁴⁵² •pa² ɕya¹³ •xuo⁴ •liɛ³.

　他　奉　枱　儿　搬　吧　出　去　咧。<small>他把桌子搬出去了。</small>

（3）给与义

⑨ iu³³ piɛ⁴¹ ɕio⁴⁵² piɛ⁴¹ •pa¹ ɕio³³ uaŋ³¹ •liɛ⁴.

　我　奉　书　奉　吧　小　王　咧。<small>我把书给小王了。</small>

⑩ piɛ⁴¹ iu³³ i³³ oŋ⁴⁴ sua⁴⁴.

　奉　我　一　碗　水。<small>给我一碗水。</small>

⑪ iu³³ piɛ⁴¹ tɤ⁴⁵² •tɕiu² piɤɯ³¹ •nɤ³ ta⁴⁴ iɤɯ³¹.

　我　奉　他　只　瓶　儿　打　油。<small>我给他只瓶子打油。</small>

⑫ nɤ⁴⁵² piɛ⁴¹ iu³³ iɤ⁴¹.

　拿　奉　我　食。<small>拿给我吃。</small>

2. 疑问句

① ŋ³³ tsɤɯ⁴⁴ iɛ⁴¹⁻¹³ ·nɤ⁴ xuo⁴³ ?

　尔　走　哪　　儿　去？ 你上哪儿去？

② iɛ⁴¹ ·sɤ¹ ŋ³¹ la³¹ ·pa¹ ?

　哪　些　人　来　吧？ 哪些人来了？

③ iɛ⁴¹ ·ta¹ ki⁴⁴ ·kɤ¹ ?

　哪　只　讲　格？ 谁说的？

④ ŋ'⁴³ ·kɤ⁴ uaŋ⁴¹ ·ki¹ ȵiɤɯ³³ ŋ³³ ?

　么　个　□　□　咬　　尔？ 什么东西咬你？

⑤ ŋ³³ mi³³ xau⁴⁴ tao⁴⁵² ɕio⁴⁵² ?

　尔　买　好　多　书？ 你买多少书？

⑥ sʅ³³ iu³³ xuo⁴³ xæ³¹ sʅ³³ ŋ³³ xuo⁴³ ?

　是　我　去　还　是　尔　去？ 是我去还是你去？

⑦ t'ẽ⁴⁵² kɤ⁴⁴ tɕ'iu³¹ ·pa¹ ·liɛ² ?

　天　□　晴　吧　咧？ 天晴了吗？

⑧ ŋ³³ kɤ⁴⁴ tsʅ⁴³ ·tiɛ³ ?

　尔　□　记　得？ 你记得吗？

⑨ kyi⁴⁴ ·tɤ⁵ kɤ⁴⁴ sʅ³³ ɕiɤɯ⁴¹ ɕiao⁴¹ ?

　咯　当　□　是　学　　校？ 这里是学校吗？

⑩ tɤ⁴⁵² kɤ⁴⁴ xuo⁴³ ·pa¹ ?

　他　□　去　吧？ 他去没去？

⑪iu³³ kɤ⁴⁴ iɛ⁴³ kɤ⁴⁵² la³¹ ?

　我　□　应　该　来？ 我应不应该来？

⑫ŋ³³ kɤ⁴⁴ ɕiɤ¹³ ·tɤ⁴ tɤ⁴⁵² ?

　尔　□　识　得　他？ 你认不认得他？

⑬ŋ³³ kɤ⁴⁴ ·liɛ⁵ piɛ⁴¹ ɕio⁴⁵² piɛ⁴¹ ·pa¹ ɕio³³ uaŋ³¹ ?

　尔　□　□　奉　书　奉　　吧　小　王？ 你把书给小王了没有？

3. 动态

① tɤ⁴⁵² ɸyɛ⁴³ ·pa⁴ i³³ tẽ⁴⁴ tɕi⁴⁵² .

　他　睏　吧　一　点　钟。 他睡了一个小时。

② iɤ⁴¹ ·pa¹ ɸuẽ⁴¹ tsæ¹³ tsɤɯ⁴⁴ ·pa⁵ ?

　食　吧　饭　再　走　吧？ 吃了饭再走吧？

③ tɤ⁴⁵² ɕi⁴⁴ •pa⁵ io⁴¹ •liɛ⁴.

　他　洗　吧　浴　咧。 他洗了澡了。

④ tɤ⁴⁵² la³¹ •pa³ •liɛ⁴.

　他　来　吧　咧。 他来了。

⑤ miɛ³¹ xɤɯ⁴⁴ tsʅ³³ •tsʅ³ i³³ •ta³ ŋ³¹.

　门　口　猗着　一　只　人。 门口站着一个人。

⑥ m̥⁴⁴ •mɤ⁵ tɕia¹³ •tsʅ⁴ iu³³ •kɤ³ ɕiɤɯ⁴⁴.

　姆　母　抓　着　我　格　手。 妈妈抓着我的手。

⑦ ȵia⁴⁴ •kuo⁵ kia⁴⁵²⁻⁴⁴ •tɤɯ⁵ ti⁴³ •tsʅ i³³ tiu⁴⁴ mia⁴¹ •nɤ¹.

　脑　壳　高　头　戴着　一　顶　帽　儿。 头上戴着一顶帽子。

⑧ mɤ³³ i⁴¹ tsẽ⁴⁵² •tsʅ² ki⁴⁴ ɸu⁴¹.

　没　要　争　着　讲　话。 不要抢着说话。

⑨ tia⁴³ tɕiɤɯ⁴⁵² ŋ³³ kɤ⁴⁴ xuo⁴³ •ku⁴?

　道　州　尔　口　去　过？ 道州你去过没有？

⑩ iu³³ mɤ³³ ȵiɤ¹³ •ku⁴.

　我　没　眼　过。 我没看过。

⑪ tɤ⁴⁵² tuo⁴¹ •ku¹ ɕio⁴⁵².

　　他　读　过　书。 他读过书。

⑫ ta⁴¹ •ku¹ t'ɤ⁴³ uo⁴³ ts'ɤ⁴⁴ •liɛ⁴, ŋ³³ piɛ⁴¹ tɤ⁴⁵² ɕia⁴³ i³³ ti¹³.

　地　口　太　醍　醍　咧，尔　奉　它　扫　一　口。 地上太脏了，你把

它扫一下。

⑬ tɤ⁴⁵² ȵiɤ¹³ •pa⁴ i³³ ti¹³ tɕiɤɯ⁴¹ tsɤɯ⁴⁴ •pa⁵ •liɛ⁴.

　他　眼　吧　一　口　就　走　吧　咧。 他看一下就走了。

⑭ ŋ³³ sɤ⁴⁴ （i³³） ti¹³ tsæ¹³ ki⁴⁴.

　尔　想　（一）口　再　讲。 你考虑一下再说。

⑮ ŋ³³ ɕiu⁴⁴ i³³ ti¹³ ȵiɤ¹³.

　尔　写　一　口　眼。 你写一写看。

⑯ ŋ³³ xuo⁴³ ȵiɤ¹³ （i³³）　ti¹³ sa⁴⁵² sẽ⁴⁵².

　尔　去　眼　（一）　口　先　生。 你去看一看医生。

⑰ ŋ³³ iɤɯ³¹ •ti⁴ ȵiɤ¹³.

　尔　摇　口　眼。 你动动看。

⑱ŋ³³ iɤɯ³¹ i³³ iɤɯ³¹ n̠iɤ¹³ •ti⁴.

　尔　摇　一　摇　眼　□。 你动动看。

⑲ŋ³³ tsɤ⁴³ •ti⁴ n̠iɤ¹³.

　尔　做　□　眼。你做做看。

⑳ŋ³³ tsɤ⁴³ i³³ tsɤ⁴³ n̠iɤ¹³ •ti⁴.

　尔　做　一　做　眼　□。你做做看。

㉑ŋ³³ xuo⁴³ n̠iɤ¹³ （i³³）　ti¹³.

　尔　去　眼　（一）　下。你去看一下。

㉒ŋ³³ iɤ⁴¹ （i³³）　ti¹³ n̠iɤ¹³.

　尔　食　（一）　□　眼。你吃吃看。

㉓ŋ⁴¹ la³¹ tsʻao³³ •ti⁴.

　进　来　坐　□。进来坐坐。

㉔ku⁴³ la³¹ n̠iɤ¹³ •ti⁴.

　过　来　眼　眼。过来看看。

㉕tsɤɯ⁴⁴ •tsʅ⁵ tsɤɯ⁴⁴ •tsʅ⁵ tɕiɤɯ⁴¹ tia⁴³ •pa⁴ pẽ⁴⁴ tɕiɤɯ³¹ •liɛ⁴.

　　走　着　走　着　就　到　吧　板　桥　咧。走着走着就到了板

　　　　桥了。

㉖ki⁴⁴ •tsʅ⁵ ki⁴⁴ •tsʅ⁵ tɕiɤɯ⁴¹ tia⁴³ •pa⁴ •liɛ⁴.

　讲　着　讲　着　就　到　吧　咧。说着说着就到了。

㉗n̠iɤ¹³ •tsʅ⁴ n̠iɤ¹³ •tsʅ⁴ tɕiɤɯ⁴¹ tɕian⁴⁴ tʻæ⁴³ •pa⁴ •liɛ⁴.

　眼　着　眼　着　就　长　大　吧　咧。看着看看就长大了。

第五章 理家坪土话语料记音

一、歌谣

(一)《扯锯，拉锯》（一）

tɕ'iu⁴⁴ tɕio⁴³，ma¹³ tɕio⁴³，
扯　　锯，　□　锯，
kiɛ⁴⁵² kiɛ⁴⁵² ɕiaŋ³³ sẽ⁴⁵² ui¹³ ɸuɛ³¹ ɕio³³，
公　　公　　上　　山　挖　红　　薯，
tsɤ⁴⁴ i³³ la¹³，ȵio³³ i³³ la¹³，
崽　一　粒，　女　一　粒，
sɤ³¹ •pɤ³ mɤ³³ tɤ¹³ sua¹³ nɤ³³ •la³.
媳　婆　没　得　出　眼　泪。

【注释】
①□［ma¹³]：拉。
②公公：祖父，此处是依孩子称谓。
③媳婆：媳妇。

(二)《扯锯，拉锯》（二）

tɕ'iu⁴⁴ tɕio⁴³，ma¹³ tɕio⁴³，
扯　　锯，　□　锯，
ŋ³ la³¹ iu³³ xuo⁴³.
尔　来　我　去。
tia⁴³ •pa⁴ tu³³ ɕio⁴¹，
倒　吧　大　树，
sʅ⁴⁴ ts'uo⁴¹ tu³³ uo¹³，
起　座　大　屋，

pie⁴¹ pia³³ tsɤ⁴⁴   ts'uo⁴¹.

奉　　宝　　崽（可以替换孩子名字）住。

【注释】

①□［ma¹³］：拉。

②奉：介词，给。

（三）《红鸡公》

xiɛ³¹ tsʅ⁴⁵² kiɛ⁴⁵², lio⁴¹ ma³³ •kiɛ³.

红　　鸡　　公，　绿　尾　　公。

tsa⁴⁴ tsa⁴⁴ tɕi¹³ iu³³ tsɤ⁴³ n̠io³³ •kiɛ³.

姊　　姊　　接　我　做　女　　工。

i³³ kiɛ⁴⁵² tsɤ⁴³ tia⁴³ xɤ¹³,

一　工　　做　　到　　黑，

i⁴¹ mɤ³³ n̠iɛ¹³.

又　没　　眼。

i³³ iu⁴³ tsɤ⁴³ tia⁴³ liaŋ⁴¹,

一　夜　做　　到　　亮，

i⁴¹ mɤ³³ tɕ'iaŋ⁴¹.

又　没　　像。

【注释】

①眼［n̠iɛ¹³］：看。

（四）《萤火萤火婆婆》

i³¹ ɸu⁴⁴ i³¹ ɸu⁴⁴ mɤ³¹ •mɤ³,

萤　火　萤　火　　婆　　婆，

ŋ³³ la³¹ tsɤ⁴³ ŋ⁴³ •ŋɤ⁴?

尔　来　做　么　个？

ɕiɛ⁴³ ɕio⁴⁵².

送　书。

ŋ⁴³ •ŋɤ⁴ ɕio⁴⁵²?

么　个　书？

xoŋ³¹ ɕio⁴⁵².

皇　　书。

ŋ̍⁴³ •ŋɤ⁴ xoŋ³¹?

么 个 皇?

tsɹ⁴⁵² loŋ³³ xoŋ³¹.

鸡 卵 黄。

ŋ̍⁴³ •ŋɤ⁴ tsɹ⁴⁵²?

么 个 鸡?

sẽ⁴⁵² tsɹ⁴⁵².

生 鸡。

ŋ̍⁴³ •ŋɤ⁴ sẽ⁴⁵²?

么 个 生?

çi³¹ sẽ⁴⁵².

神 仙。

ŋ̍⁴³ •ŋɤ⁴ çi³¹?

么 个 神?

mao⁴¹ •nɤ¹ çi⁴⁵².

磨 儿 芯。

ŋ̍⁴³ •ŋɤ⁴ mao⁴¹?

么 个 磨?

ts'uo⁴⁵² mao⁴¹.

粗 磨。

ŋ̍⁴³ •ŋɤ⁴ ts'uo⁴⁵²?

么 个 粗?

xoŋ⁴⁵² ts'uo⁴⁵².

糠 粗。

ŋ̍⁴³ •ŋɤ⁴ xoŋ⁴⁵²?

么 个 糠?

tɕiɤɯ³¹ mɤ¹³ xoŋ⁴⁵².

荞 麦 糠。

ŋ̍⁴³ •ŋɤ⁴ tɕiɤɯ³¹?

么 个 荞?

çi⁴⁵² kã⁴⁵²（官话）tɕiɤɯ³¹.

新 干 桥。

ŋ̩⁴³ •ŋɤ⁴ çi⁴⁵²?

么 个 新？

tu³³ sua⁴⁴ çi⁴⁴.

大 水 洗。

ŋ̩⁴³ •ŋɤ⁴ tu³³?

么 个 大？

t'ẽ⁴⁵² tu³³ ta⁴¹ tu³³,

天 大 地 大，

tia⁴¹ •tsʅ¹ nɤ³³ pu³¹ •pu³.

跌 着 你们 婆 婆。

【注释】

①萤火婆婆：萤火虫。

②么个：什么。

③皇书：历书。

④生鸡：未阉割的成年公鸡。

⑤新干桥：当地地名。

⑥［nɤ³³］第二人称复数，你们。

（五）《狗狗凳》

kɤɯ⁴⁴ kɤɯ⁴⁴ tiɛ⁴³,

狗 狗 凳，

sa⁴³ tçiu¹³ tçio⁴¹

四 只 脚，

m̩⁴⁴ •mɤ⁵ ts'u⁴⁵² iu³³ toŋ⁴³ kɤɯ⁴⁴ xɤɯ¹³.

姆 妈 □ 我 当 狗 吠。

【注释】

①这是首对母亲不尊敬的儿歌。

②把母亲的批评当狗叫。

③□［ts'u⁴⁵²］：骂

（六）《黄鼠狼》

xoŋ³¹ suo⁴⁴ loŋ³¹,

黄 鼠 狼，

ma³³ •kiɛ³ t'ao⁴⁵².

尾　公　拖。

tiɛ³³ •tiɛ³ u⁴¹ iu³³ iɤ⁴¹ •lɤ¹ tao⁴⁵²,

爹　爹　话　我　食　得　多，

tsæ¹³ ku⁴³ su⁴⁵² nẽ³¹ sua¹³ xuo⁴³ •liɛ⁴,

再　过　三　年　出　去　咧，

n̠iɤ¹³ n̩³³ çi⁴¹ •çia¹ xɤɯ³³ xau⁴⁴ tao⁴⁵².

眼　你　剩　下　有　好　多。

【注释】

①这是首对父亲不尊敬的儿歌。

②话：说，责备的意思。

③出去：委婉语，女孩出嫁。

④眼［n̠iɤ¹³］：看

（七）《癫子癫》

tɤ⁴⁵² •nɤ² tɤ⁴⁵²,

癫　儿　癫，

tɤ⁴⁵² çiãŋ³³ t'ẽ⁴⁵².

癫　上　天。

tɕ'i⁴⁴ k'ui⁴³ ts'ẽ³¹,

捡　块　钱，

mi³³ tsʅ⁴⁴ ŋẽ⁴⁵².

买　纸　烟。

tia⁴¹ çia³³ la³¹,

跌　下　来，

liãŋ³³ poŋ⁴³ pẽ⁴⁵².

两　半　边。

【注释】

①歌谣用意在教育孩子要谦虚。

②纸烟：香烟。过去抽烟一般是抽烟的人自己用烟丝卷成喇叭筒，或者把烟丝塞到烟筒中抽，而从商店买的烟是用白纸裹好的圆柱形烟，称为纸烟。

（八）《蹸儿蹸》

pi⁴⁵² •nɤ² pi⁴⁵²,

蹸　　儿　蹸，

t'iɤɯ⁴⁴ ɕiã̃ŋ³³ ki⁴⁵².

跳　　　上　　街。

tɕ'i⁴⁴ ɸyɛ⁴⁵² ts'ẽ³¹,　　　　　　（t'ao⁴⁴ tẽ⁴⁴ mi⁴⁴，）

捡　分　　钱，（也可以唱"讨　点　米"，）

iaŋ³³ n̠i³³ n̠i³³.

养　奶　奶（官话音）。

n̠i³³ n̠i³³ iɤ⁴¹ i⁴¹ iɤ⁴¹ •lɤ¹ tao⁴⁵²,　　　　　（n̠i³³ n̠i³³ iɤ⁴¹ i⁴¹ iɤ⁴¹ •lɤ¹ ŋao³³，）

奶　奶　食　又　食　得　多，（也可以唱"奶　奶　食　又　食　得　饿，"）

xɤ⁴¹ •tɤ¹ pi⁴⁵² •nɤ² kui¹³ tiŋ⁴⁴ •kuo⁵.

害　得　蹸　儿　刮　鼎　牯（官话用词）。

kui¹³ i⁴¹ kui¹³ mɤ³³ t'uo¹³.

刮　又　刮　没　脱（官话音），

kui¹³ •pa⁴ i³³ la¹³ tu³³ xua¹³ kuo⁴.

刮　吧　一　粒　大　穴　　牯。

【注释】

①饿：吃得贪婪。

②鼎牯：煮饭的锅子。

③穴牯：眼，洞。

（九）《苋菜籽》

xẽ⁴¹ tɕ'i⁴³ tsɿ⁴⁴,

苋　菜　籽，

tɕiɤɯ⁴⁴ tɕ'i⁴³ ɸu⁴⁵²,

韭　菜　花，

tsɿ⁴⁵² nẽ³¹ mɤ³³ sɿ³³ iu³³ toŋ⁴⁵² ku⁴⁵².

今　年　没　是　我　当　家。

tsæ¹³ ku⁴³ su⁴⁵² nẽ³¹ iu³³ toŋ⁴⁵² ku⁴⁵² •liɛ²,

再　过　三　年　我　当　家　咧，

tɕiɤɯ⁴⁴ sʅ³³ tɕiɤɯ⁴⁴ la³¹ tsʻu³¹ sʅ³³ tsʻu³¹.

酒　　是　　酒　　来　　茶　　是　　茶。

【注释】

唱的是新过门的媳妇。

（十）《一把扇子》

i³³ pu⁴⁴ ɕiẽ⁴³ tsʅ⁴⁴ ɤ¹³ mẽ⁴¹ luo⁴¹（又 luo¹³），

一　把　扇　子　两　面　露，

tɕʻi⁴⁵² •tsa² ku⁴³ luo⁴¹ mɤ³³ tɕin¹³　　　　　uo⁴¹（又 uo¹³）.

亲　　姐　过　路　没　进（管话音）屋。

iu³³ xæ³¹ sʅ³³ na⁴⁴ xuo³¹ ti³¹ tsʻao¹³ ŋ³³,

我　还　是　哪　回　待　错　尔，

iu³³ mɤ³³ sʅ³³ ɕi¹³ tsʅ⁴⁵² tɕiɤɯ⁴¹ tɕʻi⁴⁵² u⁴⁴,

我　没　是　杀　鸡　　就　　称　肉。

（十一）《吃啰啰》

tɕʻi¹³ lao³¹ lao³¹,

吃　啰　啰,

ɕya⁴⁴ lao³¹ lao³¹,

耍　啰　啰,

lao³¹ lao³¹ sa⁴⁴ •pa⁵ ti³¹ lao³¹ lao³¹.

啰　啰　死　吧　抬　啰　啰。

【注释】

①啰啰：靠盘剥百姓的地主等有钱人。

②吃啰啰：吃了啰啰的。

③耍啰啰：欺骗啰啰。

（十二）《天高没为高》

tʻẽ⁴⁵² kia⁴⁵² mɤ³³ ua³¹ kia⁴⁵²,

天　　高　没　为　高,

ŋ³¹ ɕi⁴⁵² tsua⁴³ ua³¹ kia⁴⁵².

人　心　最　为　高。

tɕiu⁴⁴ sua⁴⁴ toŋ⁴³ tɕiɤɯ⁴⁴ mi⁴¹,
井　水　当　酒　卖，

i⁴¹ ɕyɛ¹³　　　　tɕio⁴⁵² u³¹ tɕia⁴⁴.
又　说（管话音）猪　无　糟。

二、熟　语

1.tu⁴⁴ ɕiu³¹ tu⁴⁴ ts'a¹³ tɕ'yɛ⁴³.
　打　蛇　打　七　寸。
（意思是做事要抓住要害。）

2.su⁴⁵² sɿ⁴¹ xɤ¹³ iɤɯ⁴⁴ •kɤ⁵ tɕiɛ⁴⁵² pẽ⁴⁴——mɤ³³ •lɤ³ xiɛ⁴¹.
　三　十　黑　夜　格　砧　板——没　得　空。

3.tɕ'yi⁴⁴ t'ɤ¹³ kyɛ⁴¹ •nɤ¹ poŋ⁴³ p'a⁴³——tao⁴⁵² xuo³¹ ɕiɤɯ⁴⁴ su⁴³.
　取　脱　裈　儿　放　屁——多　回　手　续。
（手续：手脚，程序。）

4. li⁴¹ pia⁴¹ tsɿ⁴⁵² pu³¹ ɤ⁴³ tsɤ⁴³ nao³¹.
　赖　抱　鸡　婆　爱　做　娘　。

5. li⁴¹ pia tsɿ⁴⁵² pu³¹ liu³³ ȵiaŋ³³ tsɤ⁴³.
　赖　抱　鸡　婆　领　娘　做。（意为瞎操心。）

6.li⁴¹ pia tsɿ⁴⁵² pu³¹ la¹³ sɿ⁴⁴——i³³ tɕi¹³ ȵyɛ⁴⁴ i³³ tɕi¹³ ŋẽ⁴¹.
　赖　抱　鸡　婆　拉　屎——一　节　软　一　节　硬。

7.lao³¹ mɤ³³ k'ia⁴⁵² mɤ³³ ɕiaŋ⁴⁴,ɸu⁴¹ mɤ³³ ki⁴⁴ mɤ³³ miɤɯ³¹.
　锣　没　敲　没　响，话　没　讲　没　明。

8.ŋuo³¹ tsɤ⁴⁴ •nɤ⁵ ɕiɛ⁴³ ɸuẽ⁴¹, yɛ³¹ •nɤ³ kyɛ⁴¹ lẽ⁴¹.
　鱼　崽　儿　送　饭，口　儿（鼎锅）刮　烂。

9.ɕiɤɯ⁴⁵² mɤ³³ ɕiɤɯ⁴⁵², tɕ'yẽ³¹ k'ia⁴³ ŋ̍³³ ui⁴¹ n̩⁴¹ ɕiɤ¹³ liɤɯ⁴¹.
　收　没　收，全　靠　五　月　二　十　六。

三、谜　语

（一）

uẽ³³ ȵiɤ¹³ i³³ la¹³ poŋ³¹,
远　眼　一　粒　盘，

tɕi⁴³ ȵiɤ¹³ mɤ³³ sʐ³³ poŋ³¹,

近　　眼　　没　　是　　盘,

iɤ⁴¹ •pa¹ tsʻẽ⁴⁵² piɛ³¹ tɕʻia⁴⁴,

食　　吧　　千　　蓬　　草,

tuo³³ •nɤ³ mɤ³³ tẽ⁴⁴ tsʻaŋ³¹.

肚　　儿　　没　　点　　藏。

——（烧灰）

【注释】

①眼［ȵiɤ¹³］：看

（二）

tʻẽ⁴⁵² ɕiãŋ³³ tʻẽ⁴⁵² ŋao³¹ tɕiao⁴³,

天　　上　　天　　鹅　　叫,

ta⁴¹ •ku¹ ta⁴¹ ŋao³¹ tɕiao⁴³,

地　　口　　地　　鹅　　叫,

liãŋ³³ pẽ⁴⁵² ŋæ⁴³ ŋao³¹ tɕiao⁴³,

两　　边　　雁　　鹅　　叫,

tɕiãŋ⁴⁵² ɕi³³ laŋ⁴⁴ ŋuo³¹ tʻiɤɯ⁴⁴.

中　　间　　鲤　　鱼　　跳。

——（织布）

【注释】

①地口［ta⁴¹ku¹］：地上。

（三）

liãŋ³³ tsa⁴⁴ mɤ⁴¹,

两　　姊　　妹,

tʻoŋ³¹　　tuo³¹　　ɸuɛ⁴³,

同（官话音）床　　　睡,

tɕʻia¹³ xɤ⁴⁵² tɕiɤɯ¹³,

跨　　开　　脚,

xɤɯ³³ tẽ⁴⁴ ua⁴¹.

有　　点　　味。

——（筷子）

（四）

ɕio³³ sɿ³¹ poŋ⁴⁴ poŋ⁴⁴ tɕi⁴⁴,

小　时　绑　绑　紧，

tsoŋ⁴⁴ t'æ⁴³ piɛ³¹ piɛ³¹ xoŋ⁴⁵²,

长　大　蓬　蓬　松，

liãŋ³³ pẽ⁴⁵² mia³³ tɕ'ia¹³ tɕ'ia¹³,

两　边　毛　□　□（毛茸茸），

tɕiãŋ⁴⁵² •ɕi² xoŋ³¹ t'oŋ³¹ t'oŋ³¹.

中　间　红　彤　彤。

——（野草莓）

参 考 文 献

著作：

[1] 鲍厚星，崔振华，沈若云，伍云姬．长沙方言研究 [M]．长沙：湖南教育出版社，1999.

[2] 鲍厚星．东安土话研究 [M]．长沙：湖南教育出版社，1998.

[3] 李冬香．韶关犁市土话研究 [M]．广州：暨南大学出版社，2014.

[4] 刘祥友．湘南土话语音的历史层次研究 [M]．北京：中国出版集团世界图书出版公司，2012.

[5] 卢小群．湘语语法研究 [M]．北京：中央民族大学出版社，2007.

[6] 罗昕如．湘南土话词汇研究 [M]．北京：中国社会科学出版社，2004.

[7] 双牌县地方志编纂委员会．双牌县志 [M]．北京：方志出版社，2008.

[8] 唐伶．永州南部土话语音研究 [M]．北京：北京语言大学出版社，2010.

[9] 王福堂．汉语方言语音的演变和层次 [M]．北京：语文出版社，2005.

[10] 王媛媛．汉语"儿化"研究 [M]．西安：陕西出版集团陕西人民教育出版社，2009.

[11] 伍云姬．湖南方言的介词 [M]．长沙：湖南师范大学出版社，1998.

[12] 谢奇勇．湘南永州土话音韵比较研究 [M]．长沙：湖南师范大学出版社，2010.

[13] 谢奇勇．新田南乡土话研究 [M]．长沙：湖南教育出版社，2005.

[14] 杨时逢．湖南方言调查报告 [M]．台北："中央研究院"历史语言研究所，1974.

论文：

[1] 鲍厚星. 湘南东安型土话的系属 [J]. 方言，2002(3)：217-221.

[2] 鲍厚星. 湘南江永、道县等地土话中的"床"[J]. 桂林师范高等专科学校学报，2010，24(2):1-3.

[3] 鲍厚星. 湘南土话系属问题 [J]. 方言，2004(4)：301-310.

[4] 邓永红. 湘南桂阳六合土话的否定词 [J]. 语言研究，2006，26(2):81-84.

[5] 李冬香. 平话、湘南土话和粤北土话鼻音韵尾脱落现象考察 [J]. 广西民族学院学报（哲学社会科学版），2005，27(2):105-109.

[6] 李连进. 平话人称代词的单复数形式 [J]. 语文研究，1998(3):63-65.

[7] 卢小群，鲍厚星. 湖南东安花桥土话的代词 [J]. 湖南师范大学社会科学学报，2003，32(4):116-120.

[8] 卢小群，李郴生. 湖南资兴（兴宁）土话的人称代词 [J]. 株洲工学院学报，2003，17(4):113-115.

[9] 罗昕如. 湘南土话中的底层语言现象 [J]. 民族语文，2004（1）：20-25.

[10] 罗昕如. 湘南土话中的古语词 [J]. 古汉语研究，2004(2):87-92.

[11] 罗昕如. 湘南土话中的通用型量词 [J]. 语言研究，2003，23(4):110-114.

[12] 谢奇勇. "湘南土话"研究概述 [J]. 湖南科技大学学报（社会科学版），2005，8（6）：101-105.

[13] 周先义. 湖南道县（小甲）土话同音字汇 [J]. 方言，1994(3):201-207.

后　记

　　参加国家"十二五"重点图书出版规划项目"濒危汉语方言研究丛书（湖南卷）"，我感到非常荣幸！2010年秋，我怀着感谢、兴奋与惶恐的心情接受了"濒危汉语方言研究丛书（湖南卷）"之《湖南双牌理家坪土话研究》一书的写作工作。参与这样的大项目对于博士毕业不久的我来说，是一个绝好的机会，我特别感谢湖南师范大学出版社和"濒危汉语方言研究丛书（湖南卷）"的编委会给了我这么宝贵的机会。作为一个汉语方言工作者，想到很快就会有自己的学术著作，兴奋之情难以抑制。感谢、兴奋的同时，又有点惶恐不安，虽然自己一直从事的是汉语方言研究工作，但从未对一个方言进行过全面研究，尤其面对的是陌生、复杂的湘南土话，因此要完成这部描写土话的著作肯定不容易，内心不免惶恐。为了能顺利完成该书的写作，我多次调查，不断学习，反复修改。

　　2012年4月至2015年8月，我先后4次前往理家坪进行田野调查，为了后期能更好地利用调查的语料，全部语料进行录音保存。面对一个完全陌生的方言，每次调查的收获总让人惊喜：2012年4月，第一次对理家坪土话进行全面调查，其语音的特点、规律让我如获至宝；2012年7月，第二次田野调查，土话的词汇特点，无穷魅力，深深吸引了我；2014年7、8月，第三次田野调查，其特殊语法现象，让人兴奋不已。在调查的过程中，我得到了很多乡亲的帮助与支持。土话调查的发音合作人主要有吴光凤、何承富、周景桂、吴照、周平桂、何欢生等，吴光凤、何承富、周景桂都年过花甲，本地土生土长，能熟练使用土话和官话。语音、歌谣以吴光凤的发音为主要依据，词汇、语法以何承富的发音为主。周景桂对调查过程中核实语料提供帮助。年龄最小的吴照，在校大学生，在调查语法的过程中，对我深入了解土话语法有很大帮助。周平桂、何欢生都不是理家坪人，周平桂为双牌县江村人，何欢生是道县梅花镇人，江村和梅花紧邻理家坪，他们的土话与理家坪土话有一定差异，他们两人的调查材料对深入讨论理家坪土话很有意义。还有一些叫不出名字的乡亲，在调查中热心帮助，主动提供语料。在此，对调查土话过程中所有支持、帮助我的乡亲们表示深深的感谢！

拿到这一堆宝贵的语料，我就像一个暴发户，面对巨大的财富，变得无所适从。在整理语料的过程中，有欣喜、有困惑，困惑的时候，我大量学习有关著作，反复听辨录音材料。2014年年末，初稿终于完成，极为粗糙，也算是粗具模型；然而过几个月再看，才又发现问题重重。经过反复修改，2015年11月初，定稿交出版社，书稿的撰写工作算是完成了。

在书稿的反复修改过程中，心里常常是满满的幸福感。恩师鲍厚星先生是"濒危汉语方言研究丛书（湖南卷）"的主编，他自己要撰写一部土话著作，同时，还要给我们的书稿进行指导。鲍先生看我的书稿，从大框架到每一个国际音标，都认真阅读，对书稿前后的材料都细细对照，对书稿中的每一处疏漏或不清晰之处，都做了详细记录。我赞叹、敬佩鲍先生！已入不惑之年从事研究还有恩师把关指导，这是何等的幸福！每每想到这儿，难以言表的幸福感就在心中激荡涌动，看到鲍先生一次次的红批，惭愧之情也不想掩盖。想想自己，就像一个顽劣的孩子，淘气又需要呵护，顽皮又不想断奶。在此，我要衷心祝愿恩师鲍先生身体健康、生活幸福！

书稿的完成，离不开亲人的默默支持。平时去田野调查，父母放下乡下老家的活，来家里帮忙照看孩子、做家务，假期里外出调查，老公默默承担所有家务。在书稿撰写阶段，我常常在实验室一待就是一整天，经常错过饭点回家，回家时总有热腾腾的饭菜等着。感谢我的父母，感谢不喜言辞的老公！